误读的世界历史

佟伟　编著

长春出版社

图书在版编目(CIP)数据

误读的世界历史 / 佟伟编著.—长春:长春出版社,2010.1
ISBN 978 — 7 — 5445 — 1150 — 6

I. 误… Ⅱ.佟… Ⅲ. 世界史—研究 Ⅳ. K107

中国版本图书馆 CIP 数据核字(2009)第 198274 号

本书中文繁体字版本由灵活文化事业有限公司在台湾出版,今授权长春出版社在中国大陆地区出版其中文简体版本。该出版权受法律保护,未经书面同意,任何机构与个人不得以任何形式进行复制、转载。

项目合作:锐拓传媒 copyright@rightol.com

误读的世界历史

编　著:佟　伟
责任编辑:程秀梅
封面设计:王国擎

出版发行　长春出版社
　　　　发行部电话:0431-88561180

总编室电话:0431-88563443
读者服务部电话:0431-88561177

地　　址:吉林省长春市建设街 1377 号
邮　　编:130061
网　　址:www.cccbs.net
制　　版:恒源工作室
印　　刷:长春市利源彩印有限公司
经　　销:新华书店

开　　本:787 毫米×1092 毫米　1/16
字　　数:190 千字
印　　张:15.75
版　　次:2010 年 1 月第 1 版
印　　次:2010 年 1 月第 1 次印刷
定　　价:29.00 元

写在前面

　　文化是一个民族思维方式、认知方式、生活方式与风俗习惯的综合体，是千百年来人类智慧的结晶。它看似虚无缥缈，却在一言一行中透露着文化在我们灵魂的深处打下的烙印。但无论是已经失落的印加文明，还是延续至今的中华文明，在历史演进和传承中，都或多或少偏离了其原本的轨道。探索文化的本原是一次寻根、一次溯源、一次赓续、一次传承，更是一次精神的洗礼。

　　历史留给了我们卷帙浩繁的史料，留给了我们富丽堂皇的殿宇楼梁，留给了我们巧夺天工的金石玉器，但历史留给我们更多的是言人人殊的故事、众说纷纭的传说。那些气吞山河的英雄、金戈铁马的战役、钩心斗角的权谋都已湮没在历史的长河中，留给我们的历史之谜和那些年湮世远的故事却在我们的唇齿间流传。传说是否真实可信，就需要所有对历史感兴趣的人在审读历史时，本着尊重史实的态度，参阅多种史料、反复校勘、比较和分析，爬梳剔抉以辨其真伪。本书作者从扑朔迷离、浩如烟海的历史长河中撷取的几段插曲，抽丝剥茧，披露了大量鲜为人知的细节，

让读者在与历史事件的亲密接触和穷源竟委中获得思考
与发现的乐趣。

海登·怀特说过，历史话语本身实际上是事实与意义
的结合体。因此，事实与意义之间存在着难以跨越的鸿沟
和裂隙。不同的研究者，即使面对的是同一历史事实，其
对意义的阐释也有诸多不同甚至迥异之处，这也正是历史
异彩纷呈之处，也是它让人痴迷沉醉的魅力之所在。本书
属一家之言，并不奢求所有读者的颔首赞许，只求抛砖引
玉，向各方求教。

目　录
CONTENTS

第一章
时势混沌的"英雄"

在恢宏壮阔的历史天空下,璀璨夺目、吸引我们目光的总是那些力挽狂澜、忠义仁勇智的英雄和伟人。在各种正史、野史、传说中,他们被我们的前人有意无意地美化、神化,乃至成为一段历史的标志。不过,阳光照过的地方必有阴影,高高在上、遥不可及的人也有一些不为常人所知的秘密。本章将引领我们走进历史故事的幕后,告诉我们"英雄""伟人"缺失的另一面。

恺撒被埋没的史才

　　盖约·尤利乌斯·恺撒是古罗马统帅，政治家，后人不但为他高超的军事和政治领导才能所折服，更因《高卢战记》这部伟大的著作而将政治家、军事家恺撒视为一位不凡的史学家，认为恺撒拥有很高的史学觉悟，主动积极地将这些征服高卢的实录记录下来以便传承。

　　然而事实上，可以说恺撒根本无心完成一部名垂千古的史学名著，著书立说也完全是出于个人目的，他凭借《高卢战记》一书成为史学家也纯属是"无心插柳"的结果。恺撒所写的《高卢战记》共七卷，记述他在高卢作战的经过，从公元前58年至前52年，每年的事迹写成一卷，是研究古罗马军事历史的重要文献。他把这部书叫做 *Commentarii*，即《随记》或《手记》之意，表示直陈战事，供人参考而已。

　　在叙述过程中，他处处用第三人称称呼自己。《高卢战记》叙事翔实精确，文笔清晰简朴。由于恺撒是罗马共和国时代第一个亲身深入到外高卢西部和北部、到过不列颠和莱茵河以东的日耳曼地区、目睹过当地的山川形势与风俗人情的人，因此，《高卢战记》又成为记述这些地区情况的最古老的历史文献，它

◀恺撒塑像。

以对高卢和日耳曼各地区从氏族公社逐渐解体到萌芽状态国家出现这段时间的政治、社会、风俗和宗教的记述，成为我们研究欧洲原始社会和民族学的重要依据。

恺撒一生戎马倥偬，根本不得闲暇来舞文弄墨，只是迫于庞培及其党羽的政治阴谋而不得已提起笔来从事写作。正如黑格尔所说："他编著历史，就会把自己的目的作为历史的目的来处理。"西方一些学者把《高卢战记》说成是恺撒为了拉选票而写的小册子，或者说是一个竞选的文件。真实地记载历史是古典史学家遵循的原则，但恺撒不是为记载历史而写历史著作的。他的《高卢战记》带有明显的为政治服务的目的，是当时写作的历史背景使然。

公元前100年恺撒出生于古罗马的一个贵族家庭。由于他的家庭与民主派领袖马略和秦纳来往甚密，因此，恺撒从步入政坛的那一天起就被卷入残酷的政治斗争。他从一开始就受到元老院的排挤而站到民主派的一边，并逐渐成为民主派的领袖。凭借家族的威望和亲戚的提携，公元前84年恺撒当上了朱比特神的祭司，后来又当了财务官、司法官、工务官。公元前61年他出任西班牙总督，并在西班牙建立了一支自己的军队，表现了出色的军事才能，得到了元老院的赏识。当时罗马政坛混乱，马略的军事改革使军事将领与军队紧密结合起来，军队日益成为统帅夺取政治权力的有力工具。

长期出入政坛的恺撒深知金钱和军权的重要，但在当时罗马政坛上，论资财他比不上克拉苏，论军功他比不上庞培，处于劣势。于是恺撒巧妙使用权术与克拉苏、庞培结成秘密同盟，史称"前三头"同盟。在克拉苏和庞培的支援下，恺撒当选为公元前59年的执政官。任届期满后，恺撒明智地选择了担任高卢总督，因为当时高卢大部分还未被征服。

恺撒利用征服高卢的机会，培训了一支能征惯战、"只知有恺撒，不知有国家"的唯他命是从的军队，并且他和他的手下都大发横财。恺撒的成功遭到了克拉苏的妒忌，于是克拉苏率军东侵，不料全军覆没，战死异乡。这样三足鼎立变成了两强对峙。

公元前 54 年，恺撒的女儿尤利亚去世，恺撒与庞培的联姻关系也告结束。

公元前 52 年，山北高卢并入罗马版图。

恺撒权势的增长使得元老院心怀戒惧，也使庞培产生妒忌。元老院竭力拉拢庞培，庞培逐渐倒向元老院。公元前 52 年元老院通过紧急法令，授权庞培征集军队、平定骚乱。不久元老院又任命庞培为"没有同僚的执政官"，实际上开始了庞培在罗马的独裁统治。

庞培上任后，利用职权提拔高级官员和卸任高级官员，提出担任行省总督应有 5 年间歇期等法律，把锋芒指向恺撒，并把自己在西班牙的统治权延长 5 年，完全不提恺撒的高卢总督是否延长的问题。一些贵族还群起攻击恺撒，要求解除恺撒在高卢的总督职务，交卸兵权。公元前 49 年，恺撒在高卢的任期届满。元老院下令恺撒遣散军队，立即返回罗马，否则以罗马"公敌"论罪。在这种情况下，恺撒被逼无奈指了指剑柄说："这家伙是能延长期限的。"公元前 49 年 1 月恺撒进军意大利，迅速荡平庞培在意大利的残余势力，掌握了罗马政权。

《高卢战记》就是在上述背景下写成的，大约写于公元前 52 年到公元前 51 年的冬天，很显然恺撒是在面临庞培与元老院暗中勾结、对他大肆攻击和暗算、欲置其死地而后快的情况下写作的，是不得已而采取的一种保卫自己的措施。由此，他的写作动机也就昭然若揭了。

从《高卢战记》的字里行间可以看出恺撒有三个目的：第一，自我辩护。恺撒在担任执政官的那一年曾经通过了一项《犹理亚反贿赂法》，法案规定，行省长官本人无论是否带有军队，如未经人民大会或元老院许可，均不得随意越出行省；也不得对别国发动战争。然而，恺撒要想获取资财和培植私人武装，除了战争之外别无他途。但是，以元老院敌视他的立场，自然不会批准他发动战争。

于是，恺撒巧妙地利用罗马人民和元老院唯我独尊、人莫予夺的心理，在叙述他在高卢未经元老院批准而发动的每一次战争时，都强调战争的起因是由于罗马人民和元老院的尊严受到了损害。

在叙述厄尔维几人的战争时，恺撒写道："恺撒想起执政官卢乌斯·卡休斯曾经被厄尔维几人杀死，他的军队也在被击溃以后，被迫钻了轭门（对战败者的一种污辱）。"在讲述对日耳曼人的战争时，恺撒写道："他知道屡次被元老院称做'兄弟'、'亲人'的爱社依人，正在受日耳曼人的奴役和统治，这对罗马这个堂堂大国来说，包括他本人不免都是一种耻辱。"关于对不列颠的征服原因，恺撒说："因为他发现差不多在所有高卢战争中间，都有从那边来给我们的敌人的支援。"

最能表现恺撒自我辩护这一目的的例子是：恺撒在公元前55年对登克德里和乌西彼德斯这两支日耳曼人的战争中，当敌方的首领和长老前来求和时，恺撒却乘机扣留了他们，然后向群龙无首的日耳曼人发动进攻，43万日耳曼人几乎全被杀，而罗马人没有损失一个。这次战争的消息传到罗马时，恺撒的行动受到指责，他的政敌们，以马克斯·朴尔斯·加图为首甚至建议元老院把恺撒交给登克德里人和乌西彼得斯人，以保全罗马的荣誉。

▲高卢战士在杀死自己的妻子后，宁可自尽也不愿向罗马人投降。

因此，恺撒在《高卢战记》第四卷第5页15节中，就详细叙述了他进行这次战争是因为日耳曼人的800骑兵首先攻击罗马的5000骑兵，而日耳曼人的首领和长老求和完全是伪装和玩弄诡计，是缓兵之计。恺撒很显然是在为自己辩护。

第二，树立自己的形象。透读《高卢战记》不难意识到恺撒是想利用全书向罗马人表明，只有他才是罗马国家真正的捍卫者和英雄。正是由于他矗立在北方，才有意大利的安宁和繁荣。

他在一次又一次的战斗中，从不忘记偶尔插上一两句话，提一下自己在战斗中所起的关键作用，以及自己所受到的士兵的爱戴。在叙述与厄尔维几人作战时，他写道：恺撒首先"把自己的坐骑送到老远看不见的地方，后来又命令把所有别人的马也都这样送走。让大家面对同样的危险，不存在逃脱的希望。"表现了他身先士卒与罗马军队同甘共苦的品格。

恺撒还借高卢人之口夸赞日耳曼人勇敢非凡，最后又写日耳曼人败在恺撒手下，形成对比来衬托恺撒本人的英勇善战。

恺撒力图使罗马人知道，面临着能征惯战的高卢人和日耳曼人，恺撒和他的军队经过艰苦的战斗，深入到高卢西部和北部、不列颠和莱茵河以东的日耳曼地区，不仅保卫了意大利的北部边防，而且把罗马的国界扩展到莱茵河和不列颠。所有这一切都是他和他的部下进行长期斗争的结果，是他为罗马立下的汗马功劳。

然而恺撒没有得到罗马人民的感激。相反，元老院里贵族派和庞培一伙却趁恺撒在高卢奋战之机，在首都散布流言蜚语，百般中伤、恶毒攻击他，其用心险恶可见一斑了。

▼罗马人的盔甲和战剑。

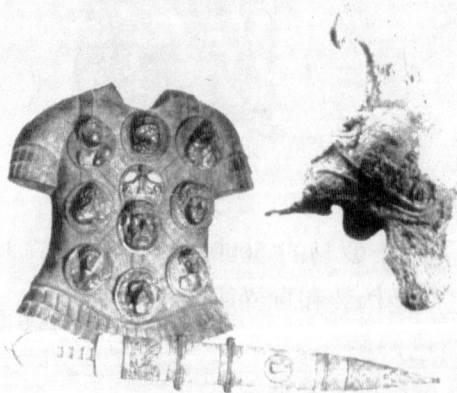

恺撒著《高卢战记》的第三个目的就是为了威吓敌人。军队是恺撒手中的利剑。他在书中多次提到军队的忠诚。如在萨比斯河战役中，恺撒军队处于十分不利的形势下，恺撒这样描述："恺撒在后军的一个士兵手中抢过一面盾——因为他自己来的时候没有带——就向阵线的第一列赶去，一面叫着百夫长的名字，鼓励着

◀恺撒被谋杀。

其他兵士……他的到来给士兵们带来了希望，他们的精神重新振作起来，各人都想在统帅的目睹之下，表现出自己即使身历险境时还骁勇善战到何种程度。"在讲到动员军队对日耳曼人作战时，恺撒刻意讲述各军团指挥官和百夫长对他所作的保证："他们既不怀疑、恐惧，也不妄自干预作战机宜，认识到这是应由其统帅绝对掌握的事情。"他在书中另一处画龙点睛地写道："如果他（指日耳曼人首领）杀死了恺撒，就可以讨好许多罗马的显贵和要人——他是直接从他们自己的使者的口中得知的——恺撒的死可以替他换来所有这些人的感激和友谊。"这不啻是告诉政敌们：恺撒对他们的所作所为并非毫无所知，但他有自己的军队作后盾，那些政敌们最好能好自为之，不要自取灭亡。

恺撒写作《高卢战记》虽然渗透着恺撒个人的政治动机，但从整个历史发展来看，当时罗马的经济基础已经发生了巨大的变化，原来的小农业已完全被大规模的使用奴隶劳动的大庄园取代。

当年台伯河上那个小公社的那套城邦制度已经不能满足统治需要，加强国家机器向帝制过渡已是历史的必然。因此，恺撒的政治目的是符合历史发展的，他为达到自己的目的而撰写《高卢战记》的动机是可以理解的，甚至是应该给予肯定的。

恺撒的《高卢战记》虽然有浓厚的自我辩解的色彩和强烈的为政治服务的目的，但它毕竟还是一部历史著作，是一部恺撒征服高卢的实录，具有重要的史学价值。

《高卢战记》一书中记载了很多很有价值的史料，有关早期日耳曼人、高卢人和不列颠人的社会史、民族、宗教史方面的大量史实还散见于作者对战争的叙述中。由于恺撒是罗马共和国时期第一个深入这些地区与古代高卢人、日耳曼人和不列颠人打交道的人，因此，他的《高卢战记》就成为了解这些民族、地区的最古老的历史文献，成为描绘高卢人、日耳曼人、不列颠人早期生活状况的力作，为历史学家、社会学家研究古代社会提供了较为详细的资料。

恩格斯在写作《家庭私有制和国家的起源》《马尔克》《论日耳曼人的古代历史》等著作时，都大量引用了恺撒《高卢战记》中的史料。从历史学发展的角度来看，罗马共和国时期的史学家本来就很少，留下来的史料多散失不全，唯独恺撒的《高卢战记》是一部完整的历史著作，因此，尤显弥足珍贵，在罗马共和国史学发展史上占有重要地位。

恺撒写作《高卢战记》具有浓厚的政治目的，这或多或少地影响史实的客观性，但是毕竟保存了丰富的史料，具有无可替代的史学价值。可见，武功韬略、政绩赫赫的恺撒书写史书虽然是无心之举，但他"史学家"的地位却也因此而奠定。

参考文献：

【1】恺撒：《高卢战记》。
【2】（德）黑格尔：《历史哲学》。
【3】宋德金：《独裁者恺撒》。

被神话的农家女——贞德

　　圣女贞德是英法百年战争中的一个神话、一段传奇、一个奇迹。

　　1337~1453 年，英法两国先为王位继承问题展开权力争夺，尔后演变为英国对法国的入侵，法国则被迫进行反入侵，从而进行了长达百年的战争。法国力图把英国人从法国西南部（基恩省）驱逐出去，从而消除英在法境内的最后一个堡垒；而英国则力图巩固它在基恩的地位，夺回早先失去的诺曼底、曼恩、昂茹和法国的其他一些地区。

　　英法两国对佛兰德的争夺，加深了它们之间的矛盾。佛兰德形式上是处于法国国王的统治之下，但实际上却是独立的，并且与英国有密切的贸易关系（英国的羊毛是佛兰德毛纺织业的主要原料）。战争的导火线是英国国王爱德华三世觊觎法国王位。德国封建主和佛兰德站在英国一方，苏格兰和罗马教皇则支援法国。若不是贞德这位 17 岁的农家女向法国王储毛遂自荐，那场战争可能不会持续那么久。1429 年，当贞德见到未来的国王查理七世之时，英法之间的战争已经时断时续地进行了 90 年，已经接近了尾声。英国人在阿让库尔把法国军队打得溃不成军，然后和勃艮第公爵结成了同盟，这样他们便牢牢地控制了大半个法国。

▲身穿铠甲手持利剑的贞德，身后是伴她驰骋的战旗。

　　巴黎陷于英国人和勃艮第人之手，议院逃亡到了普瓦捷，法国在卢瓦尔河北部的最后一座要塞——奥尔良也被英国军队包围了。在这种绝望的情况下，法国迎来了它的救星贞德。

这位身着戎装的农家女出现在希农王储的城堡中，并很快赢得了他的信任。贞德自称受神的指示，率领法国官兵纵横于战场上，以破竹之势击败英军，解救了即将沦入英军手中的奥尔良城，并辅助查理七世登位。但她最后却以异端的罪名被处火刑。1431 年 5 月，贞德被绑在火刑柱上烧死了。

但战争形势却因为贞德而发生了巨大的改变。法国终于一雪前耻，重步统一之途。法国人民为了感念贞德的伟大，特赐予她"圣女贞德"的尊称。

只是一个普通农家女身份的贞德是如何做到这些的？是什么促使谨小慎微的查理把自己的军权交给这样一个完全没有任何作战经验的 17 岁少女？贞德同时代的人中曾流传着一个说法，说贞德向王储展示了某种"神迹"，由此得到了查理的信任，而正是这个"神迹"使得贞德掌握了法军军权，并奠定了她成为"圣女"的基础。

▲少女时代的贞德。

虽然贞德为法国的解放做出了极大的贡献，但是人们看待历史问题一定要客观公正，不能一叶障目。因此，在此不得不说，真实的历史中，"圣女"贞德只是个被神话的农家女。当 1431 年贞德因被指控为异教徒而受审时，"神迹"是一个颇为敏感的话题。根据幸存下来的三篇正式的法庭记录来看，公诉人和法官曾一再问到这一问题。最初贞德拒绝回答，声称"神迹"是她和国王之间的事情。到 3 月 10 日，贞德第七次受审时，她终于忍不住了，告诉法庭是一位天使向国王显示了"神迹"。

虽然之后受到了更大的压力，贞德还是

避而不谈天使究竟带来了什么样的"神迹"。两天后，她补充说，天使告诉国王他应该让贞德效忠于他的军队。3月13日，贞德再一次被问到"神迹"的问题。结果贞德质问法庭是否应该做伪证，似乎警告法庭她下面所说的将是谎言。

然后她不厌其烦地描绘了一群长着翅膀、戴着花冠的天使，如何为国王送来了一顶纯金的王冠。贞德还说，这顶王冠现在就在国王的宝库中。多数历史学家都不愿相信贞德的供词。宗教法庭也很难问出真实的答案。贞德一旦承认自己与超自然的力量交往，那么宗教法庭就可以裁定她是与魔鬼在交易，给她定罪。

贞德死后25年，法庭的第二次审判推翻了原来的判决。这方面的记录也保存下来了。但像最初的判决一样，这次判决也是预先决定了的。查理想要消除异教这个有损于他名声的污点，于是在1448年下令对第一次审判进行调查。听证活动直到1456年才结束，法庭认定第一次判决，"充满了造势、诽谤、邪恶、自相矛盾和明显的歪曲事实以及曲解法律"。法庭宣布要还贞德以清白。

在这次史称"昭雪审判"的第二次审判中，出现了对贞德初次会见王储情景的描述，这一描述目前已广为人知。有两位目击证人声称，当贞德进入希农城堡时，查理藏到了朝臣们中间。虽然贞德以前从未见过王储，但她还是马上认出了他。他们说，贞德随后和王储进行了私下交谈，谈话过后王储显得"容光焕发"。这个故事后来又得到进一步的渲染，说贞德还曾识破一位伪装成国王的朝臣。历史学家们对此也表示怀疑：国王躲起来这一故事可能是真的，但它仍留下了不少疑点。

仅仅因为贞德把查理从人群中辨认出来，他就能随便相信她？查理难道不会想到是曾经有人向贞德描述过自己的模样？贞德对他说了什么，又给他看了什么，才使得他"容光焕发"？后来也有另一种说法，认为是贞德对王储说了他最近许的愿望。皮埃尔·萨拉宣称自己从查理七世的一位亲密朋友那里听到了这一故事，根据他所写的编年史记载，查理曾祈求上帝，如果他是真正的继承者，就把他的王国赐予他；如果他不是，就保佑他逃过杀身之祸或牢狱之灾。他从未向任何人透露过这一祈祷的内容，因此，当贞德对他说她知道这件事时，查理认为这就是一种"神迹"，因而就相信了她。而贞德其实不需要任何非凡的直觉能力就可以看出查理对他的身世满腹狐疑。宫廷上下都流传着他是私生子的说法，尤其在他的母亲与他断绝了关系而投入勃艮第人和英国人的阵营之后，这种传言就更加沸沸扬扬。到处都在传说他的亲生父亲是查理六世的弟弟奥尔良公爵，查理对此一定也早有耳闻。因此贞德可以很容易地就猜到他向上帝祷告的内容。而见到有人对自己的祈祷做出了回应，查理也会感到心安。

此外还有一种解释，这种解释更具有戏剧性。1805年，皮埃尔·卡泽提出了一种合乎这些要求的理论。

卡泽写道：贞德才是伊萨博王后和奥尔良公爵私情的产物。照这种解释，当她还是个婴儿时，就被偷偷地送出了巴黎，以免被她父亲的敌人所杀。她被交到了雅克·达尔克手上，后者抚养了她。她在希农向王储出示的"神迹"，就是能够表明她是他的同母异父的妹妹的证据，可能是一枚戒指或一份档案或关于他们家族的秘史。这样一来，所有的问题在卡泽的理论面前都一一迎刃而解。例如贞德怎么能够见到王储，王储为什么信任她，她又是怎样学到了军事谋略等。卡泽认为这不是一位普通的农家姑娘，这是一位负有使命的公主，她有着王室的血统，她和王室有着血肉联系。这种理论为那些君主主义者们带来了一道曙光，他们一向对由一位农家女拯救整个王国这一说法感到不快。那些喜欢阴谋活动的人也很欣赏这一理论。

在20世纪60年代和70年代，这种理论又曾以各种不同的形式再度出现。而问题在于，卡泽或他的追随者都没能为这一理论提供证据。事实上，它还和关于贞德的两次法庭审判的许多材料相抵触。关于贞德的出生地不仅她

的父母，而且她的无数
亲属和邻居都能做证，他
们曾目睹她降临人世或
看着她长大成人。如果
贞德真是国王的妹妹，所
有这些证人肯定都做了
伪证，而这只是为了掩
盖她的王室血统而进行
的伟大的阴谋活动的一
部分。可见，卡泽的理

▲贞德被处死。

论是一种天才的设想，但却并不可信。

　　另外，也有人设想可能发生过别的秘密活动，这些活
动没那么壮观，也没有和王室的紧密联系。1756年，伏
尔泰提出王储的大臣们挑选了一位农家女并对她进行训
练，希望她在希农出现的戏剧性表现能够鼓舞懦弱的查理
和垂头丧气的士兵的斗志，激励他们打败英国人。

　　1908年，阿纳托尔·法朗士的《贞德传》提到教会
的领袖们也进行了同样的秘密活动。对于那些一向不信任
教会或政府的人来说，这些理论很有吸引力。但遗憾的
是，伏尔泰或法朗士一样也找不到证据支援自己的理论。

　　另一种看法，许多学者认为贞德所看到的只是由心理
疾病造成的幻觉和妄想，例如偏执狂的精神分裂症、癫痫
造成的短暂脑叶变化。大多数采取这种看法的学者都认为
贞德只是一个名义上的精神领袖，而不是有真实才干的领
导人。

　　其他学者则指出贞德所声称的还包括了"听到某些声
音"，但这与一般心理疾病的症状并不相同。许多人反对
这种心理疾病的解释。一个精神病患者不太可能会得到查
理七世朝廷的支援。事实上，之前的国王——发疯了的查
理六世，便被人称为"疯子查理"，当时法国在军事和政
治上的衰退便是因为他的发疯造成的。他宣称自己的身体
是玻璃做的，任何人接近都会打碎他，但他的臣子部下并

没有将他的说法当做信仰的意识。

在特鲁瓦签订的条约剥夺了查理七世的继承权，或许其中一部分原因也是因为担心他遗传了父亲的疯病。当贞德到达希农时，王室顾问便提出警告："我们任何人都不该因为受到这个女孩谈话的影响而改变政策，一个农夫……如此的被幻觉所蒙蔽；我们不该因此而遭受外国的讥笑……"

还有说法指出，贞德在记录上所展现的智慧，证明了她不可能是精神病患者。贞德一生中都展现出相当的聪明，在重新审判中，人们都对贞德的智慧感到惊讶，"他们（审判者）常常从一个问题跳到另一个问题，变化无常，但尽管这样，她仍然相当精明地回答，而且显示出极好的记忆力。"她在质问中不可思议地回复甚至迫使法庭停止公开的开庭。不过，尽管智力的衰退和记忆的丧失是许多主要精神疾病的病征，但缺乏这些病征不代表能完全排除精神疾病的可能性。虽然这样，许多学者也指出，除了审判上的表现外，依据许多目击者的说法，其他精神疾病可能导致的混乱，例如显著的人格改变和杂乱无章的言语，都没有在贞德身上出现。贞德来自一个不起眼的小村庄，而且只是个目不识丁的 17 岁农家女，却在短短几年内成了传奇人物。

在贞德出现前，英法两国都已有千年之久的萨利克继承法来正当化这场战争。贞德虽然是被"神话"了的，但由于她的存在，还是为战争带来了不同的意义，她将一场原本枯燥乏味、普通人民深受其害而且不感兴趣的王朝间的冲突，变为一场热情激昂的保家卫国的圣战，最终解救了法国。

参考文献：

【1】（美）威尔弗雷德·朱克斯，杰尔姆·兰菲尔德：《贞德》。
【2】（英）莫里斯·戴维德·达尔纳克：《奥尔良少女的真实故事》。
【3】（美）安妮·巴斯托：《贞德》。

"国父"华盛顿被迫交权的幕后

乔治·华盛顿（1732年2月22日至1799年12月14日）是美国第一任总统，美国独立战争时期大陆军总司令，他领导美国人民取得了独立战争的胜利。

华盛顿作为美国大种植园主和新兴资产阶级利益的著名代表人物，对美利坚合众国的诞生、发展有着巨大的贡献，被美国民众称为"国父"。

也正如亨利·李所说：华盛顿是"战争的第一人，和平中的第一人，他的同胞中的第一人。"乔治·华盛顿作为一位资产阶级革命家、军事家、政治家，在世界历史上占有卓越的地位，1782年他拒绝部下尼古拉上校王袍加身的建议，消除了君主制对美国的威胁。次年英国承认美国独立之后，他以功成而辞去一切公职，回乡务农。1797年，他在连任两届总统之后，再次自行引退。

傅国涌写道：华盛顿"开创了总统任期不超过两届的光辉典范，弥补了美国宪法的严重缺陷，为人类结束终身制、消除个人独裁的隐患提供了一个弥足珍贵的惯例。"这是一个深切中肯的评价，不仅道出了美国人在华盛顿身后极其尊崇华盛顿的真正原因，也道出了华盛顿对中国近代转型的参考意义。

这次引退是对当时世界上普遍盛行的君主制和终身制的否定，是资产阶级共和制的重大发展。

▲华盛顿像。

　　华盛顿的两任引退是近代史上一个创举，它首次冲破了旧的封建传统束缚，实行政府首脑的任期制，是使资产阶级议会制共和国趋于完善的重要一步。随着资本主义的发展，华盛顿所开创的先例，被愈来愈多的欧洲资本主义国家所效法。华盛顿在美国历史上树立了一个坚持资产阶级民主、反对专制独裁、反对终身制的范例。

　　但随着时间的流逝，对于华盛顿这一出人意料举动的真实原因，历史学家们都根据华盛顿的生平经历进行了大胆的尝试，探究华盛顿拒任的真实原委。应该说，华盛顿退职的原因是复杂的，有着深刻的政治和社会背景。我们仔细研究一下华盛顿退职前后的信件和谈话就会发现，下列几个因素对他的退职决定产生不同程度的影响。

　　年事已高，体力不济。他曾把自己比做一个"疲惫旅客"，需要"寻找一个休息之处"。他又说：在花费壮年时期为国家做出贡献之后，"发现老年时期的恐惧又降临于我，""寻求退隐就成为必要了"。而且他厌倦党派政治。

　　华盛顿的愿望始终是一个安定幸福的国家、团结协调的政府，而厌倦资产阶级国家必然出现的党派斗争，甚至认为它是对国家稳定的"危害"。理想与现实的差距使他陷入了苦恼。

　　他对自己所受到的恶毒抨击愤愤不平。他说，他正被比成尼禄、公开的扒手，他已"厌倦在公开出版物中被一般低劣作品所折磨"。又说："没有一个人像我这样被公共生活束缚着，也没有一个人像我这样虔诚地渴望退休。"华盛顿的引退也顺从公众情绪，忠于资产阶级民主原则。同时代的人和后世的学者都认为，华盛顿即使威望下降，但仍可第三次当选。但华盛顿认为，他个人是否担任总统是无足轻重的，而顺从公众的（实则是资产阶级的）情绪是最要紧的。

　　当时的一个白宫书记员在记述他和华盛顿在 1796 年 3 月 24 日的一次谈话时说："他明确通知我，他在任的日子将很短了。这一点，他起码重复了三次，尽管他任现职

◀五人小组起草
《独立宣言》。

非常短暂，但对他个人说来，始终是无足轻重的。"他还说过：作为总统"尽量始终如一地了解和顺从公众的情绪"一直是他"最真挚的愿望"。顺从公意，自动引退，这是华盛顿资产阶级民主思想的体现。

华盛顿主张在美国建立一个强有力的资产阶级政权，但他反对君主制和变相的君主制，信仰共和主义原则，即"人民有权力和权利建立政府这一概念"。在这一点上，他不同于汉密尔顿，而接近于资产阶级民主派的代表杰斐逊。华盛顿的一生实践便是最好的证明。

美国宪法通过以后，有人担心任期不加限制的美国总统，会变成终身任职的变相君主。1788 年 2 月 7 日，华盛顿写信给拉裴德表示，他将保卫宪法，"反对引进专制政治"。他还说：在资产阶级共和制度下，国家管理者的任期是有一定限度的，而且是短期的，他们对自己的每一个行动都要负责，而且在任何时候都可以被罢免。

华盛顿作为一个开国元首，在群众中享有很高的威望，但他也面临着极大的困难和众多的问题。各州之间在联合之初的不同利益、统治阶级内部各个集团的利害冲突，在华盛顿政府内部不久就反映为汉密尔顿和杰斐逊两派之间的政见分歧。

对承受法案，对建立国家银行、消费税，对开发西部问题，他们的观点都是相互冲突的。

1791 年 11 月，费希尔·阿姆斯写道："平静存在于平滑的表面"，但"像煤坑一样，小集团在内部成长起来了"。华盛顿认为，政治见解的分歧是不可避免的，在某种情况下还是必要的，但这种分歧不应影响国家的安定和政府内部的团结。他呼吁汉密尔顿和杰斐逊要"互相宽容""暂时让步"，他在给双方的信中说："已经在我们面前举起的酒杯不能因为行动的不协调而从我们嘴边滑掉。"然而事与愿违，尽管华盛顿一再调停、劝解，但党争却愈演愈烈。当第一届总统任期快结束时，他便想退休了。

▲ 美国最初的国旗。

消息传出，各方都来挽留。杰斐逊对他说："如果继续由你领导，南北方将团结一致。"伦道夫写信给华盛顿说："当你的国家召唤你来管理它时，你却要退休了。若内战再起你能待在家里吗？现在去驱散这些小集团（他们正在酿成大灾难）比等他们以武装面目出现时再去制服他们要容易得多。"这些话打动了他的心，他决定连任一届。在华盛顿第二届总统任期内，党争有增无减，甚至连他本人也受到指责，间接地介入了党争的漩涡。

发布《中立宣言》，同英国签订杰伊条约，遭到了杰斐逊领导的民主共和党的激烈反对。尽管他向杰斐逊表白："我本人并非一个党员。我内心的第一个愿望是，若党派存在，则使他们和解。"但是，他还是被认为倾向于汉密尔顿领导的联邦党。与民主共和党反对政府的政策相联系，美国出现了人民群众争取民主的新浪潮。

1790 年左右，民间会社像雨后春笋一样，到处出现。从 1793 年至 1800 年间，全国共成立 47 个会社。他们反对汉密尔顿的反民主措施。威士忌酒起义之后，华盛顿把起义归罪于会社，谴责他们是"自封"的、"邪恶"的，他甚至说人民没有为某种政治目的组织会社则损害了他的威望。当时城乡各地，一提到他的名字就会发生争吵，反对者称他是"独裁者"和亲英派，要求撤他的职。

在这种情况下，华盛顿的思想又回到了1792年，他决定自动退职。华盛顿既没有在美国开创一个新王朝的政治野心，又做好了"短期"任职的思想准备，所以到1796年他面对现实自动退职，便顺理成章了。人们的社会思想是社会存在的反映，历史上杰出人物往往能顺应历史的发展，冲破旧思想、旧传统的束缚，反映进步的潮流，推动历史向前发展。华盛顿矢志共和制度的思想，也不是他头脑里固有的，而是美国社会现实的反映。

美国是一个没有经历奴隶制和封建制的国家，没有根深蒂固的封建传统。而且美国人民具有争取民主斗争的传统。早期移民的主流，是逃避宗教迫害和专制王朝政治压迫的新教徒，是丧失了生产资料的劳动人民。他们对英国的殖民压迫和专制统治进行了长期的斗争。急风暴雨式的独立战争，不仅推翻了英国的殖民统治，而且冲击和荡涤了从欧洲接受过来的封建残余，使资产阶级民主共和思想更加深入人心。

经过独立战争洗礼的华盛顿对此是有体验的，他曾说：在美国"神圣的自由之火和共和政体政府的命运，已经根深蒂固地、甚至一劳永逸地扎下了根。"由此可见，没有深厚封建传统的美国，为华盛顿冲破终身制旧传统提供了肥沃的土壤；美国人民反对君主专制，争取民主权利的斗争，是推动华盛顿开创两任退职惯例的强大力量。

参考文献：

【1】马克思：《北美事件》。
【2】（美）史密斯：《乔治·华盛顿》。
【3】（美）赫伯特·摩累斯：《为美国的自由而斗争》。
【4】方纳：《乔治·华盛顿文选》。
【5】（美）莫里森：《美利坚合众国的成长》。

拿破仑并非死于砒霜

拿破仑·波拿巴（NapoleonBonaparte），法兰西第一共和国第一执政（1799~1804 年），法兰西第一帝国及百日王朝的皇帝（1804~1814 年，1815 年），曾经占领过西欧和中欧的大部分领土，法兰西共和国近代史上著名的军事家和政治家。

拿破仑在执政期间，对法兰西共和国的行政和法律体制进行了重大的改革。他改革了法兰西共和国的金融结构和司法制度；创办了法兰西银行和法兰西大学；实行了法兰西共和国行政的中央集权制。其中的每项改革都对法兰西共和国本身产生了重要的而且在某些方面是持久的影响。

1821 年 5 月 5 日薄暮时分，大西洋狂怒的暴风雨席卷着圣赫勒拿岛，大树被连根拔起，岛上的一些小屋被刮倒，震动了整个龙坞德庄园，被流放于此地的法兰西第一帝国皇帝正处于弥留之际，"法兰西……军队……统帅……约瑟芬……"他最后的话语只有离床很近的侍从才听得见……风暴停息了，太阳放出最后一阵灿烂的光辉映照海岛，接着便沉入海洋。下午 5 点 49 分，一代枭雄拿破仑与世长辞了。

这位曾使欧洲各国君主闻之心惊的法国皇帝是怎么死的？为何这位以精力旺盛著称的风云人物会在 52 岁壮龄时过早死去？所有这一切一百多年来引起了人们种种传说与揣测，关于他的病因和死因始终蒙着一层神秘的帷幕。

1955 年秋天，瑞典哥德堡一位名叫斯坦福·苏弗波德

的牙医与毒物学家在研读有关拿破仑的历史资料时发现，拿破仑在其生命最后岁月里的病

◀拿破仑被流放前
与近卫队告别的
情景。

症：交替出现的嗜睡与失眠，双脚浮肿，体毛脱落，身体肥胖，心悸及牙根暴露等，不像患癌症的样子，倒像是慢性砷中毒的现象。于是他立志解开这一谜团。

历经数年的寻访、调查与研究，苏弗波德最终于 1960 年提出用中子活化分析方法测定拿破仑头发中的砷含量的假想。问题是到哪儿去弄到皇帝头发呢？皇天不负苦心人，苏弗波德先后从法国巴黎残废军人院军事博物馆董事长、拿破仑研究专家拉苏克、瑞士商人弗莱处弄到几根拿破仑的头发，并在苏格兰格拉斯哥大学法医学系教授史密斯博士的帮助下，用核子轰击法来测试拿破仑的遗发，结果发现头发中砷的含量高于正常值的 13 倍。后来他们又从文献资料中获知，当 1840 年 10 月人们将拿破仑棺椁打开、准备将遗体运回法国时，发现虽历经近 20 年，但尸体完好，尤其是脸色与下葬时毫无二致。他们认为这正是砷的作用，砷毒害了拿破仑的生命，但反过来又保护了遗体不受腐蚀。经过反复研究，他们确信拿破仑是遭人投毒而死的。

那么凶手究竟是谁呢？根据对当时在拿破仑身边的人员的仔细分析，拿破仑的心腹随行官员蒙托隆伯爵被认定是凶犯。此人早年追随拿破仑，1814 年拿破仑第一次退位时，曾倒戈投靠波旁复辟王朝。当 1815 年拿破仑在滑铁卢战役中被击败后，随从人员作鸟兽散，而蒙托隆则偏偏在这个时候重新回到拿破仑的身边。为何他甘愿奉侍拿破仑、忍受流放圣赫勒拿岛的痛苦生涯，并对自己的妻子

▲拿破仑的坐椅。

阿尔宾与拿破仑的暧昧关系置若罔闻呢？目的就是想获得拿破仑的信任，当上"长林"（对流放地的称呼）的总管。

据对一些史料的调查，发现他实际上是受波旁王朝路易十八之弟阿图瓦伯爵（1824 年后即位，称查理十世）的指使，以在拿破仑专饮的葡萄酒中反复投放小剂量砒霜（即三氧化二砷）的方式，使其慢性中毒而死。

1981 年苏弗波德与加拿大的一位拿破仑专家威尔德合作发表了题为《圣赫勒拿岛的谋杀案》的学术论文。1982 年威尔德又与美国人哈普古德合作，将苏弗波德解析拿破仑死亡之谜的过程写成《拿破仑谋杀案》一书，旋即被列入当年的美国畅销书之列，于是拿破仑遭人毒杀的说法便广为流传于世。

据说拿破仑曾怀疑有人在暗中谋害他，在临终前 7 天他给御医安托马什写信说："在我死后——我的死已为期不远了——我要你剖开我的尸体……我委托你在这次尸体检查中别漏掉任何可疑之处……"但事实证明，拿破仑并非死于砒霜。5 月 6 日下午 2 点，遵其遗嘱，由安托马什操刀进行尸体解剖，在场的有拿破仑的侍从官员，驻岛英国官员 10 人，另有 6 名英国医生。

解剖结束后，医生们未能就死因达成一致看法，7 位医生分别交出了 4 份不同的报告，唯一的共识是确认在胃部靠近幽门处发现有溃疡。安托马什认为是"致癌性溃疡"，而英国医生则说是"硬性癌引起的癌症"。一位名叫索特的医生还发现肝脏肿大，已出现溃烂，但驻岛的英国总督哈德逊·洛后来命令索特在解剖报告中删去这一与英国官方意图不符的发现，因为英国人害怕人们指责他们将拿破仑流放到这一气候恶劣、肝病多发的小岛上来。由于拿破仑的父亲亦死于幽门癌，所以一些人相信拿破仑亦死于同一病症。

当然，也有一些人并不相信官方的验尸报告，他们认为拿破仑是死于"气候疾病"。到了20世纪初，在法国与德国的一些医学杂志上出现了一些讨论拿破仑死因与病因的文章。

有人认为拿破仑并非死于癌症，而患的是一种热带病，这种病是1798年拿破仑远征埃及和叙利亚时染上的，被流放到这一地处热带的小岛后，便旧病复发，趋于恶化，最终导致他死亡。

不过，也有不少西方史学家和科学家并不赞同这一说法，他们也发表了各种不同的见解。如美国医生罗伯特认为拿破仑是死于男性激素严重障碍，其患病后期腺功能损害严重，导致雄性激素严重失调。英国纽卡斯尔大学的历史学家戴维·琼斯则认为，拿破仑的确死于砷中毒，不过砷的来源可能是拿破仑居室中的壁纸，因当时盛行涂有含砷的绿色颜料的壁纸，吸入壁纸蒸发出的砷而致死的事情屡有发生，因当时条件所限，死因无法解释。

为了探究拿破仑是否为壁纸毒害，1990年英国电视台制作了一个节目，并派遣记者踏上了圣赫勒拿岛。这是一座大西洋上的孤岛，面积仅47平方公里，当时属于英国的东印度公司，人烟稀少，萧条荒凉。东距非洲1930公里，是座死火山岛，地形崎岖，属于热带海洋性气候，长年经受大西洋上风暴和雷雨的洗礼。

来到岛上，记者发现拿破仑当年居住的房子——朗伍德别墅，虽然高耸在岛的中部，但仍旧非常潮湿。一走进屋子，就明显感到霉味扑鼻。潮湿会引发霉菌的生长，而霉菌又是导致砷扩逸的重要原因。记者还了解到，拿破仑的旧屋每隔一年必须重新装修一次，但是今年刚刚换上的壁纸已经开始脱落了，看到这里我们已经依稀可见拿破仑身亡的真相了。

拿破仑刚刚被流放圣赫勒拿岛的时候还享有很大的自由，他可以骑马遛遍整个岛屿，可以与本地人交谈。但是，当新任总督哈德森·罗伊就任后，他担心长此以往拿破仑可能会与人串通逃跑，于是命令士兵，任何时候，拿

▲拿破仑骑马像。

破仑的行踪都必须在他们的视野以内。士兵们为了执行命令，不断地限制拿破仑的活动空间。

这样，他待在屋里的时间越来越长。有士兵回忆，曾有一段时间，拿破仑几个月都没有离开过屋子。1819 年拿破仑在圣赫勒拿岛上居住的房间也换上了当时很流行的"施利绿"糊壁纸。而从那时起，拿破仑的随从们常常抱怨当地的"坏空气"，不少人感觉很不舒服，他的几位亲密仆人就是先后在那一时期过世的。遗憾的是，这些人的头发没有留下来，不然的话，如果能够进行检测，一定也能发现砷含量超标准。

这一次圣赫勒拿岛之行，进一步证实了拿破仑确实居住在贴满砷化物壁纸的屋子里，在岛上潮湿的环境下，墙面的砷不断通过空气侵入他的体内。因为季节变换，潮湿度不同，又使得他头发中的砷间断性出现。这些都与对头发的检测结果吻合。日复一日，年复一年，有毒气体不断地摧毁着拿破仑的健康，终于在 1821 年一个风雨交加的傍晚，夺取了这位伟人的生命。

法国一位著名史学家曾说过，"在历史上，拿破仑这个名字后面总跟着一个问号。"确实，拿破仑一生都充满了谜团：他的出生、他的感情、他的发迹、他的流放、他的死亡，甚至他的头发中都隐藏了一个惊天的秘密，足以改变历史。

但是，无论这些谜题有多少，就像法国人永远相信拿破仑会东山再起、会重塑法兰西辉煌一样，我们也坚信，透过我们孜孜不倦的探寻，透过对历史正确的把握和解析，一定能够认识到一个完整、真实的拿破仑。

参考文献：

【1】凡事：《拿破仑之死》。
【2】周文峰：《拿破仑的 N 种死法》。
【3】（美）韦德尔：《拿破仑是否因中毒而死？》。
【4】傅明光：《拿破仑死因之谜》。

林肯的"种族主义者"情结

亚伯拉罕·林肯（1809 年 2 月 12 日至 1865 年 4 月 15 日），美国政治家，第 16 任总统（1861~1865 年），南北战争时期的北方领袖。林肯领导美国人民维护了国家统一，废除了奴隶制，为资本主义的发展扫除了障碍，促进了美国历史的发展，一百多年来，受到美国人民的尊敬。

马克思都曾经这样评价林肯："他是一位达到了伟大境界而仍然保持自己优良品质的罕有的人物。这位出类拔萃和道德高尚的人竟是那样谦虚，以致只有在他成为殉道者倒下去之后，全世界才发现他是一位英雄。"

林肯一生都被"伟大解放者"的光环所笼罩。但是这位以推动种族平等著称的伟人竟是位不折不扣的"种族主义者"。

首先，林肯从小的生活环境便在潜移默化中影响着他的思想形成。林肯的父亲是一位农民，他在西雅图有一块农场，小林肯从小便在农场生活，农场中的人们经常拿黑人开玩笑、讲粗口，并且常有人虐待黑人。青年时代，林肯曾作为水手随船到达南方奴隶贸易中心——新奥尔良城，在拍卖市场上，他目睹了黑人作为奴隶被买卖的过程，更加深刻地体会到黑人与白人的天差地别。

▲林肯由于废除了奴隶制而受到美国人民的爱戴。

只接受过一年正式教育的林肯无力辨别"财产"与"黑奴"在本质上的不同，无力理解平等是超越种族与地位的。逐渐地，在这种环境的熏染下，他开始认为黑人与白人的不平等是理所应当的，并且随着年龄的增长，这种

不平等的观念更加深刻地烙印在林肯的心灵深处，左右了他一生。

其次，林肯出生于 19 世纪初，当时虽然著名的《人权宣言》所宣扬的"人人生而平等"和"天赋人权"理论得到了广大资产阶级和民众的支援，在这一思想领导下的资产阶级革命也在世界各地如火如荼地进行，但黑人仍被排除在"人"的范畴外，贩卖奴隶被视为正当的商业活动。

在北美大陆，虽然独立战争胜利已经过去了几十年，但国家的独立并没有带来黑人的自由，从殖民地时期就形成的依靠剥削黑人奴隶获取巨额利润的大种植园经济更是占据着社会生产方式的主流。在奴隶制种植园里，黑人奴隶不是奴隶主买来的，而是奴隶主们的私有财产，不但要受到剥削，还要受到种族歧视。

生活在这样的时代背景下，林肯自然会受到社会主流观念的侵袭。林肯通过自学成为律师后也并没有改变他对于黑人的看法，他经常蔑称黑人是"Nigger（黑鬼）"，并常常和朋友开贬抑黑人的玩笑，甚至变本加厉地认为黑人这种劣种族应该被驱逐出境。这种极端的想法在林肯后来进入政界后又多次表露并付诸实践。

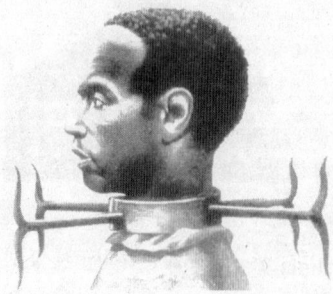

▲ 受尽折磨的黑奴。

现在任教于普林斯顿大学的林肯学者、被美国学界公认为"林肯学"第一把交椅的南北战争专家麦克菲尔逊（MacPherson）在《纽约时报书评月刊》上撰文表示，林肯为时代所囿，确实带有种族偏见，"也确曾有过将黑人移民海外的构想"。成为总统后的林肯也并未像人们后来所想象的那样致力于争取黑人良好的生存条件和政治权利，相反，他却继续着自己年轻时埋下的"歧视理念"。他曾在两次国情咨文中主张把黑人驱逐出美利坚大陆，以维护国家和民族的正统性和稳定性。

虽然，林肯本人从来就没想要成为如今美国多元文化的鼻祖，也没有期望成为一位人道主义者，但由于南北战争的胜利，在客观上维护了国家和民族的统一，促进了资本主义经济的迅速发展，很多林肯的支持者仍将其视为"最伟大"的总统。并且随着 1865 年歌剧院的一声枪响，林肯总统被奴隶主支持者、演员约翰·魏克斯·布思刺杀，更树立了他在美国人民心目中至高无上的在奴隶解放道路上"殉道者"的形象。在华盛顿的林肯纪念堂，每年都要迎接成千上万的来自全世界的林肯敬仰者。

本内特早在 1968 年发表的《林肯是个白人至上主义者吗？》一文中便指出，林肯一直坚持认为驱逐黑人出境是解决美国黑奴问题的良方。在《宅地法》颁布之前，他曾主张将美国的西部专门留给白人，并支援一项禁止黑人在他们的家乡伊利诺斯州定居的法律。林肯甚至还认为黑人是引发战乱的根源，他认为内战的爆发应当归咎于黑人。他曾宣称："如果是为了我们白人，就不会爆发战争。"即使在战争爆发后，林肯总统还是没有立即放弃他的种族观念，不愿立刻废除奴隶制度。在《宅地法》颁布之后，他仍然十分犹豫，态度不够坚决，对于废奴制之外的途径还存有幻想。

对于《解放黑人奴隶宣言》制定的初衷，也远非《美国反对奴隶制度协会章程》所说的"诉诸人民的天良、善念和利害……我们相信对于被压迫者、对于我们整个国家、对于我们的后代、对于上帝，我们有义务尽我们法律范围内的力量来消除奴隶制度……"如此神圣而正义，林肯政府的初衷非常实际：宣言不会给黑人带来真正的自由，却会给资产阶级带来丰厚的回报。最直接地促成其颁布宣言的原因是基于战争的迫切性，他急需争取人们的支援。

◀林肯在华盛顿福特剧院遇刺。

　　《宅地法》虽然可以促使更多的人支援北方军，却无法从实质上迅速提高军队的人数和战斗力，而在当时的美国数量庞大而又未被充分利用的资源就是黑人奴隶，如果能够动员黑人奴隶们加入到北方军团中来，那么在短时间内就能够扭转被动的局面。而且一旦黑奴获得自由，势必会极大削弱南方军团的战斗实力和经济供给。更深一层原因来自于战争结束后对资本主义的巨大推动作用：广大解放的、获得人身自由的黑人们在战场上为了获得的自由而浴血捍卫，而当战争胜利后，他们才发现，梦想中的生活并没有出现，除了一枚共和国的勋章和所谓的自由，他们其实已经一无所有，没有土地，没有财产，没有家，如果要生存，他们唯一的出路就是再次出卖自己的自由，成为资产阶级的雇佣工人。

　　这对于标榜平等自由的资产阶级无异于天上掉下的礼物，而对于黑人而言，这种只存在于纸面上的权利没有给他们带来任何实质上的改变，只是从一个痛苦的深渊到了另一个绝望的无底洞。

　　林肯的好友惠特尼以及当时的国务卿西华德等人的谈话，都可以佐证林肯对解放黑奴的"真实想法"。惠特尼说，《解放宣言》是个"幻象"，西华德也说《解放宣言》只是个"幻影"；而被称为近代"最了不起的林肯学者"的兰道尔也说："《解放宣言》并没有解放一个黑奴。"

▼罗伯特·李在协议上签字，向北方军统帅格兰特投降。

　　如此多的人仅从今天所看到的历史结果推测林肯本人，因此，将客观结果与主观态度相区分还是十分必要的。我们肯定、尊重、敬仰林肯总统在逆境中孜孜进取的精神、大无畏的改革魄力、战争中临危不惧和果敢审慎的作风，更要认识到他本人在重大问题上真正的政治态度和倾向，认识到《解放黑人奴隶宣言》只是特定条件下的产物，并非其真实意志的反映。不因功绩而掩盖缺陷，也不因恶行而全盘否定，这才是正确解读历史的态度。

所以，虽然历史证明《解放黑人奴隶宣言》的发表是有效的、及时的以及必要的，却不能由此判断出宣言的倡导者林肯就是一位积极推动种族平等的先驱，是一位忠实的"种族平等主义者"。史学家们也在肯定《解放黑人奴隶宣言》里程碑般的作用的同时，对林肯本人的政治倾向产生怀疑，认为该宣言的发表并非出于林肯本人对黑人农奴制的反对和对人权平等的追求而采取的"自觉的和主动的行动"，而是在很大程度上慑于废奴派的压力和战事的压力。

美国黑人作家兼黑人杂志《伊波尼》的执行总编辑本内特不久前推出的新著《逼上荣耀：林肯的白人梦》，更是明确地宣称，林肯颁布实施的《解放宣言》纯粹是"一场骗局"，林肯"其实是个种族主义者，与希特勒没区别。"同时作者说"林肯既狡猾又爱撒谎"，美国人民不应该再称他"诚实的艾比"（林肯绰号）。我们不能沉迷于伟人头顶上的光环，而应该看清事实真相，打破一直以来的不切实际的迷信。

◀直到 20 世纪初，黑人奴隶还时常被处以私刑。

参考文献：

【1】（美）本内特：《逼上荣耀：林肯的白人梦》。
【2】（美）本内特：《林肯是个白人至上主义者吗？》。
【3】（美）戴维瓦斯特尔：《亚伯拉罕·林肯是想把黑人驱逐出境的种族主义者》。

张伯伦绥靖的背后

绥靖政策也称姑息政策，一种对侵略不加抵制、姑息纵容、退让屈服、以牺牲别国为代价、同侵略者勾结和妥协的政策。

20世纪30年代，特别是两个战争策源地形成后，面对德、意、日法西斯国家的严重挑战，以英国首相张伯伦为代表的英、法、美等国的绥靖主义者，为了维护既得利益，求得一时苟安，不惜以牺牲别国利益为代价，谋求同侵略者妥协，妄图将祸水引向苏联，坐收渔利。

1931年"九一八事变"，容忍日本侵略中国东北；1935年3月容忍希特勒重整军备；1935年8月美国通过中立法；1935年10月容忍意大利侵略衣索比亚；1936年3月放任希特勒武装进占莱茵区；1936年8月对德、意武装干涉西班牙采取"不干涉"政策；1937年7月纵容日本发动全面侵华战争，此后又策划太平洋国际会议，阴谋出卖中国，同日本妥协；1938年3月默许希特勒兼并奥地利。

这些都是绥靖政策的例证。历史证明，绥靖政策是一种纵容战争、挑拨战争、扩大战争的政策。它无法满足法西斯国家的侵略野心，却鼓励了侵略者冒险，加速了第二次世界大战的爆发。英法这种牺牲他国利益而求得苟安的绥靖政策刺激了阿道夫·希特勒的胃口，在伴以讹诈、恫吓等手段相继在欧洲获得了巨大利益后，德意志帝国开始入侵波兰，挑起了世界大战，从而宣告了英法绥靖政策的失败。

英法对德意志帝国的姑息和妥协是德意志帝国法西斯

势力迅速发展的罪魁祸首，而其操纵
的国际联盟对国际事务脆弱的控制能
力，也是 20 世纪 30 年代世界大乱的
主要原因之一。

▲张伯伦与希特勒
会晤。

　　一直以来人们都指责张伯伦绥靖
是软弱的表现，是最为失策的一种做
法，养虎为患；然而，事实上，英国
这么做却是有其不得已而为之的深刻
原因。社会心理因素的影响以及战争的灾难和创伤使英国
人在第一次世界大战后形成的强烈的反战、厌战和惧战心
理，逐渐转变为一种社会政治运动。

　　据不完全统计，在两次世界大战之间，英国先后涌现
出 26 位反战的和平主义运动著名人士，并出现了颇具影
响的"不再战争运动联合会"和最大的"和平誓约协会"
等和平主义组织及大批的反战文学作品。从这个意义上
说，第一次世界大战后英国人的反战、厌战和惧战心态，
已构成其社会心理的一大特征。而这种带有普遍性的社会
心理，无疑将会对英国政府的内外政策走向产生直接或间
接的影响。

　　既然公众的社会心理都对战争表示出不赞成态度，英
国政府毫无疑问地要考虑这一点；但希特勒在欧洲接二连
三制造的战争恐怖气氛，又要求英国政府面对现实。战则
违背"民意"，和则无异于掩耳盗铃。在这进退两难的"困
境"中，英国政府选择了以公众社会心理为基础，尽可能
退让以避免战争爆发的对付希特勒军事威胁的对策，这就
是所谓的"绥靖"政策，因为"绥靖"一词的本意给人的
感觉并不太坏——保持地方平静、熄灭战争等。

　　当然，公众心理并不注意当局使用绥靖的另一面——
迁就、屈从于希特勒法西斯势力，以至于英国人普遍把绥
靖理解为和平的代名词。从这个角度说，英国张伯伦政府
的绥靖政策，迎合了英国人狭隘的或者说朴素的社会心
理，是英国人反战和平心理的一种变态反映。

当然，我们不能简单地认为英国人的反战心理就是绥靖政策的前身或化身。实际上，英国人反战社会心理的形成，除主要受"一战"时期战争阴影所造成的心灵上的痛苦所影响之外，还有基督教等其他社会背景的一定影响。

传统外交政策的影响。绥靖政策主要是作为一种外交政策而出现在英国政府的决策中的，而这一决策又是与英国传统的外交政策密不可分的，甚至可以说是英国传统外交政策延续的结果。当时，战后新生的社会主义——苏联的崛起更使英国感到不知所措。因此英国选择了彻底战败的德国作为扶助的对象，以此作为新的欧陆均势政策。

于是英国总是倾向于德国。要保持欧洲大陆势力的平衡并相互制约，就必须"扶弱抑强"。于是，英国在战后一系列关于德国问题的处理上答应了增加德国军队的数量并提高军备的无理要求；1921年支援德国缓付战争赔款；1924年违反规定支援德国，促成了1925年10月在瑞士草签的有利于德国的"洛迦诺公约"等。第一次世界大战结束后，面对调整后的世界格局，英国政府希望透过结成新的"欧陆均势"而重新保持它。

近代以来，直至"一战"前夕，英国外交政策的基本立场是"光荣孤立"，即尽可能不与欧洲大陆任何一个国家结盟，以独处一隅地保持自己的行动不受任何外来因素的干扰与影响。但是，进入20世纪后，由于欧洲帝国主义列强间争霸世界的矛盾日益尖锐，特别是后起的军国主义德国的强大，严重威胁到英国的海上霸权，使其"光荣孤立"的政策宣告失效。

但英国出于自身利益的考虑，仍希望自己继续"光荣孤立"，同时又能借助某种外力来牵制德国军国主义的崛起。于是英国便在欧洲大陆展开外交穿梭，广交各国，并最终形成以英、法、俄为主的协约国集团和以德、意、奥为轴心的同盟国集团两大军事阵营，从而使欧洲大陆各种力量互相牵制，势

▼张伯伦（右）看似轻松，实则内心无奈。

力均衡。

"欧陆均势"政策是英国传统的"光荣孤立"外交政策在不能继续保持的前提下的一种被动的变通。其绥靖政策的实质能反映出英国政府留恋传统"孤立",虽然这最终并未制止帝国主义战争的爆发。此外还有外交政策的深层愿望。英国认为,自己虽然在"一战"中损失惨重,但战后世界头号殖民帝国的地位并未发生改变。因此,如果欧洲大陆力量失衡,不管是法国或苏俄挑起战争,也不管战争的性质如何,结果都只能给英国带来更大的损失。正如英国外交官斯特朗所言:"任何战争,无论我们是赢是输,都将毁灭富裕的有闲阶级,于是他们就要不惜一切代价求得和平。"

当然,英国人的代价并不是自己去主持公道,讨伐邪恶,而是扶助德国,形成欧洲大陆英、法、德、俄四强鼎立、相互牵制的欧陆新均势,而它自己则继续在英伦三岛保持"孤立"。但是,帝国主义的本质决定了他们矛盾的不可调和性,英国的扶德抑法、扶德抑俄的"扶弱抑强"政策的效力,只能是暂时的一厢情愿,德国军国主义传统决定了他们总是企图恢复昔日称霸的野心,英国对德国的扶助,无异于农夫救蛇。正因为如此,到第二次世界大战爆发前,英国传统的"光荣孤立"和"欧陆均势"外交政策完全失灵。在德国法西斯大步紧逼的情况下,为恪守传统政策,避免重开战端,英国选择了以牺牲弱小盟友利益为代价的绥靖主义邪路。

当然,绥靖的结果只能是事与愿违。尤其是在1937年5月张伯伦上台后,由于英国外交上的绥靖政策达到高潮,丧失了世界反法西斯同盟之间齐力对付法西斯德国肆虐的大好时机,导致了第二次世界大战的提早爆发。

另外,我们也不能忽视现实对内政策的影响。英国推行绥靖政策,不仅是它传统外交政策延续的结果,更是它在"一战"后现实对内政策中过多地重经济发展而轻军备增长的结果。

第一次世界大战结束后，英国虽为主要战胜国，但毕竟损失高达 120 亿英镑，元气大伤，因此，英国政府认为复苏国民经济是第一需要。特别是最有威胁的德国的彻底战败，使英国政府错误地认为"十年无大战"。

于是，在内政的制定上，特别是在加强国家的实力方面，重视发展社会经济的重要性和紧迫性，而忽略了军备力量的加强，甚至自认为英国现有的军事装备及技术，尤其是仍保持着一支世界上最强大的海军等，足以应付将来发生的任何规模的战争。

整个 20 世纪 20 年代，英国始终以所谓"十年无大战"的设想来布置其经济发展与军备规模，军事上一直满足于 1918 年的技术，把崭新的空军兵种仅仅当做其传统海陆军的辅助部队。海陆空三军的开支不断下降，以致1932 年时，军费支出降到两次世界大战期间的最低点，几乎到了严重的无法履行英国的防卫义务的状况。其偏安一隅重经济轻军事的和平麻痹之行为严重到何种地步，可见一斑。这为以后英国面对希特勒的武力威胁只能妥协退让进而绥靖埋下了祸根。

▲在绥靖政策的影响下，希特勒的气焰越发嚣张。

希特勒上台后，德国法西斯东山再起已成事实，并构成对英国最大的威胁。此时，英国内政外交政策的基本点仍幻想用无原则的和平来换得国内所谓的发展经济。由此可见，正是以上几个方面导致第二次世界大战爆发前，以英法为首的西方国家推行绥靖政策，企图以牺牲他国利益保住其霸权地位。虽然在某种程度上可以说是"情非得已"，但最终的结果是纵容了侵略，加速了大战的爆发。执行绥靖政策的英法等国，也正如毛泽东所指出的"搬起石头砸自己的脚"。

历史的经验说明，制止战争、保卫和平，既不能靠乞求、屈服，更不能抱有牺牲他人、保全自己的祸心。唯一正确的政策是联合一切爱好和平的国家和民族，对侵略行径做坚决的斗争，才能陷敌于四面楚歌，粉碎其侵略扩张计划。

参考文献：

【1】（英）C. L. 英瓦尔：《新编康桥世界近代史》。

【2】王斯德，钱洪主编：《第二次世界大战起源研究论集》。

也曾动摇的反法西斯者

——丘吉尔

温斯顿·伦纳德·斯宾塞·丘吉尔爵士（1874 年 11 月 30 日至 1965 年 1 月 24 日），政治家、演说家及作家，1953 年诺贝尔文学奖得主，曾于 1940~1945 年及 1951~1955 年两度任英国首相，被认为是 20 世纪最重要的政治领袖之一，带领英国获得第二次世界大战的胜利。

但是这样一位德高望重的反法西斯英雄在二战期间竟然企图与纳粹头目墨索里尼进行"不正当"交易，企图与纳粹媾和。据一项最新研究表明，意大利前独裁者墨索里尼是被一个英国特工领导的两人小组处死的，下达此命令的人就是当时的英国首相温斯顿·丘吉尔。

长期以来在官方版本中，墨索里尼和他的情妇克拉拉·贝塔西是被瓦尔特·奥迪西奥领导的意游击队于 1945 年 4 月 28 日处死在科摩湖畔的贝尔蒙特别墅。但这个说法被认为只是掩饰，实际上墨索里尼和贝塔西是在那天上午 11 点被代号"吉亚科默"的意大利游击队员席格诺·洛那蒂和代号"约翰上尉"的英国特工罗伯特·马卡罗打死的。

▲在德军入侵英伦三岛威胁最严重的时候，身穿戎装、口叼雪茄及面带微笑的丘吉尔给了英国人民莫大的鼓舞。

意大利国家电视台制作了名为《墨索里尼：最后的真相》纪录片宣称，墨索里尼多年来一直与丘吉尔保持信件联系，丘吉尔想劝说他与盟军单独缔结和平协定。但墨索里尼的一些传记作者否认有这些信件存在。

曾在战后任飞亚特经理的 83 岁的席格诺·洛那蒂说，"约翰"被派到意大利北部，主要任务就是消灭墨索里尼，他当时只受亚历山大将军（后来曾任英国陆军元帅）的领导。当时，"约翰"和席格诺·洛那蒂一同来到游击队囚禁墨索里尼及其情妇的房屋。洛那蒂说："贝塔西坐在床上，墨索里尼站着，约翰把我带出去，告诉我他得到的命令就是把他们两个都除掉。我说我不能向贝塔西开枪，于是约翰说由他来办这件事。他很清楚墨索里尼必须由意大利人来执行枪决。"他说当墨索里尼走出房屋后，贝塔西要求"不要朝自己的头开枪，要朝胸部打。"在通向科摩湖的一条小巷的角落里，"约翰"和"吉亚科默"让墨索里尼和贝塔西背对着栅栏站好，然后开枪。席格诺·洛那蒂说："墨索里尼脸上的表情很惊讶，但贝塔西却很平静。"

一切结束后，"约翰"从背包里拿出相机拍照，席格诺站在旁边，他受命从墨索里尼身上搜查"极为重要的文件"。共同制作这部纪录片的美国记者汤姆金斯说，有证据表明"约翰"拍摄的照片是存在的。他说："洛那蒂 1981 年去了英国驻米兰领事馆，领事与他谈起这些东西，但他声称需要英国政府授权才能把照片交出来。后来领事馆给洛那蒂写信，许诺与政府联系，但从此再也没有下文。"

纪录片另一位制片人席格诺·弗伦扎说，席格诺·洛那蒂的说法最早出现在 10 年前，他当时很怀疑，"但经过三年的调查后，我们发现他的话是完全可信的，没有互相矛盾的地方"。与此相反的是官方关于墨索里尼之死的解释经常在变，总是"互相矛盾或者不可信"。如说有一支据称是打死墨索里尼的法制 MAS 机关枪在阿尔巴尼亚亮相，但席格诺·洛那蒂称他和"约翰"当时用的是斯特恩式轻机枪。

不过另一位学者克里斯托弗·伍兹对这一说法有怀疑。他说："这只是一种阴谋理论，米兰抵抗运动领导人、特别是左翼团体认为，墨索里尼应该在盟军到来之前就被处死。"丘吉尔不惜杀害墨索里尼而要取回的"重要文件"

便是那份媾和书的原件。如果这份文件旁落，那么丘吉尔在公众面前反法西斯斗士的形象就会毁于一旦，而且会使英国在反法西斯同盟中的地位受到动摇和质疑。为了避免蒙羞，最终这位首相还是痛下杀手。

丘吉尔向纳粹媾和，主要出于战事和个人感情两方面原因。从私人感情上，丘吉尔一直很敬重墨索里尼。早在20世纪20年代，丘吉尔就是墨索里尼忠实的崇拜者。1927年他访问罗马的时候曾若有所思地说："如果我是意大利人，恐怕早就穿起法西斯的黑衬衫了。"在此后的记者招待会上他又进一步说，"如果我是墨索里尼，我会坚定地和法西斯站在统一阵线上，与列宁主义的欲望以及疯狂展开斗争，一直到胜利为止。"丘吉尔是与墨索里尼长期以来一直保持友好关系的唯一一位伟大的政治家。

▲1945年2月，雅尔塔会议期间的丘吉尔与斯大林。

早些时候，丘吉尔曾公开赞扬这位意大利独裁者，认为他是"欧洲反对布尔什维克主义的保卫者"，并成为他的报纸《意大利人民日报》的特约撰稿人。但丘吉尔5月10日搬入唐宁街10号后却玩起了奇怪的把戏，这与两国之间从未公开的神秘通信有关。实际上，1945年4月28日，纳粹首领在科莫湖被枪决后，这些联系信函归还了丘吉尔并消失了。

历史学家们怀疑，丘吉尔在信中可能敦促墨索里尼参战，以减轻希特勒的压力，并劝说希特勒在法国不可逆转其失败命运时，不要继续与英国作对。基于这一点，墨索里尼会敦促德国对丘吉尔和墨索里尼的共同敌人苏联发动进攻。

关于这些信件，还有一个不太确定的说法：在信中，丘吉尔承诺不会对意大利领土、科西嘉以及在法国的尼斯和莎沃伊省发动进攻，以此作为对意大利保持中立立场的交换条件。这种说法似乎不合乎情理，因为法国极力想使意大利不参战，并明确向齐亚诺表示，如果意大利不参战，法国愿意将科西嘉和突尼斯割让给意大利，以此为奖赏。

实际上，5月30日，墨索里尼向希特勒宣布了他将参战并站在希特勒一方的决定；6月10日，正式通知法国和英国大使：意大利参战。私人情感因素使得二者的合作有了前提，但战事的发展才是促使丘吉尔背离美苏协定、走上单独媾和之路的决定性因素。

二战初期，面对德国实施的"海狮计划"，英国处于极其困难的环境之中。后来，法国沦陷，欧洲大陆一息尚存的大国只剩下英国，所以，此时丘吉尔当然不愿意再树立一个敌人。在这种情形下，进行一场政治交易具有必要性和可能性。必要性体现在，意大利占据欧洲有利的地理位置，它西扼地中海出海口要道，东临民族矛盾尖锐的巴尔干半岛，北靠风头正劲的法西斯德国，如果能够稳住这一地区，可以暂时控制住德国扩张的势头，减缓英国面临的压力；同时，向东可以控制巴尔干地区，向南能够保障北非战场的物资供应，保障大英帝国中东石油输出。如果被希特勒捷足先登，那战争形势将变得十分严峻。

同时，这项拉拢政策也具有一定的可行性。首先，意大利在战争问题上一向意志不够坚定，在一战中就是因为同盟国给予意大利的好处太少而被协约国成功策反，这一次如果给予相应的好处，意大利会不会故伎重演？这未尝没有可能。另外，意大利早就对地中海地区的霸权觊觎已久，承诺给予地中海地区部分领土对意大利具有相当的诱惑。最后，对于英国本土而言，虽然失去了部分领土，但因为远在地中海，所以不会造成根本利益的触动。这一系列的考虑，最终使得丘吉尔向墨索里尼发出了求和召唤。

虽然丘吉尔的筹码相当诱人，但墨索里尼接受了一战倒戈却无利可图的教训，在权衡利弊后还是投靠了法西斯德国。不过在战争进入相持甚至接近尾声阶段时，丘吉尔同墨索里尼仍保持着一定的书信往来，当然此时的目的不仅仅是策反意大利，更主要的还是对付社会主义苏联，丘

▲墨索里尼与其情妇的尸体被挂到米兰洛雷托中心广场的路灯柱上。

吉尔不仅希望能尽快取得二战的胜利，更希望尽快平复战争的创伤，对抗在战争中成长起来的布尔什维克。只是没有想到意大利法西斯如此迅速地倒台，而那些关系到"英国和自己名誉"的书信很可能旁落，所以才上演了杀害墨索里尼和取回复印件的一幕幕。

丘吉尔首相和英国人民为二战做出的贡献和牺牲，世界人民永远不会忘记，但是，他曾经违背同盟的约定私自媾和的行为也应当为世人所知，不论他的初衷抑或结果如何，事实本身是不容欺瞒和伪造的。

参考文献：

【1】白凤君，田家屯：《第二次世界大战：墨索里尼亲历记》。

【2】罗红波：《世界名人传记——墨索里尼》。

【3】（德）奥托：《世界十大传记文学名著——墨索里尼》，孙占国译。

第二章
扑朔迷离的真相

俗话说"假做真时，真亦假；真做假时，假亦真"。在事实的真相在本来就迷雾重重的情况下，再加上人为的曲解、放大，最后我们想如实地解读而不被误导实在是件困难的事情。但是，纵然有如雾中看花，历史的真相在被层层抽丝剥茧后，总会呈现出一些原本的轮廓。本章力图在历史的残垣断瓦、笔间纸缝中间来还原事件的原貌，带您进入真实的历史时空。

马可·波罗未曾游历中国

提起马可·波罗,几乎无人不晓。这位意大利商人把自己二十余年东方之旅的见闻写在《马可·波罗行记》中。他因此成为世界史上第一个将地大物博的中国介绍给欧洲的人,它使欧洲人发现原来还有一个比自己的家园更为富庶繁荣的东方世界。马可·波罗因此也被誉为东西方文化交流的友好使者。

从 1298 年至今,《马可·波罗行记》的各种译本可能有一百多种,可见其影响力之大,因而被称为"世界第一奇书"。

但是,由于马可·波罗在书中的描写有些夸大其词和自吹自擂,加之当时欧洲人对东方了解不多,书一问世就引起人们的疑问,以至于有人在他临终前要他删除书中的某些神话。1982 年 4 月 14 日的英国《泰晤士报》刊登了克雷格·克鲁纳斯的《探险家的足迹》一文,全面否定马可·波罗来过中国的事实,他还指责《马可·波罗行记》是主要采自波斯旅游手册的虚假报道,重新燃起了马可·波罗之争的战火。

历史上的事常无定论,考证是史学家们看家的工作,甚至有些今天发生的事,明天就需要考证。但是一般来说,对一个事件的争论越激烈就越能增加事件的影响,这种影响往往超出事件本身。

马可·波罗"编造故事"事件就是一例。由于近二十年来一些西方学者全面否

▲马可·波罗像以及后人出版的《马可·波罗行记》书影。

定马可·波罗曾到过中国，他被又一次推向了公众的视野。无论争论的最终结果如何（也许没有最终结果），但是争论的过程在公众中却产生了良好的效果，即又一次增进了东西方的文化交流。这也是我们此时重提马可·波罗的缘由。

▲《马可·波罗行记》中的插图。

马可·波罗是世界著名的旅行家，1254 年生于意大利威尼斯一个商人家庭。他 17 岁时跟随父亲和叔叔，途经中东，历时四年多来到中国，在中国游历了 17 年，回国后出了一本《马可·波罗行记》，记述了他在东方最富有的国家——中国——的见闻，激起了欧洲人对东方的热烈向往，对以后新航路的开辟产生了巨大的影响。同时，西方地理学家还根据书中的描述，绘制了早期的"世界地图"。经他口述、鲁思梯切洛记录写出的《马可·波罗行记》在欧洲广泛流传，激起了欧洲人对中国文明与财富的倾慕，最终引发了新航路和新大陆的发现。然而，有关他的中国之旅引起了众多争议。

马可·波罗的叙述有煽动性，一般读者怀疑他的浮夸。他赞不绝口的是中国的富庶表现于数量之庞大，不仅都会里市廛栉比，而且乡间里也有无数的市镇，为欧洲所无。英国诗人马斯菲尔德曾说："他在这个遗嘱实施后不久即去世。他埋在圣劳伦佐教堂门外；可其墓茔确切位置始终无人知晓。据知其人真实的肖像已不复存在；但和哥伦布一样，凭想象而为之所绘的画像却存世多幅，其中最佳者成于 17 世纪。"他行文的言外之意，就是说马可·波罗其人大有"见首不见尾"的风致。但他亦未忘强调，其实最叫人捉摸不透的并非旅行家本人，而是那部由他口述、比萨人鲁思梯切洛代笔的游记原本。

诗人说，在中世纪晚期，"马可·波罗的书并不为其同代人所相信。"在马可临终时，朋友们就劝他取消那些令人难以置信的说法，因为只有这样，死者的灵魂才能进入天国。马可则对那些好心人说："我所写下的还不及我看到的一半。"大英博物馆中国馆馆长弗朗西斯·伍德博士在《马可·波罗到过中国吗?》一书中，提出了她的著名质疑：马可·波罗根本没到过中国!他对中国的印象，仅限于道听途说。伍德博士说："我们没法用指纹或 DNA 证明什么，毕竟已经过去了 700 年。说到底，这真的只是一个相信不相信的问题。"为此，美国国家地理频道的摄影师麦可·山下用了一年时间，重走了马可·波罗的中国冒险之旅，试图解开有关马可的故事真相。重新走过这段旅程之后，麦克·山下说："他在书中提到的两地距离，有些极为精准，有些却是差了十万八千里。"也许当时马可还是个孩子，而且书是这段经历 20 年后才回忆写成的。同时山下先生也认为，代笔的鲁思梯切洛有可能也做了一些不切实际的夸大。

1275 年，马可一家来到上都（位于现在内蒙古正蓝旗东 20 公里闪电河北岸），觐见蒙古大汗忽必烈。在马可眼里，"忽必烈是有史以来拥有最多民众、疆土和财富的霸主。"可惜的是，当时的宫殿和元朝多数遗产一样，早已被毁。呈现在山下面前的只是残垣断壁。

不过，马可在上都也没有待多久就前往当时大汗兴建的一座新城大都，也就是今天的北京。山下在这座繁忙的首都中找到了一些马可讲述的古迹。"世上没有一座桥能够与它相媲美。它有 24 个拱形桥洞，整座桥以灰色大理石修建而成；石柱的底端有一只大理石狮子；柱顶同样端坐着一只造型优美、工艺精湛的狮子。"这就是卢沟桥，也被后人称做马可·波罗桥。

山下认为，马可表述的桥洞数位不对，柱子底端也根本没有狮子。据马可所言，他在大都成了大汗的一名亲信，并受命担任使臣，造访蒙古帝国最偏远的疆域。在此后的 17 年里，马可看到了宏伟的城池、奇特的风俗、食生肉的民族以及远比西方发达的中国都市。

但他的很多描述让西方人难以置信，人们对他是否到过书中提及的每一座城市表示怀疑。马可·波罗自称在扬州生活了 3 年，并曾担任这里的地方官。伍德博士在她的书中写道："要知道，扬州是一座举足轻重的城市；而马可·波罗本人，即本书所讲述的主角，曾受大汗任命，一连数年在这座城市中担任地方官。"但大多数专家推断，他不可能做过地方官，否则那一时期的中国文献应该会提到他。所谓扬州做官一事成了质疑马可所言有虚的一大例证。

"我认为，有关马可·波罗的最大疑点，是他没有出现在任何汉语或蒙古语的史料中。当时中国的官僚体系极为庞大，一切大小事项都会被记录在案，每个城市的每一任地方官，每一个小官吏都不会被漏掉，但马可·波罗一家压根儿没出现过。文献中记录了其他欧洲人，却没有马可·波罗。两百年来，中国和欧洲的历史学家都在竭力寻找，结果一无所获。这是一个大问题。"伍德博士说。

伍德博士指出："马可·波罗和他的游记或者说他在异乡的发现，存在着一个很严重的问题：就是找不到原始的手稿。原稿已经失传了，留存下来的只是一些手抄本，是经过不断誊写的抄本。"她无意质疑《马可·波罗行记》的参考价值，却希冀世人明白，有必要鉴辨书中内容来源，弄清究竟哪些文字确系马可·波罗亲身见闻，哪些属于他人补笔。她花费很多笔墨的一个企图，就是为证明马可·波罗名下的不少生动描述，实际上是出自后人手笔的"真实谎言"。

1999 年 10 月 4 日至 11 月 5 日，组成了一个有 10 名专家参加的实地考察队，这次考察就是想为马可·波罗是否来过中国寻找证据。这 10 位成员中半数是卫星通讯及音像技术等方面的专家，他们每天发回图、文、录音、录影，报告所见所闻。22 位在博物馆、大学及其他学术机构研究汉学、人类学、考古学、古生物学、生物学、历史学的学者，以及专门研究丝绸之路、沙丘、竹子、熊猫和马可·波罗的专家当后盾，他们为考察队提供咨询，并回答后者提出的问题。

考察队先在北京集中准备，然后转赴新疆喀什。1999 年 10 月 4 日，考察从喀什开始。丝绸之路在敦煌以西分三条路线，马可·波罗走的是塔克拉玛干沙漠南缘这条路，考察也选择了这条路线，大体上沿着马可·波罗的足迹穿越塔克拉玛干沙漠，经过河西走廊、黄土高原，于 11 月 2 日到达北京。11 月 5 日，全部考察活动结束。

其间也有跨骆驼骑自行车的时候，不过大部分路程是用现代交通工具代步，不能与马可·波罗的艰辛相比了。经过考察，考察队发现游记中有些记载明显错误，还有些应该记下的事物没有记。这些都成了否定马可·波罗来过中国的依据。

游记中说在喀什、和田这一带，丈夫如果外出超过20天，妻子就可以自行改嫁。考察队注意到，这里的居民信奉伊斯兰教，妇女言行谨慎，出门还戴面纱，700年前也是这样，根本不存在这种风俗。

从喀什到北京这段路程，游记的记述简略，能够用比较的方法辨别其对错的事物也不多。专家的这次研究和考察队活动，都是针对那些对西方人来说很新奇重要的事物，但在《马可·波罗行记》中却找不到它们的影子，这也成了否定马可·波罗来过中国的重要依据。

考察队最后一站是北京，他们看到了长城的伟大，而《马可·波罗行记》居然没有记载。

伍德做出"马可·波罗并未到过中国"的结论，也是以此为重要依据，在她的书中，用了整整一章来讨论。伍德是研究中国历史文化的博士，她知道早先的长城是用黄土夯筑的，现在看见的砖面的长城，到明代才建造出来。但她认为土筑的长城在今天从西安去敦煌的火车上还可见到，郑州附近还可看到商代残留的夯土城墙，在马可·波罗来到中国的时候，即使长城没有修过，仍会大量保留在那里，很难想象一个远道来此的欧洲人对它不注意。

她认为，马可·波罗如果真的如他所记，曾多次来往上都与大都（北京）之间，那么必须经过长城，不应该一字不提。考察队的考古学家福克斯根据考察所得和伍德的研究结果得出结论：《马可·波罗行记》对推动东西方的经济文化交流产生了不可磨灭的历史作用，但马可·波罗极有可能没有到过中国。

参考文献：

【1】（英）弗朗西斯·伍德：《马可·波罗到过中国吗？》。
【2】杨志玖：《马可·波罗足迹遍中国》。
【3】何高济，王遵仲，李申：《利玛窦中国札记》。

黑死病不等于鼠疫

　　黑死病是 1348 年在欧洲爆发的一次大型瘟疫，夺去了数千万人的生命，曾使欧洲人口减少了 1/3 到一半，是人类历史上最严重的瘟疫，是一种灾难，它甚至改变了历史进程，间接促使了东罗马帝国的崩溃。

　　1334 年，中国河北省境内开始爆发瘟疫，致命的传染病夺走了当地 90% 人的生命，人数约为五百万。其后瘟疫向西蔓延，袭击了印度、叙利亚以及美索不达米亚。1346 年，瘟疫袭击了黑海地区克里米亚半岛上一个名叫卡法的贸易区。当时居住在卡法的热那亚人正被穆斯林塔塔尔人的军队围攻，城里的居民由于没有足够的粮食，不得不忍饥挨饿。突然之间，意想不到的事情发生了，塔塔尔人一下子就像苍蝇一样一个接一个地倒下了。黑死病袭击了塔塔尔人。但是被围困的热那亚人也没有得到多少轻松喘息的机会，塔塔尔人在撤退之前，将几具因瘟疫而死的尸体扔进了城墙内。为了逃避瘟疫，热那亚人分乘 4 艘船扬帆远去，但是当他们到达西西里岛东北岸港口城市墨西拿时，船上大部分人都已病死。这几艘船被勒令离开海港，但为时已晚，可怕的瘟疫开始登陆欧洲。

▼1349年，市民埋葬黑死病人的场面。

　　大瘟疫的爆发给欧洲人带来了空前的灾难，瘟疫迅速地传播开来，每天向前推进两英里，从地中海的各个港口蔓延到西班牙，经过陆地，跨越阿尔卑斯山脉和比利牛斯山脉，一直蔓延到法国、德国、英国以及斯堪的纳维亚半岛上的冰岛和格陵兰等地。整个欧洲大陆都笼罩在黑死病的乌云下。

过去一个世纪以来，人们普遍认为这场恐怖的黑死病就是腺鼠疫，由鼠疫杆菌引起，通过老鼠和跳蚤传播给人类。传播这种耶尔森氏鼠病毒的跳蚤专以吸食老鼠、猪、狗、兔子等的血液为生，特别是一种黑鼠与瘟疫的传播大有关系。这是一种通过老鼠和跳蚤传播的病菌。但黑死病真的与老鼠有关吗？

根据文艺复兴时期意大利作家薄伽丘在《十日谈》里所描述的黑死病景象，似乎与淋巴腺鼠疫并不完全吻合。英国利物浦大学的两位科学家于2001年出版了一本名为《疫病生物学》的书，书中指出，黑死病是由淋巴腺鼠疫病毒引发之结论疑点甚多。

▲黑死病笼罩下的城镇。

例如，为什么黑死病的传播速度如此之快？根据当时的有关报道，黑死病以平均每天两英里的速度向前推进，这意味着鼠群将以跑得喘不过气来的速度穿越乡间田野，但是当时并没有关于目睹这种情景的相关报道。

事实上，一些描述当时城乡黑死病情况的目击者们根本就没有提到过老鼠。还有，如果与老鼠有关，那么它们是如何越过比利牛斯山脉和阿尔卑斯山脉的？它们又是如何抵达冰岛和格陵兰的？对于这些适宜于生活在温暖地带并且已经染上疫病的老鼠来说，这一段漫长又寒冷的旅程是难以想象的。

为什么黑死病会沿着商队贸易路线传播开来，而且通常爆发在人口集中的地方，如城市中心地区、集市中和军队里？为什么隔离措施是当时唯一有效的措施？

　　如果说瘟疫是由老鼠传播开来的，那么对染病的人群隔离会有用吗？因为老鼠会很容易地从被隔离的房子和村庄里跑出来继续将瘟疫传播开去。一定还有另一种传播途径，而不是老鼠、跳蚤与人类之间的传播途径。如果说瘟疫是通过空气中的尘粒在人与人之间传播开来的，那倒还比较说得通，研究人员认为致病的可能是一种病毒。根据中世纪对黑死病的描述，黑死病的病原体可能不是鼠疫杆菌，而更像是一种滤过性出血热病毒，与现代的伊波拉病毒非常类似。

　　如果这种猜测能够成立，就能解释为什么黑死病会如此迅速地传播开来。

　　科学家说这种病毒的潜伏期较长，大约为 20 天，在感染病毒到发病的这段时间里，带菌者会在毫不知情的人群中将疾病传播开来。据此，科学家们猜测当时的情景可能是这样的：某个感染了黑死病而自己却并不知晓的病人，或许是一个士兵，或许是一个到处旅行的商人，到一个新的城镇后传染给别的人，于是疾病就在这个城镇里很快地传播开来。大约过了两三个星期，这个旅行者病死了，而城里其他的人也开始陆续病倒。在此期间，这个城镇或者村庄里也有人外出到其他地方去，于是传播到了更多的地方，传染了更多的人。这就是为什么疾病会传播得如此之快的原因，一天两英里的速度是人们在乡间步行走动的一般速度。

　　要证明黑死病是由病毒引起的也许比较困难，在当时没有血液检测方法来确定病毒种类，而要从七百多年前的死者遗骸中提取病毒的 DNA 也是不可能的。但是最近几年里科学家们还是找到了一些证据来支援黑死病起因于病毒的理论。虽然当时没有血检技术，但是在当时英国的教区里，当地人的生老病死、婚丧嫁娶以及命名受洗等都有记录，即使是一个小村庄也能查到当年的有关资料。

　　在英国德贝郡就有这样一个名叫艾亚姆的小村庄。1665 年 9 月，黑死病侵袭了这个村庄，镇上的教区长劝服村民们采取隔离措施，以防瘟疫在这个地区蔓延开来。在隔离期间，病人的食物专门送到指定的地方，而付账的钱币则浸在醋里消毒，这个方法似乎还真管用，采取了隔离措施后，这个村庄的周边地区都没有受到瘟疫的影响。一年后，在瘟疫爆发时最早逃出这个村庄的人回到了艾亚姆，发现这个小镇上一半的人都活了下来。

　　1996 年，研究人员从艾亚姆教区的有关记录中查找到了黑死病幸存者的后人，对他们的 DNA 进行了测试。科学家们非常好奇地想知道，这些幸存下来的人是否拥有某种相同的基因帮助他们抵抗了瘟疫的进攻。结果正如科学家们所预想的那样，这些幸存下来的人基因里有一种含量较高的CCR5-delta32变种基因。

根据以往的研究，科学家们早已知道，带有这种变种基因的人与基因正常的人相比，感染艾滋病的几率小很多，即使受到感染，发病也会慢得多。艾亚姆镇并非是个例外，欧洲一些疫区中有不少人（包括美国的一些移民，他们多数都是欧洲黑死病过后的幸存者和他们的后代）都有着不同寻常的较高含量的 CCR5-delta32 突变基因，这些人约占人口总数的 14%；而在一些没有经历过黑死病的地区，如亚洲和非洲，带有这种变种基因的人只占人口总数的 2%。

研究人员确定，基因突变的人数突然大量增加发生在约七百年前，大约是在瘟疫第一次大爆发期间。似乎可以这么说，黑死病增加了高加索人种基因中 CCR5-delta32 基因变异的频率，基因突变保护了这些人群，增强了这些人群以后对黑死病以及艾滋病的抵抗能力。而亚洲和非洲人口则缺少这种保护机制，这就解释了艾滋病在这些地区更为肆虐的原因，同时也说明了黑死病也像艾滋病一样是由病毒引起的。

法国地中海大学的一个研究小组曾于 2000 年报告说，他们从法国蒙比利埃市附近取到的 3 具 14 世纪骨骼的牙齿中提取 DNA 残片，用聚合链式反应（PCR）技术进行"放大"，从中发现了鼠疫杆菌特有的 DNA 序列。但牛津大学的科学家提出，这项研究可能存在缺陷。牛津的研究小组发掘了英国伦敦、丹麦哥本哈根、法国翁热和凡尔登等城市的 5 个万人冢，其中伦敦地区的一个确认埋葬着1349 年的黑死病死者，另 4 个有可能也埋葬着黑死病死者。科学家从 66 具骨骼中取到 121 枚牙齿，在内部的附着物中寻找 DNA 碎片。

研究结果是，没有一枚牙齿中含有可辨认的鼠疫杆菌DNA，但发现了多种其他细菌的 DNA。科学家使用了与法国小组同样的 DNA 片段 "探针"，搜索鼠疫杆菌独有的 DNA 序列，但一无所获。

研究还显示，分析过程中样本很容易受到污染。因此牛津小组的科学家怀疑，法国小组当时发现的并不是古代鼠疫杆菌的 DNA，他们使用的样本可能被现代鼠疫杆菌污染了。科学家希望能找到一些黑死病死者的软组织，获取更好的样本来寻找 DNA。而气候寒冷的芬兰也曾是黑死病疫区，可能会有死者葬在永冻原中而遗体保存较好。

确认黑死病的根源，不仅仅是个考古的问题。鼠疫杆菌至今仍然在热带地区流行，还可能被用做生物武器。因此科学家对黑死病与鼠疫的关系十分关心。2001 年，英国利物浦大学的一个小组在分析历史记录后曾说，黑死病的病原体可能不是鼠疫杆菌，而是一种引起大出血的病毒，与伊波拉病毒类似。

有些医学史学者基于知识论的考虑，从根本上就反对用现代的疾病范畴与疾病知识来解释过去的疾病史。例如英国医学史学者康宁汉就反对以现代的 "鼠疫" 概念来解释中世纪的 "瘟疫" "黑死病"。他认为利用现代疾病概念来理解过去的疾病史，造成了对过去医学与过去疾病观的严重扭曲。

▼14 世纪的医生为了防止感染疾病而戴上鸟形面具。

这里涉及一个知识论上的难题。康宁汉说："对于某个病症到底是不是鼠疫的怀疑，只能靠细菌学方法来确定；换言之，只有实验室才能决定它是不是鼠疫。"对现代医学而言，要知道一个病人得的是不是鼠疫，唯一能够真正进行确认的方法是靠实验室的细菌学检验（今天绝大多数疾病都是要靠实验室的检验来确定其诊断）；换言之，细菌学的到来改变了 "瘟疫" 的 "身份"。现代所谓的 "鼠疫" 是由实验室来界定的，到头来唯一能决定一个疾病是不是鼠疫的办法，就是诉诸实验室的细菌学检验。

既然中世纪的医师或现在的历史学家不可能去对中世纪记载的"瘟疫"做细菌学的检验，那么也就没有可能去确认史料所载的疾病是不是现代医学界定下的"鼠疫"，因此历史学者就不能把"鼠疫"这个现代的"疾病身份"套到中世纪"黑死病"的身上。在这种情况下，用现代的鼠疫概念来谈论古代的黑死病基本上是非历史的，是时空错乱的。

科学家认为，在这场历史上惨绝人寰的大灾难中，也许同时存在两种不同的传染性疾病，一种是欧洲的滤过性病毒出血热，即黑死病；另一种是在亚洲和地中海沿岸部分地区流行的由鼠疫杆菌引起的淋巴腺鼠疫。全球化与病毒传播的隐忧黑死病和鼠疫都是在地球数百万年的进化历史中人与致病病毒之间的斗争里最为突出的例子。

当病毒变种为一种新的更容易侵入人体的形式时，病毒占上风；而当人或其他病毒宿主在病毒攻击下基因发生变异，或者说对于病毒有了免疫能力时，那么人类就占了上风。

黑死病和鼠疫能得以传播开来的一个共同原因就是人口的流动。中世纪时，疾病传播的速度相当于人步行的速度或者轮船航行的速度；而在21世纪的今天，飞遍全球的空中交通工具可以在24小时内将一种新的疾病传遍全球。如果当年这场瘟疫爆发在21世纪，它的传播速度绝对会比每天两英里的速度快得多。

因而我们相信，研究类似黑死病这样过去的灾难，可以帮助科学家对付新的传染性疾病，并把这些病尽快扼杀在萌芽中。因为如果有一种类似于黑死病的病毒再现，而不能尽快封杀，那么现代化的交通工具就会让它很快传遍全世界，后果将会是灾难性的。

参考文献：

【1】暨南大学医学院医史文献教研室：《世界医学史》。
【2】（意）薄伽丘：《十日谈》。

被诬陷的 "印度女间谍"

1903 年，一位专跳印度婆罗门神婆舞蹈的舞娘出现在巴黎，此人就是后来大名远扬的玛塔·哈里。人们一向把她看做一战期间的女间谍，她的名字在间谍小说中已经成为以美貌勾引男子、刺探军事秘密的女间谍的代名词。有关她的传闻充满阴谋、淫欲。1917 年 2 月 13 日，玛塔·哈里刚刚抵达法国边境，就被以间谍罪逮捕；7 月被定罪"超级间谍"，犯有叛国罪，判处死刑；8 月 15 日执行枪决。而且她还被认为是一个卑劣的"双重间谍"，同时向德国和法国两国互相贩卖情报。

而事实上，这个性感撩人、舞姿出众的女人果真是一个十恶不赦、贪恋奢华生活的间谍吗？

首先，玛塔·哈里的身份就令人质疑。"玛塔·哈里"在爪哇语中意为"清晨的明眸"。据称，她出生在印度南部马拉巴尔角，是一位印度活佛与神庙中的舞娘所生。她一出生母亲就死了，她被几名神庙祭司收养，从会走路起，就学习祭祀神舞。

玛塔·哈里身世富有东方传奇色彩，而且舞姿性感、撩人，这一切使她在巴黎迅速走红。同时，凭借独到的奉承男人的本领，她很快成为巴黎社交界红得发紫的高级交际花。姣好的容貌、机敏的头脑，使无数男人都拜倒在玛塔·哈里的石榴裙下。

事实上，玛塔·哈里根本不是什么印度活佛与神庙中舞娘的女儿，她出生于默默无闻的荷兰

▼用印度棉布做成的欧式长袍。

北部吕伐登小城，父亲是一家帽子店老板，她本名叫玛格丽特·格特鲁德·范泽勒。这个未来名震欧洲的交际花直到 15 岁之前，一直过着无忧无虑的生活。然而，15 岁时，她家道中落，最疼爱她的母亲病死，父亲很快再婚，玛格丽特被送入师范寄宿学校。美好的少女生活结束了，她人生的噩梦就此开始。

15 岁的玛格丽特已经出落成远近闻名的美人，道貌岸然的校长强暴了她，后来她又成了教师们的玩物。玛格丽特无法忍受屈辱的生活，急于摆脱困境。1895 年 1 月一个寒冷的清晨，报纸上的一则征婚启事引起了她的注意。启事中写道：鲁道夫·麦克·里奥德，39 岁，诚实、善良，荷兰驻印度部队上尉……当时 18 岁的她涉世未深又渴望家庭的温暖，当即提笔回复了里奥德上尉。天真的姑娘不知道里奥德上尉是个彻头彻尾的赌棍、酒鬼和好色之徒。一无所知的玛格丽特嫁给了里奥德，从此走入了地狱般的婚姻。1896 年她随丈夫来到印尼爪哇岛的一个小村驻防。1899 年 6 月 26 日，年仅 3 岁的儿子诺曼被土著人保姆用砒霜毒死，原因是保姆的丈夫——一个印尼士兵被诺曼的父亲里奥德毒打。玛格丽特肝肠寸断，与丈夫的关系更加恶化。

一天晚上，玛格丽特随丈夫参加了爪哇岛的一次节日聚会。聚会上，一名印度舞娘扭动着身体跳舞，妖娆的舞姿令她目瞪口呆。她过于全神贯注，没有听到丈夫在叫自己。里奥德粗暴地当众把她推倒在地，狠狠地抽打她，还威胁要杀死她。玛格丽特担心丈夫有一天会杀了她，于是表面上她依旧对丈夫唯命是从，私下却开始秘密学习那种令她着迷的印度神婆舞蹈，为日后离开丈夫独立生活做准备。1902 年 8 月，她与丈夫正式离婚，只身独闯巴黎，并化名"玛塔·哈里"。

她靠着舞姿和美貌在巴黎的戏院里获得了一席之地，并开始在各国进行巡回演出。1905 年的《巴黎人报》如此评价道："只要她一出场，台下的观众便如痴如狂。"人们认为就是在她进行巡回演出的时候，有了结识各国高级军官的机会，从而给她创造了获得战争机密的机会。法国认为玛塔·哈里靠着自己美艳的外表使得那些军官透露了机密给她，她将这些情报出卖给德国，以获取大量财富，成为"超级间谍"。

当时有报道这样说道："玛塔·哈里……她性感的嘴唇，可以使心肠最硬的军官透露出机密来。她极肥突的屁股，几乎改变了第一次世界大战的进程。当法国人前来捉拿她的时候，据说，她打开了自己的长裙，并试图透过诱惑奔向自由。她的名字，就跟西巴女皇的名字一样，已经进入了当地的土语，她的名字已经成为了引人不忠的妖媚女子的代名词。"

然而可笑的是，玛塔·哈里根本就没有或者只参与了很少的间谍活动。在审判她的时候，从来都没有任何证据表明，她曾经向德国人传递过任何秘密。另外一方面，法国高级官员们也证明说，她有好几次试图向法国反间谍机构递交以密码编写的报告，她的起诉人——安德内·莫奈在40年后接受的一次采访中，并无歉意地声称："根本没有足够的（证据）来鞭打一只猫。"

一位德国军官做出结论说："关于德国的特务服务处，有很多无稽之谈……比如有关不幸的玛塔·哈里的事，事实上，在德国的间谍活动中，她根本什么事也没有做。"

1917年，玛塔·哈里又开始了巡演，她抵达了中立国西班牙。她的到来，令西班牙人痴狂。在演出获得成功的同时，第一次世界大战的战火还是使得她被诬陷了。她的活动已经被英国谍报机构监视，英国人逮捕了她，说她是名为克拉拉·本尼迪克斯的间谍。可是颇具讽刺意味的是，1999年英国情报部门公开的20世纪初的情报档案显示，当年英国情报机构并没有掌握玛塔·哈里犯有间谍罪的真凭实据。

▲1919年巴黎胜利大游行。

　　法国人也逮捕过她，并将她投入圣拉扎莱斯监狱。法国政府搜查了她的花瓶，想从中证明玛塔·哈里的两个有特别光泽的花瓶里藏有隐形墨水。结果发现，一个是装杀精剂的，另一个是装事后避孕清洗剂的。玛塔·哈里还被强行搜身，因为她的情人们都说，她从不脱掉她的上衣，因此法国政府猜测她的身上藏有某种德国的文身标志，或者是某种秘密工作用的工具。事实证明，她这样做只是为了掩盖她身体上的某种不完美的缺陷。

　　玛塔·哈里在被收押期间，受到了各种非人的待遇。一位法国审判官后来在回忆录中说："她很漂亮吗？毫无疑问，（根据）她的护照上面的照片是这样的。可是，这个女人，在我办公室的时候，已经受到很多侮辱。"他描述说，她充血的眼睛"大如鸡蛋"；她的鼻子像牛鼻一样，皮肤皱裂，嘴大得也快挨着耳朵了。那种像黑奴一样的肿嘴唇，牙齿像门板一样大……

　　法国人拿出了从德国那里得来的一些秘密代码，想证明已近中年、穷困潦倒的玛塔·哈里是被德国人聘用了的间谍。可是，他们并没有拿出任何可以证明她向德国人传递了任何东西的证据。很明显，玛塔·哈里只是靠男人生活，但并没有从事间谍活动。

　　事实上，她倒是很爱国地向法国提供过一些资讯的。可是，玛塔·哈里最终面对的也只是法国的行刑队。法国的反间谍机构已经派人对她进行了长达 6 个月的调查。1917 年 2 月法国情报部门截获了一份马德里与柏林间的密码电报，电报中写道："通知 H21 速回巴黎待命。克雷默（德国一战期间间谍）将付给其 15000 法郎的支票。"综合有关情报，法国情报部门认为 H21 就是玛塔·哈里，她极有可能为德国方面提供了大量情报。1917 年 2 月 13 日，玛塔·哈里刚刚抵达法国边境，就被以间谍罪逮捕。另一方面，玛塔·哈里的情人参议员埃米利奥·胡诺伊证实，她当时的确接到过一封来自巴黎的电报，不过，胡诺伊认为法国情报部门截获的那封电报纯粹是有人为陷害玛塔·哈里设的局，与她接到的电报是两码事。但法庭无情地驳回了她的律师的申诉，同年 7 月宣布判处她死刑。

玛塔·哈里死后，有人猜测说，是她的情人西班牙作家恩里克·戈麦斯向当局告密害死了她。也有人认为是恩里克·戈麦斯的妻子因为妒忌玛塔·哈里勾引了自己的丈夫，而设局陷害了她。

事实上，1917 年法国的防御机构全线溃败，军队也发生了大规模的哗变，法国政府这种绝望的心情使得他们必须找到一个"替罪羊"来转移法国人民的注意力，以免人民对政府的不信任感加剧。玛塔·哈里因而成了"超级间谍"。

对玛塔·哈里的审判，是军事法庭预定好了的假程式，不允许她向任何平民请求证明。她否认自己有罪，在法庭上她为自己辩解道："我是妓女，没错；但我不是叛徒，永远不是。"为了掩饰自己的无能，法国军方将玛塔·哈里定为超级间谍。那是一场世纪审判，相当于今天的辛普森案件的审判。

1917 年 8 月 15 日，玛塔·哈里被带出监狱执行枪决。这一天，她穿着长长的珍珠色外衣，戴着漂亮的有扣手套，有长靴和三角帽，只用一根绳子绑在腰间，然后捆在一根柱子上面。临死前，玛塔·哈里拒绝被蒙上双眼。她说想看着那些杀死她的男人的眼睛。枪手扣动扳机前，她向他们送去了最后的飞吻。也许，对于她来讲，死亡是最后的解脱，是她对男人最大的嘲笑。

玛塔·哈里的头在她死后被保存在巴黎阿纳托密博物馆，经过特殊的技术处理，她的头仍保持了生前的红唇秀发，像活着一样。2000 年，玛塔·哈里的头颅不翼而飞，估计是被她的崇拜者盗走了。

综观玛塔·哈里悲哀的一生，我们可以认为，纵使全巴黎的男人为之疯狂，可是她也不过是男权社会的一个玩具和利用品。正如有人所说的："她是一位勇敢地面对男权世界，并努力活得精彩的女性，她成功了，赢得了众多男人的青睐，但她也失败了，最后被男人利用而走上不归路。"

随着时间的不断推移，玛塔·哈里的"间谍罪"越来越被人质疑，人们发现她其实只是个充满了悲剧色彩的可怜女人。玛塔·哈里基金会决定在她的故乡吕伐登为她建造一座博物馆，里面展示大量实物，包括玛塔·哈里充满激情的情书、绚丽多彩的舞台服装、光彩耀目的珠宝首饰，姿态各异的裸体照片和她被捕后写的一份自述书。博物馆现已建成，这无疑是对玛塔·哈里间谍身份一种最强有力的否认，一种平反。

参考文献：

【1】（美）詹姆斯·史劳德斯：《间谍大师：阿兰·杜勒斯》。

【2】（意）马西莫·格里兰迪：《玛塔·哈里——一个女间谍的一生》。

【3】（英）理查德·迪肯：《20世纪五大间谍案》。

【4】（法）皮埃尔·诺尔：《反间谍战》。

被误读的苏联"大清洗"

　　20 世纪 30 年代末在苏联国内掀起了一场"大清洗"运动。这是苏联历史上的一场大悲剧，大批党和政府的高级官员、文化和科学界的精英遭到镇压。1937 年，大清洗开始推广到军队中，给苏联武装力量造成重大损失。

　　1934 年 12 月 1 日傍晚，在列宁格勒州委机关所在地斯莫尔尼宫内的走廊里，联共（布）中央政治局委员、列宁格勒州委书记基洛夫被一位潜入宫内的凶手尼古拉也夫枪杀。这一事件遂成为 30 年代苏联"大清洗"的开端。

　　基洛夫被刺事件至今仍是一个案情扑朔迷离的历史疑案。凶手尼古拉也夫虽然当场被捕，并由当天赶到列宁格勒的斯大林亲自审问，但审讯记录始终没有公布，尼古拉也夫当月即被枪决；另一个主要证人鲍利索夫（基洛夫的警卫队长）在前往受审路上因"交通事故"而死亡。无论其真相如何，一般人们都认为这个事件给斯大林提供了彻底清洗一切反对派（包括潜在的对手）、巩固自己权力地位的机会和采取种种非法手段以达到上述目的的借口，是

◀克里姆林宫。

"大清洗"运动的起因。

然而事实上，这场关于苏军元帅的大清洗是纳粹为了让苏联"自毁长城"而一手"导演"的阴谋，起因也并非如上所述。纳粹德国在策划第二次世界大战之时，面临军事实力强大、士气旺盛、拥有众多杰出的军事将领的苏联，一直心存余悸，始终在筹谋怎样能够让苏联自耗实力，搅乱苏联国内局势。

1936 年，原沙皇政府的将军，当时正在巴黎避难所的斯科布林来到德国驻法国大使馆，把两份机密情报交给了德国盖世太保间谍卢戈森。情报的主要内容是，苏联军队正酝酿着一场大阴谋，总参谋长图哈切夫斯基正在策划倒戈斯大林的军事行动。卢戈森立即亲自乘飞机将情报送到德国。

情报提及的图哈切夫斯基，是苏联红军总参谋长、陆军元帅、杰出的军事家。1920 年，他领导高加索方面军，一举歼灭了邓尼金的部队，从此，红军所向披靡，队伍日益壮大。因而，他成为苏联国内战争期间著名的英雄和功臣，享有很高的声誉，人称"红色拿破仑"。政治阴谋专家和海德里希认为，如果情报属实，那么这样一个才华横溢的组织家推翻了斯大林之后，对德国来说是个潜在的最大威胁。如果能让"情报设法落入斯大林之手"，不但能够除掉图哈切夫斯基，还能够引起苏联高层内部争斗，使德国坐收渔翁之利。由此，一个罪恶的计划诞生了，这一"借刀杀人"的想法很快就被希特勒批准了。

海德里希调阅了大量档案文献，找到了下手的地方。为了保密，海德里希派间谍潜入德军最高统帅部的机密档案库，盗走了关于图哈切夫斯基代号为"R"的文件。在1923 年到 1933 年间，有一个德国商业企业家活动联合会曾和苏联打过交道，参与了一些武器和军用品的研制，所有内容都在这份文件里，其中有图哈切夫斯基的谈话。

海德里希拿到档案之后，开始篡改"R"文件，在谈话记录和往来书信中增添一些词句，加上新的书信并改变语调，特别改动了图哈切夫斯基本人的言语，充分表现出他有推翻斯大林的野心。很快，一份逼真且内容丰富的档案出笼了。这份档案足以将任何国家的任何一位将帅送上断头台。

悲剧的第一幕发生在 1936 年。当时，希特勒正准备发动对法国的战争。德国外交部企图透过捷克驻柏林公使马斯特内去确定捷克对于这场战争将会采取什么样的立场，海德里希由此暗示参加会见的德国外交官，借此把"R"文件伪造的内容透露给马斯特内。得知这一文件内容后，马斯特内立刻向捷克总统贝奈斯发了一封电报告知这个情报。

捷克总统贝奈斯马上找来苏联驻捷克大使亚历山大罗夫斯基，将电报交给他。就这样，海德里希精心炮制的一份阴谋情报，终于如愿以偿地落到了斯大林的手里。

海德里希为了确保计划万无一失，在捷克总统贝奈斯召见苏联大使的第四天，他赶到巴黎，将情报巧妙地传达给了法国总理达拉第。后者又将其传给苏联驻法国大使波特金。波特金在得知这一情报后，立即向莫斯科总部发出了加急电报。

紧接着，海德里希派党卫军的头目贝伦斯去捷克首都布拉格，会见捷克总统贝奈斯的代表，表示自己背弃希特勒的决心，并向他透露了几份关于图哈切夫斯基的"罪证资料"。获得了这份情报之后，贝奈斯深信不疑，立即电告斯大林。

贝奈斯又和苏联驻柏林大使馆的伊兹赖洛维奇见面，最后以 300 万卢布的价钱将这封"机密情报"卖给了苏联。在世界间谍史上，花如此大的价钱购买一份假情报也是绝无仅有的。

就这样"多管齐下"，纳粹德国的阴谋终于成功了。1937 年 6 月 11 日，图哈切夫斯基元帅和其他几位苏联著名将领都被处以死刑。紧接着，苏联国防人民委员伏罗希洛夫发布鼓励告密的命令，从而掀起了一股滥杀狂澜，苏联军事将领们接二连三地被判刑和杀害，全军近 80% 的高级军官被杀害，苏联国防人民委员部中央机关、各军区、各兵种，以及各军、师、团的大多数主要领导干部都被逮捕处决。据统计，被清洗的红军指挥人员和政工人员共有四万余人，其中 1.5 万人被枪决，包括 5 名元帅中的3 人、4 名一级集团军级将领中的 3 人、12 名二级集团军级将领的全部、67 名军长中的 60 人、199 名师长中的 136人、397 名旅长中的 221 人。

苏军将领格里戈连科曾评论说："世界上任何一支军队，它的高级指挥干部在任何一次战争（包括第二次世界大战）中都没有受到这样大的损失。甚至全军覆没的结果也不至于如此。就是缴械投降的法西斯德国和帝国主义日本所损失的高级指挥干部也比这少得多。"

这场惨烈的大清洗给苏联社会造成了严重创伤，各个领域的社会精华均受到摧残，人们在生命安全和行动自由得不到法律保护的环境中精神受到极大压抑。而且，在保安机构滥用非法刑讯手段和特务手段的情况下，人人自危，诬告、假供盛行，人格被扭曲，社会道德水平严重滑落，其消极影响祸及几代人。这场运动最终确立了高度中央集权体制的极端——斯大林个人专制。由于用持续数年的大规模镇压清除了从老布尔什维克到年轻一代干部中可能构成对自己权力挑战的对象，特别是整肃了在十七大上流露不满的代表和中央委员会，斯大林终于稳固了自己至高无上的地位，登上了权力金字塔的顶端。而且，凭借保安机构这一专政工具，斯大林得以不受法律制约，也不受党和政府机关的制约，完全将个人凌驾于党和国家之上，在党和国家的名义下实行个人专制统治，给苏联的政治体制带来巨大影响，为苏联解体埋下了重重的伏笔。

十月革命和国内战争的著名英雄拉斯科尔尼科夫当时曾在国外发表《致斯大林的公开信》，严厉谴责斯大林对红军的镇压行为："在战争前夕，您毁掉了红军，它受到我国人民的爱戴，它是人民的骄傲，是我国威力的靠山。

您使红军和红海军没有了领导。您把那些在世界大战和国内战争的考验中培育出来的、以光荣的图哈切夫斯基元帅为首的天才统帅们消灭了。您把内战的英雄们消灭了，他们用最现代化的军事技术改造了红军并使它无敌于天下……"

不仅如此，这场大清洗运动还使得其"导演者"纳粹德国坐享其成。德国陆军总参谋长贝克将军在评估 1938 年夏季的军事形势时说："可以不必把俄国军队看做一支武装力量了，因为血腥镇压大伤其元气。"

希特勒日后敢于向苏联发动进攻，在很大程度上是认为苏军经过大清洗后已经不堪一击。他在反驳某些德军将领认为不宜进攻苏联的观点时说："苏军将领中最有才华的部分已经在 1937 年被斯大林消灭了，这意味着那些正在成长的接班人还缺乏作战所必需的智慧。"

1941 年 1 月 9 日，希特勒在德军高级将领会议上谈到进攻苏联时说："他们没有好的统帅！" 1941 年 6 月 22 日，希特勒悍然撕毁苏德互不侵犯条约，出动 550 万大军，对苏联发动了规模空前的进攻。虽然全体苏联人民在共产党领导下，满怀必胜的信心投入了伟大卫国战争。但是历史事实却是：战争开始的第 5 天，德军就占领了白俄罗斯首府明斯克；7 月 16 日，西部重镇斯摩棱斯克失守；8 月，德军兵临列宁格勒城下；9 月 19 日，乌克兰首府基辅沦陷；11 月底，德军先头部队进抵莫斯科城郊，他们已看到了克里姆林宫尖顶上的红星。

▼"大清洗"后不久的苏联就受到了德国的入侵。

实际上，这场战争并不是敌强我弱的较量，而是势均力敌的搏斗。战争爆发时，苏联军队拥有世界上数一数二的强大军事力量。战争前夕，苏军共有 537 万作战部队，2.5

万辆坦克和 1.9 万架作战飞机。苏军飞机数量是德军的 4 倍，坦克是德军的 5 倍，大炮数量也超过德军，结果却败得如此之惨，短短几个月就让敌人兵临莫斯科城下。

红军之所以在战争初期节节失利，丧师失地，主要就是由于 20 世纪 30 年代末期对军队的大清洗，使红军丧失了众多久经考验的军事领导人，严重削弱了战斗力，结果导致了卫国战争初期的惨败。

战后，包括华西列夫斯基在内的许多苏军著名统帅都曾经谈到，这场大清洗造成苏军普遍缺乏合格的指挥干部。莫斯卡连科元帅讲过这样一件事：哈桑湖战役时，一个旅的领导工作竟由副营长或者连长担任，因为旅长和营长们都被打入牢房。有一个参谋长哀求先不要逮捕他，让他指挥该旅作战，如果他没有战死疆场，战斗结束后再送他入牢房，但是他却没能实现这一愿望。这个旅最后在一位连长率领下投入战斗，结果一败涂地。

格里戈连科也曾提到，苏德战争开始前，"在一次视察中检查了 225 名团长的业务水平。结果是其中只有 25 人毕业于正规军校，其他人只进过少尉训练班。团以下的干部状况就可想而知了。"

红军就是在这种情况下去迎战当时装备最精良、最训练有素的德国军队的，其结果自然不难想象。大清洗给苏联带来了巨大而惨痛的影响，也为世界敲响了一个警钟。

参考文献：

【1】《苏联大清洗内幕》。

【2】（俄）涅恰耶夫：《革命者教义问答》。

【3】（俄）爱德华——拉津斯基：《斯大林秘闻——原苏联秘密档案最新披露》。

纳粹反犹不只是种族歧视

　　纳粹德国屠杀犹太人是德国历史上最黑暗的一页。在第二次世界大战期间，纳粹德国变本加厉，从排犹转向屠犹，在居住有全欧一半犹太人的波兰、立陶宛和乌克兰等地设立了许多犹太区和集中营。1941年6月德军入侵苏联后，党卫队最早在侵占的苏联领土上开始灭绝犹太种族的行动。从1941年夏至1943年2月，有三百六十多万犹太人被杀。

　　希特勒是个极端的种族主义者和反犹主义者。他在《我的奋斗》中写道："雅利安人的最大对立面就是犹太人。"他把犹太人看做世界的敌人，一切邪恶事物的根源，一切灾祸的根子，人类生活秩序的破坏者。这些观点成了希特勒后来屠杀数百万犹太人、企图灭绝犹太人的理论依据。但是一直以来人们认为：纳粹反犹单单是出于种族歧视这是绝对不正确的，事实上，还有很多原因被我们忽视了。

　　首先，在历史上，欧洲人对犹太人持有偏见。为了阐明问题，有必要对犹太民族的历史做一个简单的回顾。犹太人的远祖是古代闪族的支脉希伯来人，公元前，他们的祖先曾聚居生活在阿拉伯巴勒斯坦土地上。公元

◀1933年，犹太人在英国和其他地方举行了反对纳粹政权的示威活动。

1 世纪，罗马帝国攻占巴勒斯坦后，犹太人举行过多次大规模反抗罗马占领者的起义，但都遭到了罗马统治者的血腥镇压。到公元 135 年犹太人起义再次惨遭失败为止，在这一个多世纪的时间里，罗马统治者屠杀了百万犹太人，最后还把余者全部赶出巴勒斯坦土地，使他们流散到西欧完全处于落后状态的小生产的农牧社会。在那里，土地被人们视为最珍贵的财富，商业则是人们鄙视的行业。犹太人逃往西欧后，当地的封建主们非常歧视他们，不许他们占有土地，只许他们经营商业。不知是历史过错教育了他们，还是生死磨难砥砺了他们，或者说这本来就是历史赋予的机遇，总之，由这一切所构成的历史集合体，铸就了犹太人的特质，使得他们聪明起来，坚强起来。他们不仅在困境中顽强地繁衍生息，而且逐渐地富有了。

公元 13 至 15 世纪，欧洲开始进入资本主义社会，当地新兴资产阶级同那些经商致富的新兴的犹太人资本家们产生了利益冲突，噩运再次降临到犹太人的头上。现实利益的冲突加上宗教信仰的差异，使大批犹太人被迫流亡东欧及美洲各国，开始了历史上的犹太人第二次逃亡。不幸的是，这种反对犹太人的意识居然演变成了一种文化沉淀，在某些国家和地区一直“遗传”到现代。尤其是进入 20 世纪后的德意志民族，反犹情绪与日俱增，希特勒及其追随者就是其中的典型代表。

其次，基督教是世界上流传最广、信教人数最多的。在欧洲，特别是西欧，人们普遍信仰基督耶稣。虽说基督教的经典《圣经》之一的《旧约全书》，原是犹太教的经典，两教之间有着密切的历史渊源，但基督教教义认为，是耶稣的 12 门徒之一的犹大为了 30 块银币而出卖了上帝之子，是犹太人将耶稣钉死在十字架上，这就造成了基督徒们在情感上对犹太人的仇视。所以说信俸基督教的欧洲人在宗教感情上很难接纳犹太人。这种宗教感情的社会化，又逐渐衍化成一种大众化的厌恶犹太人的社会心态。同样，这种社会心态也作为一种文化沉淀，世代“遗传”，并随着岁月的推移，逐渐与社会经济政治相结合，使之成为一种随时可以被利用的社会政治的潜在力量。当这种潜在的东西被某个（些）政治野心家利用时，就会像火山一样喷发，成为一种疯狂的社会驱动力。

应该看到，当时的德意志民族的内部，民族主义思潮盛行，原有的宗教情绪在现实利益冲突的激化下，使人们本来已有的反犹情绪更加激烈，从而加剧了对犹太人的仇视。在这种社会氛围的熏陶下，希特勒的“仇犹反犹”观点逐步形成，并迅速成为这股社会情绪的主导。当时德意志民族仇犹反犹的社会情绪极大地刺激着他的政治野心，使其民族主义思想恶性膨胀，为其日后仇犹反犹灭犹政策和措施制造社会价值取向，培植政治力量。

而且我们应该看到，当时纳粹反犹也有着其现实的需要。20世纪20年代末30年代初，爆发了世界性经济危机，严重打击了德国，使其工业生产倒退到了19世纪末的水平，国力渐衰。深刻的经济危机不仅激化了国内的阶级矛盾，而且刺激了垄断资产阶级对外扩张的野心。"德意志民族必须从掠夺的土地和生产空间中寻找出路。"希特勒的这一争霸世界的主张，得到了德国垄断资产阶级的拥护和支援。然而，实施建立一个德意志民族的日耳曼帝国的罪恶计划需要巨额资金提供财力保证。在国力衰落的情况下，把手伸向富有的犹太人成为理所当然。

另外，居住在欧洲各地的犹太人，较之于其他民族而言，不仅富有，而且素质也要高些。面对这样一个民族，希特勒及其党徒们，既感到仇恨，又觉得胆怯。在他们的心中，犹太人这个特殊的社会群体，是他们实现"第三帝国"美梦的严重威胁。这些无疑加剧了希特勒对犹太人的仇恨和政治嫉恨。加上当时德国社会政治生活完全处在一种极端疯狂的症状之中，使希特勒的仇犹反犹观点不仅有了适当的社会环境，且得以迅速疯狂起来。

此外，希特勒那种狂暴的病态心理也是其反犹的一个非常重要的原因。希特勒是奥地利海关一个小官吏的私生子，从小缺少良好的教育，青少年时代整天流浪于维也纳和慕尼黑街头，铸就了他既自私又狂妄的性格。正如他小时的一位班主任老师后来回忆所说的那样："希特勒缺乏自制力，至少被大家认为性格执拗、刚愎自用、自以为是和脾气暴躁。"加上他患有痉挛性的神经质，发起癫狂来甚至会趴在地上啃地毯边。从有关史料上可以看出，狂暴是希特勒性格的典型特征。例如，1942年的一天，纳粹德国武装部队外科医师俸命去晋见希特勒，结果希特勒的爱犬猛扑这位医师，吓得他魂不附体。医师被迫与它细声细语地说话，很快它就平静地趴在医师身边，把前肢搁在医师膝盖上，两眼温顺地看着他，并与他逗笑。希特勒见此情景暴跳如雷："它是完全忠于我的唯一生物，可你把它骗去了，我要杀死它。"声音越来越高，简直到了嘶叫的地步，怒吼着威胁要监禁医生。类似这样的事时有发生，狂暴和嫉恨又造就了他的狠毒和残忍，希特勒是一个有严重病态心理的政治狂人。

上述原因，如果孤立地看其中任何一个，都很难构成对犹太人的灭绝性仇杀。只有把这些原因融合为一体时，才能产生确定性的使犹太民族在

▲二战后期在德国东部的布痕瓦尔德集中营内被杀害的犹太人的骸骨。

劫难逃的社会效应。所以我们在探讨历史问题的时候决不能顾此失彼。

纳粹党打着当时在德国流行的民族主义和社会主义两块招牌，宣扬德意志民族是优秀民族，把犹太民族视为劣等民族。为了蛊惑人心，欺骗德国广大民众，希特勒断章取义地摘取前人论述人口问题中的某些词句，拼凑成一个种族优劣的理论，为把犹太人打入劣等人种制造理论依据，并大肆鼓吹"犹太瘟疫"的谬论。经过希特勒的蓄意"嫁接"，使得这个理论再也不是一般意义上的种族歧视了。他利用历史和宗教的因素，为灭绝犹太人创设了广泛的社会基础，使得这一理论更加具有普遍的煽动性。

在这些原因中，现实的需要是最直接的要素，其他原因也是非常重要的因素，但是如果没有历史的原因和宗教的情结作为先导性条件的话，那么，即使现实再需要，也很难想象会达到如此疯狂和残忍的程度。只有当这些原因聚合为一体时，才产生了那可怕可憎的充满血腥的驱动力。

二战胜利结束已经半个多世纪了。人们在分析研究这场犹太人遭受灭绝性大惨案时，应当从中吸取教训：民族之间的恩恩怨怨应该断然了结。宽容地审视过去，坦荡地迎接未来，祖辈的恩怨，后代不宜相继。宗教必须与政治相分离。宗教不得干预政治生活，政治生活也不得利用宗教情绪。宗教活动应该置于法度制约之下，使宗教信仰成为信教群众的个人私事。国家生活必须民主化、法制化，构建起防范任何形式专断与独裁的政治运行机制，使民众关心国家事务，且又不狂热和盲从。

"前事不忘，后事之师"，历史是一面镜子，但愿世界永久和平，让所有民族平等和睦地生活在同一片蓝天下。

参考文献：

【1】（英）阿兰·布洛克：《大独裁者希特勒——暴政研究》。
【2】（美）威廉·夏伊勒：《第三帝国的兴亡——纳粹德国史》。
【3】（德）克劳斯·费舍尔：《纳粹德国———部新的历史》。

珍珠港事件其实是 "苦肉计"

1941 年 12 月 7 日，一个让美国人刻骨铭心的日子。这天，日本海军特混舰队长途奔袭，以舰载机偷袭了美军太平洋舰队基地珍珠港，美军被击沉和受重创战列舰 8 艘、轻巡洋舰 6 艘、驱逐舰 1 艘，损毁飞机 270 架（一说 180 架），伤亡三千四百余人。次日，罗斯福总统在国会大厦发表慷慨激昂的演讲和战争咨文，正式对日宣战。美国公众彻底放弃孤立主义，投入到对轴心国的战争中。

日本轰炸珍珠港一直被认为是一次 "不折不扣的偷袭"，但实际情况是日本虽赢得了这场偷袭，却输掉了整场战争。随着时间的推移，许多长期缄口不言的当事者将他们所知道的内幕公之于众，使得事实真相越来越清晰地摆在人们面前：美国早已获知日军的偷袭计划，而珍珠港事件只是罗斯福的 "苦肉计"。

第二次世界大战爆发后，受国内孤立主义影响，美国开始并没有参战，直到 1941 年 12 月 7 日的凌晨，日本飞机突然袭击了美国太平洋舰队基地珍珠港的时候，美国才宣布对德国、意大利、日本这些法西斯国家宣战。

▲时任美国总统的罗斯福正在与国务卿赫尔讨论严重的局势。

传统的观点认为，珍珠港遭到日本偷袭的原因，是第二次世界大战爆发后，美国奉行绥靖主义政策为实质的中立政策的结果。的确，当时对美国的民意调查显示，10% 的民众认为应该参战，90% 的民众认为不要介入战争，要

以逸待劳，待时机成熟之后再参加角逐。这种观点的生命力是很强的。

长期以来，史学界一直在分析珍珠港事件中美国失利的原因，也一直把上述观点作为主要原因。然而，其中有两个最重要的史实被忽视了，或者说是被漠视了。

一个史实是二战爆发之后，罗斯福政府先后通过了两个最重要的法案：《中立法修正案》和《租借法案》。《中立法修正案》是允许遭受法西斯侵略的国家通过现款自运的方式从美国购买武器，即拿现金买美国的武器，买完之后再自己从美国运回去。在战争状态下，一个第三国把自己的武器装备卖给交战方面其中的一方，这实际上就是在袒护它售给武器的那一方，也就是说《中立法修正案》就表明了美国实际上在偏袒英法，尽管它没有参战。《租借法案》则是前者政策的继续。《中立法修正案》的前提是现款自运，但后来英国拿不出钱来购买武器，在这种情况下，罗斯福认为，可以将武器暂时租借给英法，用罗斯福的话讲，就是我向房子着火的邻居，出借我花园的水管救火，那么这个法案同样是偏袒英法的，这是一个史实。

第二个史实是 1939 年 7 月，美国军方先后拟订了五套彩虹作战计划，就是未来一旦发生战争，美国将按照哪一种可能参加作战。这五套计划，特别是二、三、五号计划就主要是对日作战的计划，比如它的第五号彩虹计划就规定了一旦太平洋战争爆发，美军在太平洋战场将有哪些作战任务和实施的具体细则。

这两个基本史实显示出美国政府在参战前的中立政策不是战略，而是一种策略。然而，既然罗斯福在第二次世界大战美国直接参战前，采取了偏袒英法这些被侵略国家的政策，声称美国要成为民主国家的兵工厂，那么为什么它又没有参战呢？这是由于美国外交政策的基石——孤立主义思潮——对美国战略决策起到举足轻重的作用。

美国历史上有一位总统叫约翰·亚当斯，他有一句著名的孤立主义经典名言："美国用不着到国外去搜寻怪兽并将其消灭。"这句话对美国影响非常大。但美国孤立主义思潮其实并不是真正意义上完全与世界隔绝，它的实质是在追求美国以最小的代价、最小的风险与成本参与世界事务。当时，尽管美国民众对法西斯侵略非常痛恨，对遭受法西斯国家侵略的国家非常同情，但是，绝大多数美国民众认为，美国不应该参战，不能把战火蔓延到美国本土，即"只要战火不蔓延到我本土，我们美国就不参战"。大多数美国人采取这么一个立场和观点，这就为美国参战设置了一个巨大的障碍。

剖析罗斯福的政治理念，不难发现他的政治敏感和狡猾之处。罗斯福本身是民主党人，美国民主党人强调把世界分成黑白两界，宣称民主，反对独裁与专制。所以在法西斯侵略猖獗的时候，罗斯福的政治理念要求他对被侵略国家采取偏袒政策，而这种理念的终极目标是直接参战。于是罗斯福一面尽最大限度地同情和支援遭受侵略的国家，一面在寻找时机直接参战。因而可以看出，罗斯福在施苦肉计，他在寻找机会，制造机会，以便能直接参战。

一些最新资料也进一步证实了这一事实。荷兰退役海军上将约翰·莱尼夫在珍珠港事件爆发前后是荷兰流亡政府派驻华盛顿的上尉武官，他曾在军备方面帮过美国海军的忙，是海军各部门的朋友。弥留之际，他在一所医院的氧气室里透露了他所知道的珍珠港事件内幕：罗斯福其实事先已经知道了日本要偷袭珍珠港的情报。当时有一个劳伦斯·萨福德海军中校破译了日本海军军令部的密码，得知日本的联合舰队正向珍珠港方向开进。

当时，斯塔克海军中将海军作战部部长接到这一情报之后，竟把这个情报就放到自己的办公桌上，说明天再向总统汇报，然后到国家剧院看一部话剧《学生王子》，完全没有重视这份情报。而美国陆军情报官——布拉顿上校，在 12 月 7 日早晨将侦知的日军将进攻东南亚的情报向陆军参谋长马歇尔汇报，马歇尔当时正在阿林顿公园骑着马、牵着狗散步。当马歇尔接到这个情报之后，继续散步。这一系列证据都表明，当时，以罗斯福为首的美国高层中，有极少数人事先知道了日军将进攻珍珠港的情报，并且显得胸有成竹，毫不惊惶失措。

当这一切"日本将进攻珍珠港"的情报被汇总反映到罗斯福那里的时候，罗斯福正和他的密友及助手霍普金斯聊天，他说，"我料定我们的敌人不会永远不犯错误，如果日本人进攻我们，我将争取国会批准我参加这场战争"，气定神闲，镇定自若。这说明，他说这些话之前，就已经得到了这些情报。

其实在此之前当罗斯福获得这份情报后，已经密电美军太平洋舰队司令金梅尔海军中将，让金梅尔将美国太平洋舰队的航空母舰撤到外海进行训练，而其他舰船一律留在港内。事实上在 1941 年初，太平洋舰队包括 1 艘航空母舰、3 艘战列舰、4 艘巡洋舰、17 艘驱逐舰在内 1/4 的作战力量被调拨给了大西洋舰队。此外，海军部还把舰队中素质最好的指挥官和水兵也成批调往大西洋舰队。为此，金梅尔曾多次向海军作战部长斯塔克陈述加强太平洋舰队实力的重要性。他在 1941 年 9 月 12 日写给斯塔克的信中言语恳切地说："一支强大的太平洋舰队，无疑是对日本的威慑，而弱小的舰队也许会引来日本人……在我们能够保持足够对付日本舰队的兵力之前，我们在太平洋是不安全的。"但海军部却丝毫不理会金梅尔的呼吁。更为奇怪的是，12 月 7 日 7 时 55 分，当日本飞机飞临珍珠港上空扔下第一批炸弹时，下面整齐排列的是太平洋舰队的水面舰船和作战飞机，太平洋舰队的主力——3 艘航空母舰"恰巧"全部外出："萨拉托加"号停在圣达戈检修，"列克星敦"号正在行驶途中，"企业"号在珍珠港以西 200 海里的归途中，它们因此逃过劫难。这种情况完全是罗斯福总统在明知珍珠港会被袭击的情况下，让海军保存实力之举。

1995 年 9 月 5 日，当时的美国总统克林顿收到一名叫海伦·哈曼女士的来信。她在信中称她的父亲史密斯曾向她讲述过一些关于珍珠港事件的惊人内幕，在二战时她父亲任美军后勤部副主管。她父亲说，珍珠港事件爆发前不久，罗斯福总统紧急召开了一个由极少数军官参加的秘密会议。总统在会议上透露了一个惊人的消息：美国高层已经预见到日本海军将要偷袭珍珠港，可能造成大量人员伤亡和财产损失。他命令与会者尽快准备将一批医务人员和急救物资集结到美国西海岸的一个港口，随时待命启运。罗斯福总统特别强调禁止将会议内容向外透露，包括珍珠港的军事指挥官和红十字会的官员。面对与会官员的惊讶与不解，罗斯福解释说，只有当美国本土遭到攻击时，犹豫不决的美国民众才会同意他宣布投入战争。

▲珍珠港被轰炸后的情景。

克林顿收到信后不久，美国红十字会夏威夷分会的工作人员在查阅该会 1941 年至 1942 年财政年度报告的影印资料和有关国家档案时，意外发现美国红十字会和美军后勤医疗部队在珍珠港事件前一两个月曾进行过非常规的人员和储备物资紧急调动。例如，在那段时间里，夏威夷分会通过正常渠道从国家红十字会总部得到价值 2.5 万美元的医疗急救物品，同时，还通过秘密渠道接收到价值 5 万美元的药品和物资。

这批额外补给在偷袭珍珠港事件后的急救工作中发挥了重要作用。1941 年 11 月的美国红十字会总部的月度报告也显示，那个月夏威夷分会共接收了 2534 名医护人员，其中 1505 名是被秘密调去的临时人员。有关人员还从夏威夷红十字分会会长阿尔弗雷德·卡瑟尔的弟弟威廉·卡瑟尔的日记中发现：12 月 6 日，夏威夷分会的全体人员奉命战备值班。

所以近年来，包括一些美国学者在内的西方学者就以此为据，认为珍珠港事件是罗斯福为了摆脱国内孤立主义对他的束缚，以庞大的太平洋舰队为诱饵施的一个苦肉计。只要美国直接遭受侵略了，就可以理所当然地参战了。

对于近年来的这种观点，日本人表现出了特殊的兴趣，一些所谓专家、学者更是对此大肆渲染，《大东亚战争全史》的作者服部卓四郎和《偷袭珍珠港前的 365 天》的作者实松让就是典型代表。他们称美国人事先知道了日本偷袭珍珠港的企图，暗示日本是在美国人"引诱"下被迫发动了对珍珠港的袭击。他们想通过这种说法，把发动太平洋战争的责任推到美国人身上。

事实上，日本在全面发动侵华战争后，已经开始考虑是"北上"还是"南进"。1941 年 10 月，主张对美英开战的东条英机上台后，最终确定了发动太平洋战争，夺取印度支那和太平洋诸岛的"南进"计划。这决定了他们必然要对美国在太平洋的军事基地发动攻击，只不过他们首先选择了珍珠港的太平洋舰队而不是驻扎在菲律宾的美国陆军。

关于珍珠港事件是"苦肉计"的真相，只是关于以罗斯福为首的美国政府以何种方式、多大代价投入反法西斯战争的历史真相，而日本人发动太平洋战争的罪责是无论如何也推卸不掉的。

参考文献：

【1】（美）利奥波德·罗森伯格：《偷袭珍珠港》。
【2】（美）罗伯塔·沃尔斯塔特：《珍珠港：警告与决策》。
【3】（美）巴顿·惠利：《代号"巴巴罗萨"》。
【4】（日）实松让：《偷袭珍珠港前的 365 天》。
【5】侯鲁梁：《太平洋战争史话——偷袭珍珠港》。

朝鲜战争的 "蒙冤者"

朝鲜战争是一场朝鲜与韩国之间的意识形态之战，而美国、苏联与中国三个大国也不同程度地卷入这场战争。在以往的教科书上都将战争起因归结于韩国的公然挑衅，使其担负了所有战争罪责。而朝鲜战争的俄国解密档案陆续公布以后，证明了从某种程度上说，韩国只是朝鲜战争的 "蒙冤者"，其中朝鲜和苏联基本起到了主导的作用。

第二次世界大战结束后，原本是日本殖民地的韩国被划分为两个部分，北方是苏联的势力范围，而南方则有美国驻军。美苏双方首先是将韩国问题提交联合国，联合国决定在美苏管辖区同时举行选举，然后美苏军队撤出朝鲜半岛，由韩国人民自己管理自己的国家。

▲ 在朝鲜战争中的美国军队。

由于金日成作为抗日英雄而获得绝大多数选民的支援，因此该决议被美国否决。1948 年 5 月韩国举行了总统大选，亲西方的李承晚当选总统，但是苏联却拒绝了联合国临时委员会进入苏控区。苏方指责美国违反了波茨坦会议上的共识，当时的计划是由苏联、美国、中国、英国四国共同托管韩国，5 年后实现韩国的完全独立。美方在韩国单方面举行大选，使得苏联也在朝鲜建立了共产党的 "朝鲜民主主义人民共和国"，金日成为领导人。美苏两国军队分别撤出韩国后，朝鲜半岛就实际被划分为两个独立的国家。

在韩国南北双方先后实行选举并建立各自的政府后，苏联又提出美苏同时从朝鲜半岛撤军，而且首先实行了单方面撤军，其目的无非是为了表示苏联在远东地区的和平愿望，敦促美国撤军。莫斯科一方面满足于通过共产党对朝鲜的控制，一方面相信金日成有能力对抗南方，因此可以实现其在朝鲜半岛遏制美国而不发生直接冲突的设想。

然而，自从三八线划定以后，南朝鲜就一直处于紧张的对立状态。金日成始终认为只有通过革命战争的手段才能解放全韩国并实现统一；而李承晚也主张加强军备，积极北进。特别是韩国南北双方分别成立了各自的政权机构和苏联占领军撤出朝鲜半岛以后，朝鲜半岛的形势更趋恶化，三八线附近的摩擦和交火事件不断发生。从 1949 年年初开始，苏联驻朝鲜使馆不断向莫斯科发出有关韩国可能发动进攻的告急电报。

金日成完全明白，要实现自己的目标，必须得到莫斯科的首肯和帮助，于是提出了与苏联建立秘密同盟的要求。在遭到莫斯科婉言拒绝之后，金日成便提出直接面见斯大林，以摸清苏联的意图和态度。但此时斯大林的战略重点还在欧洲，他一方面通过组建共产党情报局和整治南斯拉夫共产党，构造了以莫斯科为中心的社会主义阵营，意在稳定与西方抗衡的阵脚；另一方面，面对美国和西方国家的强硬立场，斯大林在解决柏林危机的过程中采取了忍让和退缩的立场，对双方整体实力的认识迫使苏联放弃与美国公开冲突的做法。在这种情况下，斯大林自然不会同意在朝鲜半岛引发一场可能导致有美国干预的战争。

在 1949 年 3 月初与金日成的会谈中，斯大林只是轻松地询问了南北双方军事力量的对比情况，以及三八线附近发生小规模军事冲突的结果，并对金日成充满信心的答复表示满意。至于金日成所要求的军事援助，莫斯科只是同意帮助装备在三八线驻防的两个朝鲜警备旅，并决定让苏联海军分队继续留驻清津港协助朝鲜进行防卫。苏联此时只是主张在朝鲜建立祖国统一民主阵线，通过在全朝鲜进行普选实现和平统一，因此并未给予金日成任何实质性的帮助，甚至加以暗地阻挠。

金日成不甘心自己的宏伟计划受阻于莫斯科，于是转过来试探毛泽东的态度。1949 年 5 月，金日成派人民军政治部主任金一秘密访问北平，与中共领导人商谈将中国人民解放军编成中朝鲜师转属人民军的问题，并表露了准备采取军事行动的意向。毛泽东一向主张"枪杆子里面出政权"，自然会支援金日成的想法。不过，在中国的革命战争尚未结束、国家尚未统一的情况下，中共很难赞成金日成的计划。毛泽东答应在需要的时候，可以把中共军队中的两个朝鲜师转给朝鲜，如果朝鲜半岛发生战争，中共"将提供能力所及的一切援助，特别是上述师的补给和武器"。但是，毛泽东也曾"劝告朝鲜同志"，即使在美国撤军而日本人也没有回来的情况下，也"不要向南方发动进攻，而是等待更有利的形势"。

尽管如此，金日成还不死心。面对来自南方的威胁，金日成主张变被动为主动，他踌躇满志地认为这是通过军事手段实现朝鲜统一的有利时机。为此，在积极调动军队进行部署的同时，金日成于 1949 年 7 月初下令三八线地区的各部队进入战斗准备状态，并"决定将中国人民解放军的朝鲜师调回：沈阳师配置在新义州，长春师配置在罗南"。做好准备之后，金日成请求莫斯科准许对南方采取军事行动，夺取县津半岛及其以东到开城附近的部分南方地区，以缩短防线。如果国际局势允许，还准备继续向南方挺进。

苏联驻朝鲜使馆代办顿金应维辛斯基的要求对情况进行了核实后，于 9 月 14 日向莫斯科报告了南朝鲜军事力量的详细情况、金日成的考虑以及他本人对这一问题的看法。报告说，金日成认为，他们能够在两周至多两个月内占领韩国。金日成和外务相朴宪永还认为，当韩国发生内战时，美国不会直接出兵干预。但顿金本人认为，金日成计划的局部性战争必然导致韩国爆发内战，而北方军队还未强大到足以在速决战中取胜，同时，"不论在军事上还是政治上，持久内战对北方都是不利的"。不过，什特科夫大使却赞同金日成的计划。他认为，"韩国政府的政治地位是不牢固的"，朝鲜半岛的形势对北方有利。尽管不排除"美国人将干预这场冲突并给韩国提供积极帮助"的可能性，而人民军的数量及其拥有的物质力量现在还不能保证完全粉碎南方军队和占领韩国，但他仍然认为，"发展朝鲜南部的游击运动并给予各种各样的支援和领导是可能的和适宜的"，在有利的形势下，可以借口"韩国人在三八线上的挑衅""占领县津半岛和开城地区"。

经过慎重的研究和讨论，莫斯科还是否决了金日成的计划。斯大林认为在韩国发动战争的条件尚未成熟。

斯大林的决定令金日成感到沮丧，他虽然勉强接受了莫斯科的意见，却还是继续积极备战。10 月 14 日，三八线附近又发生了激烈战斗。朝鲜第三警备旅攻击侵入三八线以北 1.5 公里法音山高地的韩国军队，并占领了这两个高地。由于苏联大使和军事顾问事前参与讨论并默许了这一军事行动，而事后又未向斯大林报告。莫斯科对此极为恼怒，葛罗米柯严厉地指责什特科夫没有"严格地、坚定地"执行"禁止未经中央允许而向朝鲜政府建议对韩国采取积极行动"的指示以及"中央关于防止三八线形势复杂化的指示",并对他提出警告。

然而,仅仅两个月以后,斯大林便给金日成发放了走向战争的通行证。1950年1月19日莫斯科收到什特科夫发来的报告,在一次小范围的宴会后,金日成借着酒意激动地对苏联使馆人员说,在中国完成其解放事业后,现在的问题就是如何解放祖国南方的人民。

金日成希望"和斯大林会面,讨论南方的形势和向李承晚军队发动进攻的问题"。金日成还指责苏联不允许他进攻县津半岛,否则人民军在3天之内就能成功。"如果发动一场全面进攻,几天之内就可以进入汉城"。与苏联使馆人员采取的回避态度不同,这一次斯大林却出人意料地改变了主意:"我随时准备接见他并和他会谈。请把此事转告金日成并且告诉他,在这件事上我准备帮助他。"

在迄今看到的档案文献中,这是斯大林第一次同意在战争问题上帮助金日成。对此,金日成十分满意,并立即表示随时准备着斯大林的接见。那么,究竟发生了什么事情,使得斯大林在如此短暂的时间里改变了对韩国问题的看法?

原因是此间发生了一件苏联外交史上的重大事件,即毛泽东访苏和中苏同盟新条约的签订,而这次中苏最高领导人之间谈判的结果是迫使斯大林同意重新签订中苏条约,从而使苏联被迫放弃其在远东以中国东北为基础的政治和经济权益,即中国立即收回大连港,并在2~3年内收回中长铁路和旅顺港。

把蒙古从中国的版图中独立出去,在俄罗斯南部形成广阔的安全地带;恢复沙皇俄国在中国东北的势力范围,保证苏联拥有通向太平洋的出海口和不冻港;这是斯大林确定的苏联战后在远东的两个战略目标。而控制中国长春铁路和旅顺、大连港,正是苏联实现其远东战略的基本途径。除了既成事实的蒙古问题，莫斯科最担心的事情终于发生了：1945 年中苏条约所保证的苏联在满洲的权益眼看就要被毛泽东提出的新条约断送掉，斯大林必须采取补救措施。而处于朝鲜半岛中部和南部的元山、仁川、釜山和济州岛的几个港口，早在 1945 年就是苏联外交部注意的目标了。于是，为了保证苏联在远东地区的战略利益，把整个朝鲜半岛纳入莫斯科的势力范围就势在必行了。恰在此时，美国总统杜鲁门和国务卿艾奇逊发表的关于韩国不在美国防卫范围的演说，又为斯大林实现对朝鲜政策的改变创造了条件。

毛泽东还没有离开莫斯科时，斯大林便集中精力去解决朝鲜问题了。为了加强朝鲜的军事力量以及人民军的组织和指挥能力，莫斯科同意金日成再组建 3 个步兵师，并把苏联政府将于 1951 年提供的贷款用于 1950 年，以便为新组建的部队购

▲在朝鲜前线的美国国务院顾问。

买苏联装备。斯大林还任命瓦西里耶夫中将为朝鲜人民军军事总顾问，替代自苏联从朝鲜撤军后兼任这一职务的苏联大使什特科夫。此后，苏联便开始大规模向朝鲜提供武器装备。随后，金日成提供了所需武器装备的详细清单。莫斯科立即答复，同意朝鲜提前使用 1951 年的贷款购置武器装备。斯大林还亲自致电告诉金日成，对于"朝鲜人民军所需装备、弹药和技术器材"，苏联政府决定"完全满足您的这一请求"。在进行物资准备的同时，1950 年 3 月 20 日，金日成要求于 4 月初秘密访问莫斯科，并提出将与斯大林讨论"国家南北统一的途径和方法"及"经济发展远景"等问题。在一份"金日成提请斯大林同志帮助解决的问题"的清单中，明确写道："关于统一国家（南方和北方）的途径和方法，拟采用武装方式统一。"得到同意后，金日成和朴宪永于 3 月 30 日起程前往莫斯科。

此外，1966 年苏联外交部曾向勃列日涅夫等领导人提交了一份《关于朝鲜战争的背景报告》，其中提到金日

▲《韩战停战协定》
签字仪式。

成在这次会谈时向斯大林提出了发动战争的战略部署，即朝鲜政府准备分三步实现他们的目标：（1）在三八线附近集结部队；（2）向韩国发出和平统一的呼吁；（3）在韩国拒绝和平统一的建议后开始军事行动。该报告确认，斯大林"对朝鲜人所拟方案的最终认可，是在 1950 年 3 月至 4 月金日成访问莫斯科期间"。

总之，完全可以断定，以斯大林为首的决定支援并帮助金日成发动统一朝鲜半岛战争的苏联领导人，直接参与了战争的策划和准备。我们虽然也不得不看到韩国在这一过程中所起的作用，但让韩国担任"战争引发者"的全部罪责，这显然也是有失公允的。

参考文献：

【1】（美）马修·邦克·李奇微：《韩战》。
【2】王树增：《远东韩战》。
【3】沈志华：《斯大林与韩战》。

第三章
传承中的谬误

　　文化是一个民族精神价值和生活方式的体现，是千百年来人类智慧和传承的结晶。它看似虚无缥缈，却在一行一言中透露着其在我们灵魂的深处打下的烙印。但，不论是已经失落的印加文明，还是我们延续至今的中华文明，在历史演进和传承中，都或多或少地偏离了其原本的轨道。探索文化的本源是一次寻根，一次传承，更是一次精神的洗礼。在本章中让我们承载着历史的厚重来进行一场文化真实的苦旅。

被误读的希罗多德

希罗多德是古代伟大的历史学家。公元前 400 多年，意大利南部的塔林敦海湾岸边高地上，一座新的坟墓朝向着大海，经过的人都会在坟前默默地站立致敬。墓前的石碑上刻着这样的铭文："这座坟墓里埋葬着吕克瑟司的儿子希罗多德的骸骨。他是用伊奥尼亚方言写作的历史学家之中最优秀者，他是在多里亚人的国度里长大的，可是为了逃避无法忍受的流言蜚语，他使图里奥伊变成了自己的故乡。"

这位客死异乡的人，正是伟大的古希腊历史学家希罗多德，他因写作《历史》一书得到了人们无比的崇敬。从古罗马时代开始，希罗多德就被尊称为"历史之父"，这个名称也一直沿用到今天。

大约在公元前 484 年，希罗多德诞生在小亚细亚西南海滨一座古老的城市，那是古希腊人早年向海外开拓时建立的一座殖民城市。希罗多德的父亲是一个拥有豪富的奴隶主，他的叔父是本地一位著名诗人。希罗多德从小学习勤奋，酷爱史诗。当时，他们城邦的统治者是一个通过阴谋篡夺了政权的家伙。成年后的希罗多德随叔父等人积极参与推翻篡位者的斗争。斗争遭到镇压，他的叔父被杀，他被放逐。后来，篡位统治者被推翻，他一度返回故乡。不久，又再

▼古雅典城的代表性建筑——派特农神庙。

度被迫出走，从此再也没有回去过。大约从 30 岁开始，希罗多德进行了一次范围广泛的旅游，向北到黑海北岸，向南到达埃及最南端，向东至两河流域下游一带，向西抵达意大利半岛和西西里。为了维持生活，他还长途行商贩卖物品。每到一地，希罗多德就到历史古迹名胜处浏览凭吊，考察地理环境，了解风土人情。他还喜爱听当地人讲述民间传说和历史故事，他把这一切都记下来，并一直随身带着。

公元前 445 年前后，希罗多德来到了希腊的政治、经济和文化中心——雅典。当时的雅典经历了希（腊）波（斯）战争，政治经济都获得了高度发展，呈现出一派欣欣向荣的景象，学术文化更是称雄于希腊世界。希罗多德感到异常兴奋，他积极参加各种集会和政治文化活动，并很快和政治家伯里克利、悲剧家索福克勒斯等人结下了深厚的情谊。一次他写的诗还得了奖，赢得了大家的赞誉。

希罗多德崇拜雅典的民主政治，对于不久前以雅典为首的希腊城邦在希波战争中打败奴隶制大国波斯的侵略感到十分钦佩，他不停地向有关的人打听战争的各方面情况，收集了很多历史资料。在伯里克利和友人们的鼓励和支援下，希罗多德决心写一部完整叙述希波战争的历史著作以流传后世，这就是史学名著《历史》，又名《希腊波斯战争史》。

《历史》一书是公元前 5 世纪希腊历史学家希罗多德所撰写的记述公元前 6 世纪至前 5 世纪波斯帝国和希腊诸城邦之间战争的一部历史名著。

此书在西方一向被认为是最早的一部历史著作，因此罗马著名政治活动家西塞罗称希罗多德为"历史之父"。希罗多德虽然写了这样一部历史名著，但是对于他本人的生平并无详细文献记载，和他同时代的作家（如修昔底德、亚里士多德）几乎很少提到他，此后的狄奥尼修斯、海尔米波司、普鲁塔克等人的著作中虽有些关于他的记载，但均语焉不详，且残缺不全。因此，我们只有根据有限的资料，结合他本人的作品去了解其生平和经历，这就难免在历史上留下诸多有待解答的疑点。

首先，希罗多德的生卒年代就无法确定。现在一般的史书都说他大约生于公元前484年，卒于公元前424年。其实这种记载是不可信的，仅仅是一种推测。其推测根据之一是古罗马尼禄皇帝时一位女作家旁菲拉的记载。

她说当伯罗奔尼撒战争爆发时（公元前431年），希罗多德是53岁，修昔底德是40岁。但这种说法使人难免生疑，因为她关于修昔底德年龄的记载与其他古典作家的记载出入甚大，且又与史学界通用的修昔底德生卒年表不相符合。既然如此，那她关于希罗多德年龄的记载就值得怀疑了。

根据之二是：古人在计算大人物的生年时，通常是先以发生在这个人的成年期中一件最突出事件的年份做依据，然后再向回计算40年。大家知道，希罗多德是图里伊的建立者之一，而图里伊既然是在公元前443年建立的，那么希罗多德的生年也就是在公元前484年了。显而易见，这种推测同样也是不可信的。

根据之三是：公元前1世纪的狄奥尼修斯说：其同乡希罗多德是在波斯战争（指公元前480年薛西斯入侵希腊一事）之前的不久诞生的，活到了伯罗奔尼撒战争的时候。但此处根本没有提及确切的年代。

▲古希腊战争遗留下的军事建筑。

根据之四是：他的《历史》中记载了波斯王阿尔托克谢尔克谢斯的名字，而这位波斯王是在公元前424年左右登位执政的。因此，希罗多德既然知道他的情况，那就肯定是死在这个年代之后，但究竟是何年？无人能准确回答，只好留此存疑。

其次，关于希罗多德的个人经历也有不少难以解释的疑团，也有很多被误读的地方。例如被放逐到萨摩斯是在何年？放逐的时间有多久？就难以肯定。有人说他是在公元前 461 年被放逐的，时间约七八年；但也有人说他是在公元前 454 年被放逐的，时间并不长。两种说法，孰是孰非，难以断定。又如从其他史料和他本人的作品，我们知道他到过许多地方，至于他为什么要走这么多地方，后人根据他的作品做过种种推测。有人说他可能像早期的梭伦那样，是一个到各地采办货物的行商；有的认为他是想仿照他的前辈海卡泰欧斯的样子写一部更加翔实的地理作品；还有人认为他到各地去是为了搜集写作材料，比如他在雅典就朗诵过自己的作品并得到了异常丰厚的报酬。还有：希罗多德的墓碑上写道，他是为了躲避流言蜚语而去图里伊的，但究竟是谁中伤他？为什么要中伤他？这又是一个难解之谜。至于希罗多德童年有何生活经历？他是何年开始游历的？何年来到雅典的？为什么会去参加图里伊殖民？他与伯里克利的关系怎样？除《历史》外他还有何著作？凡此等，由于材料有限，我们都不太清楚。

再次，关于希罗多德的著作也有一些难解之谜。其中最令人难以理解的就是：《历史》既然是写希波战争，但为什么又不写完全，仅仅只记载到公元前 479 年呢？对此，史学界有不少猜测。有的说是由于作者突然去世，未能写完全书，故结尾显得突然，未能在适当处告一段落。有的则说希罗多德之所以只写到普拉塔伊阿战役止，是因为这以后斯巴达人退出了战争，这场战争就不再是希腊和波斯的战争了，而是雅典及其盟国和波斯的战争。如果希罗多德把《历史》继续写到公元前 449 年，那他就不能忽略在希腊同时发生的事情。希波战争前期，他能赞美希腊团结一致，共同对敌，但如果他继续写下去，他就一定得描述雅典和斯巴达这对战时伙伴的分裂，但这不是他所希望的。两种意见，何种有理，还有待探讨。

另外，《历史》一书究竟写于何时，也是史学界无法确定的一个问题。苏达辞书认为，早在萨摩斯流放时期，希罗多德就写了一部九卷的历史。但根据希罗多德的生活经历和《历史》所记载的内容来看，当时他不可能完成

《历史》一书。人们推测：他的创作活动曾延续数十年之久，他收集资料时并没有打算写希波战争史（这一点从《历史》的一些段落可以明显看出），而是打算写一部地理学著作，描述游历过的许多国家的自然环境、民情风俗和历史故事。只是来到雅典后，受雅典文化气氛的影响，才立志要把希波战争的经过记载下来。于是，他整理综合收集到的民族学、地理学以及神话中的各种材料，将它们插进那详细描述希波战争过程的《历史》中去，而《历史》的最后完成是在他去图里伊以后。

除此以外，希罗多德是不是"商人文化"的代表？为什么有人称他为"说谎话的人"？现在流行的《历史》分为九卷是后来编订此书的亚历山大里亚注释家划分的，这是原书的本来面貌吗？它符合希罗多德的原意吗？等等，这都是我们浩瀚历史中的一个个疑点，一个个被误解被误读的地方，而这些事实真相的发掘就有待于更多的人的关注了。

参考文献：

【1】希罗多德：《历史》。
【2】西塞罗：《论法律》。
【3】普鲁塔克：《论希罗多德的险恶》。

智慧才是 "埃及艳后" 的资本

"埃及艳后"克里奥佩特拉生于公元前69年,是亚历山大大帝政府托勒密王朝册封的君主之一。她的父亲托勒密十二世指定他的长子托勒密和她共同执政统治埃及。公元前51年克里奥佩特拉登上王位。

克里奥佩特拉在古埃及无疑是一位焦点人物,在后人的记述里,这位埃及绝世佳人凭借其倾国倾城的姿色,不但暂时保全了一个王朝,而且使强大的罗马帝国的君王纷纷拜倒在其石榴裙下,心甘情愿地为其效劳卖命。但丁的《地狱》、莎士比亚的《恺撒大帝》等,都将这位传奇女人描述为"旷世的肉感妖妇";莎士比亚这么形容道:"争强好胜的女王,你无论做什么都是那么得体,责怪也好,笑也好,哭也好;你的每一种情绪都充分地力图表现得美好而动人。"而萧伯纳也称她为"一个任性而不专情的女性"。在好莱坞巨片《埃及艳后》中,克里奥佩特拉同样被描述成用色相引诱恺撒大帝,助其击溃亲生胞弟而出掌王位;恺撒遇刺后,她又迷倒了安东尼。可是安东尼的作为激起了罗马市民的愤怒,在与罗马人交战中彻底败北之后,克里奥佩特拉眼见大势已去,不得已以毒蛇噬胸自杀,年仅38岁。

▼电影《埃及艳后》中克里奥佩特拉的形象。

传说塑造了一个美艳绝伦的艳后形象,她的神秘与手段成为世人关注的焦点。然而,虽说野史、传说和文学作品总能见到这位"埃及艳后"神秘的影子,但有关她本人的文献资料却是少之又少。历史上真实的克里奥佩特拉究竟是一个什么样的女人？她真的貌若天仙吗？这个问题的答案最好还是到她那个年代流传至今的雕像中去寻找。可是，保存至今的雕像实在是凤毛麟角，德国柏林博物馆尚有一尊据称是全世界保存最好最完整的埃及艳后的肖像。

这尊肖像所展示的埃及艳后并不美艳：看上去她就是一个平平常常的女人，头发只是简简单单地打个髻，风格朴实，这样的装扮显然无法俘获罗马将领的爱情。她的鼻子应该属于鹰勾鼻，而且她的嘴并不性感。她也不饰戴任何珠宝，没有耳环，没有项链。

如果说保存在柏林博物馆里的这尊雕像说服力尚嫌不够的话，伦敦大英博物馆最近举行的"埃及艳后"展览则彻底揭开了这位传奇女人的面纱。这是首次同时展出11具克里奥佩特拉的雕像，而这批雕像过去一直被误以为是其他王后。从这些雕像看，女王不过是长相一般、脸上轮廓分明、看起来较为严厉的女人。她的个头矮小短粗，身高只有1.5米，身材明显偏胖。她的衣着也相当朴素，甚至脖子上明显有赘肉，牙齿长得毫无美感。

▼埃及艳后与马克·安东尼。

至于克里奥佩特拉的相貌，中世纪的阿拉伯学者从未提及。艾尔·达利表示："他们（阿拉伯学者）赞美她的学识和管理能力。"达利具体解释说，人们之所以只将埃及艳后看做一个爱勾引男人的风流女子，只因为后人对她的认知全都来自于她的敌人。我们当前所有有关埃及艳后的认知，全都是来自于她当年的敌人——罗马人。罗马人对她相当轻视，希望将她描绘成一个性感亡国的尤物。这就是所谓的"埃及艳后"。

近期一位英国学者发现，埃及艳后掌握五种语言，恺撒大帝和安东尼之所以拜倒在她的石榴裙下，与克里奥佩特拉的姿色并没有直接联系。这是英国一位学者的最新发现：其实在中世纪阿拉伯学者眼中，"埃及艳后"便不是靠美色而是凭卓越的思想和学识征服人心的。

克里奥佩特拉在阿拉伯世界是备受尊崇的大学问家，她对炼金术、哲学以至数学和城市规划无一不晓。她聪明、诙谐、迷人，而且她还具有惊人的毅力。克里奥佩特拉精通多种语言，她的第一语言是希腊语，但她也会说拉丁语、希伯来语、亚拉姆语和埃及语。

英国伦敦大学学院埃及古物学者奥卡萨·艾尔·达利在一批以前从未被发现过的中世纪阿拉伯文献中发现，克里奥佩特拉并不像希腊传记中描写的那样只是一个美艳妖娆、专爱勾引男人的风流女子，她可能是一个富有才华的数学家、化学家和哲学家。克里奥佩特拉写过好几本关于科学的书，她的宫廷是知识分子聚会的地方，克里奥佩特拉经常和一些科学家开会讨论科学难题。

达利在《埃及古物学：迷失世纪》一书中写道："阿拉伯人经常将克里奥佩特拉称做'善良的学者'，经常引用她的科学著述。"她甚至是一个伟大的建筑师，将尼罗河的水引到亚历山大城，就是她的功劳。像艾尔·巴克里、亚库特等阿拉伯学者都曾在文章中谈到埃及艳后克里奥佩特拉，称克里奥佩特拉当年在亚历山大城设计的建筑计划"史无前例的庞大"。

埃及远古史学家鲍曼在分析了近年来的考古发现后也表示："'埃及艳后'绝非只凭美色来保家卫国，捍卫自己的王位。她运用的技巧跟我们现在处理国际关系时的做法并没有什么两样。这才是'埃及艳后'美丽与智慧的真正体现。"埃及哈勒旺大学的教授吉哈宰克先生也说，尽管克里奥佩特拉不像她与罗马将军的爱情故事中描写得那么漂亮，但我确信她是极聪明的，她应付罗马用的不是美人计。埃及亚历山大希腊罗马博物馆馆长艾哈迈德博士持同样的观点：克里奥佩特拉在17岁时就继承父位当政，她统治埃及是凭聪慧和丰厚的文化底蕴。她与罗马将领们相处的三件武器是泼辣、聪慧和温柔。

史料证明，从埃及方面看，克里奥佩特拉也可谓是功劳卓著的统治者。

首先，她在对付无法抵御的巨大外来势力侵略的情况下，绵延统治了埃及近十八年。对埃及来说，这是她最显著的功绩。众所周知，托勒密家族近亲结婚的目的是为了保持王室的"纯净"，但也因此使托勒密家族产生了一系列不称职的统治者，绝大多数国王不是体弱多病就是早年夭折，特别是在托勒密家族统治的后期更显得荒唐颓废，直到克里奥佩特拉，几乎没有产生有作为的统治者。

长期以来，埃及以向当时地中海地区最强大的国家罗马进贡献礼以换取罗马的军事保护，来维持表面上的独立。到克里奥佩特拉时代，埃及才实现了真正的独立，并在希腊的各国相继灭亡之后尚保有一定的影响。

与叱咤风云的罗马大国相比，埃及毕竟是个弱小国家，罗马征服它是轻而易举之事。克里奥佩特拉运用她特有的气质、魅力和才智征服了古代西方世界两位最有权势、才能杰出的男性，挽救了风雨飘摇的埃及，并把他们融进她的事业之中；从某种意义上可以说，她几乎两度倾覆罗马，因为罗马两个强大的统治者毕竟做了她爱情的俘虏。历史上很难找到比她更奇特的统治者了。虽然克里奥佩特拉王朝被罗马吞并是迟早之事，但克里奥佩特拉至少把被吞并的时间延迟了近十八年，即从恺撒到达埃及的公元前48年到屋大维将她逼死的公元前30年。这对埃及的独立和发展无疑是宝贵的。

第二，克里奥佩特拉统治期间，确定了埃及在古代世界的地位，虽然这已是托勒密王朝的尾声。克里奥佩特拉以文明的血统自命，蔑视罗马"野蛮人"，自信能利用他们来达到自己的目的，否则她就不会盲目冒险地裹在毯子中出现在恺撒面前；她纵然没有直接参与恺撒死后发生的战争，但却赢得了军事统帅——马克·安东尼的欢心；她竟然谢绝出席安东尼特设宴会的邀请，反而叫安东尼屈尊去参加她在楼船上举行的晚宴，正如《康桥古代史》所说："法官去拜会被告。"作为埃及女王的黄金塑像竟然安放在世界头号强国罗马统帅恺撒的家庙里；作为罗马统帅的安东尼，对待小国埃及女王"不像一个'被保护国'的儿皇帝，倒像是一个独立国的君主"。克里奥佩特拉不仅保住自己的王位，而且似乎要成为文明世界的皇后，埃及在罗马人心目中的地位便不言而喻了。埃及由于克里奥佩特拉的存在，某种意义上说已构成对罗马的心腹之患，托勒密埃及已不像从前那样处于称臣纳贡、乞求保护的地位了。

第三，克里奥佩特拉在位期间，埃及不仅成为名副其实的独立国，而且版图还在不断扩大。克里奥佩特拉的真正目的远不止建立一个独立的埃及国家，她对扩大埃及版图也有浓厚兴趣，她希望建立一个不属于罗马，而是属于希腊人的帝国。恺撒在世时已答应把塞浦路斯划归埃及；安东尼时代，她又和安东尼统治着小亚细亚的绝大部分。公元前 34 年他们打败了亚美尼亚人，宣布叙利亚为罗马的一个行省，他们不是在罗马而是在亚历山大城举行凯旋式，此时的克里奥佩特拉被安东尼称为"王中之王"。安东尼忘乎所以，竟将罗马国家东部和大片土地，宣布为克里奥佩特拉及其子女来治理，以满足埃及女王的野心和私欲。从克里奥佩特拉给她的两个孩子起名为"太阳亚历山大"和"月亮克里奥佩特拉"，就可以看出她的"马其顿复国主义"成分远远超过她对安东尼的感情。他们之间的爱情里掺杂的政治因素确实很大，如果历史的过程容许有一点假定的话，如果命运的天平容许再向她有所倾斜的话，"这位王后本是有可能实现她成为统一地中海王国女王的意愿的"。

此外，末代女王克里奥佩特拉在位期间，埃及的政治、社会比较稳定，工商业经济发展很快。"她是，或者被说成是一位能干的统治者和管理者。她有效地促进了埃及的工商业，治理财政，并且井井有条。埃及与相邻各国交往频繁，关系相当活跃。埃及的农业、手工业和商业有很大发展，商业经济空前繁荣……由于城市经济得到迅速发展，埃及对外贸易空前繁荣。"

克里奥佩特拉统治期间，发展了埃及文明，使"埃及精神"得以发扬光大，使古埃及文明同希腊文明相交融，为埃及古老的文明注入新的活力，"托勒密王朝的君主和贵族们都以自命为埃及人而深感荣耀"。

克里奥佩特拉对记载古老文明的图书资料有特殊的兴趣，还时常同当时的大学问家讨论问题。当时世界上第一大图书馆就设在亚历山大城，虽然该图书馆被恺撒集中焚

▲古埃及妇女的化妆盒。

毁过半，但她又趁安东尼征服帕加马之机把第二大图书馆的二十多万卷图书搬到亚历山大城。她以其聪慧、敏锐的头脑和自身的文化素养，维护和发展了古老的埃及文明，从而形成新的充满活力的"埃及精神"，使"埃及顽强地战斗着。正如我们从崇高的埃及女王克里奥佩特拉的事迹中所看到的，埃及精神始终是旺盛的"，"埃及精神在一贯地指导着这个国家的命运，即使在罗马帝国的统治下也是如此。"

具有讽刺意味的是，克里奥佩特拉以美貌蜚声于当今天下，可是智慧才是她最值得称道的资产。

克里奥佩特拉的一生，对埃及来说可算是功劳卓著的一生，对罗马及地中海周围国家来讲则有不可忽视的消极影响，甚至是罪孽深重。虽然仪表、爱情能够决定历史之说并不足取，但她和古代两个杰出人物的政治爱情对当时历史进程所产生的影响确实是不能否定的。

参考文献：

【1】（法）弗拉马里翁：《埃及艳后——克里奥佩特拉的生与死》。

【2】（德）埃米尔·路德维希：《风流与强权：一个真实的埃及艳后》。

【3】（德）鲁特维克：《埃及艳后》。

《蒙娜·丽莎》所画何人

达·芬奇是文艺复兴时期意大利最伟大的艺术大师。他一生留下了不少诸如《最后的晚餐》《蒙娜·丽莎》《圣安娜》《安加利之战》等名作，为世界艺术宝库增添了很多艺术珍品。不过，每当人们提起他的绘画时，都会很自然地想到他那幅凝聚了四年心血绘制的《蒙娜·丽莎》。

《蒙娜·丽莎》被认为是世界上最名贵的画作，可以说世界上没有一幅画可以与之相媲美。大多数美术理论家都认为，达·芬奇画了一幅有生命的年轻妇女的优美形象，抒发了人文主义者对现实之美的酷爱，歌颂了人的思想、感情和智慧。他选择了一位精神上得到解放、驱散了昔日的呆板而发自内心的微笑的少妇。

几个世纪以来，关于《蒙娜·丽莎》的一些谜题一直都是人们争论探讨的焦点，其中又有一个问题讨论格外激烈：《蒙娜·丽莎》画作模特儿到底是谁呢？许多画家、哲学家、诗人和医学家对《蒙娜·丽莎》进行了认真的研究，他们用科学的方法对画中少妇的生理现象做了具体的分析，根据画中少妇的"病症"，纷纷与当时的一些少妇进行了"对号入座"，结果都认为《蒙娜·丽莎》的模特儿确实存在，但进而牵扯到这幅名画的模特儿是谁就各执一词、争论不休了。

▲达·芬奇自画像。

不少医生都指出，《蒙娜·丽莎》的模特儿当时正怀孕，甚至连著名的美术评论家凯涅斯·克拉克以及许多美术家也都赞同这种看法。确实，只要仔细琢磨这幅画，即使是肉眼也能觉察得到她怀孕了，蒙娜·丽莎那鹅蛋形的脸庞，胖乎乎的却显得有点浮肿；从内心发出的微笑纵然体现了她对怀孕的满足感，却掩饰不住苍白而憔悴的面容；肥胖而略微肿胀的两只手交叉在隆起的腹部上；粗大的腰围隐约可见；右眼窝和鼻梁之间还可以看到一个小肉瘤，这分明是脂肪过剩的象征；再看那一双没有瞳子的眼睛，全无光彩，眼神上蒙着一层怅惘而又倦怠的神色。

很多人早就对蒙娜·丽莎的"病症"进行了研究，而且还发表了不少论文和著作。但是，看来蒙娜·丽莎并没有患什么疾病，画面上所表现的"症状"恰恰是一个孕妇正常的生理现象。

佛罗伦萨市教师吉乌塞普·帕兰蒂花了 25 年的时间研究达·芬奇的一生，他把自己的成果全都写进了他的新书《蒙娜·丽莎真有其人》，如今，这本书已经出版发行，并引起不少人的关注。

据帕兰蒂考证，蒙娜·丽莎是达·芬奇父亲朋友的妻子，她的名字叫丽莎·格拉迪尼，蒙娜·丽莎是她名字的简称。她出嫁前居住在基安蒂市。1495 年，格拉迪尼与佛罗伦萨丝绸商人弗兰西斯科·吉奥康杜结婚，而吉奥康杜则是达·芬奇父亲皮耶罗的好友兼邻居，皮耶罗还曾在业务上给吉奥康杜兄弟提供过很多帮助。格拉迪尼是吉奥康杜的第二任妻子，她出嫁时只有 16 岁。

格拉迪尼 24 岁那年，达·芬奇的父亲请儿子为她画像。当时达·芬奇正被一场财务纠纷所困扰，为了帮儿子一个忙，达·芬奇的父亲自己拿出一笔钱，然后告诉儿子这是格拉迪尼和她丈夫出的画像费。于是，达·芬奇欣然完成了这幅人物肖像。

关于这幅画就是这位妇女的肖像画的最早记载，见于瓦萨利的《美术家列传》。可是，当达·芬奇于 1519 年死于法国时，瓦萨利还是个 6 岁的小孩子，因此，他的一些记载是否确实可靠还是一个疑问。

虽然如此，一般都认为达·芬奇于 1503 年返回佛罗伦萨时开始绘制，前后花了 4 年工夫，但未最后完成。如果是 1503 年以后的话，蒙娜·丽莎该有二十四五岁了。

据瓦萨利的记载，在绘制过程中，达·芬奇为了提高她的情绪，甚至还雇用了一些演奏员和歌手。

蒙娜·丽莎生有一女，但于 1499 年夭折，各种记载和迹象都不能说明她当时怀孕了。看来，名画《蒙娜·丽莎》的模特儿并不是蒙娜·丽莎。

那么，这幅画的模特儿是谁呢？学术界和民间都流传着不少有关蒙娜·丽莎身份问题的说法，有人说画中人是当时佛罗伦萨城内的一个名妓；也有人说画中人是达·芬奇的母亲。

1986 年，美国《艺术与古董》杂志披露了一个让人震惊的说法：《蒙娜·丽莎》是达·芬奇的自画像。理由是人们将达·芬奇的自画像与《蒙娜·丽莎》按一定比例合并相叠，以画中眼睛瞳孔一致为准，结果发现这两幅画的眼睛、发角线轮廓都惊人地吻合。

但美国伊利诺斯大学科学家在对《蒙娜·丽莎》一画分析后认为，《蒙娜·丽莎》既不可能是男儿身，更不可能是达·芬奇的自画像。伊利诺斯大学研究人员利用面部识别软体对蒙娜·丽莎神秘的微笑进行了分析，结果发现蒙娜·丽莎的微笑中包含了喜悦、厌烦、恐惧和愤怒等各种表情。电子与电脑工程学教授托马斯·黄利用他和学生共同开发的面部识别软体分析了《蒙娜·丽莎》一画，以确定主角性别，并在分析后同达·芬奇的自画像进行了比较。

▲举世闻名的名画《蒙娜·丽莎》。

黄利教授表示，结果表明，画像主角为女性的可能性达到 40% 到 60%。即便画像主角是男性，它与达·芬奇本人的画像也不相符。他说："当然，分析结果没有得出最终结论，但起码表明这些推断纯属猜测。"

也有人说蒙娜·丽莎是曼都亚侯妃伊萨贝拉·德斯

娣。持这种观点的人拿罗浮宫博物馆收藏的《伊萨贝拉·德斯娣》和《蒙娜·丽莎》加以比较。虽然一幅是侧脸，一幅大体是正脸，但却极为相似；不仅相似，连大小也一样。两者的头部相同，都是 21 厘米，如果同英国牛津美术馆收藏的《伊萨贝拉·德斯娣》（罗浮宫的摹本）比较，则连手部的位置都一样。

如果说《蒙娜·丽莎》就是伊萨贝拉·德斯娣的画像，那又怎样解释前述的怀孕现象呢？经考证，事实与分析完全吻合。就是说，1500 年前后，达·芬奇访问伊萨贝拉·德斯娣的家乡曼都亚的时候，伊萨贝拉正好怀孕。1500 年 5 月 17 日，她生下了盼望已久的长子费德里柯，曼都亚侯弗朗西斯·贡扎戈有了继承人。

伊萨贝拉很早就想找一个名画家为自己做一幅肖像画，1498 年 4 月 26 日，他在给米兰公爵洛德维珂的爱妾切切齐利亚·戈尔列科妮的信中，提出要达·芬奇为她绘制肖像画的要求，戈尔列科妮欣然同意曼都亚侯妃的要求。

公元 1499 年，达·芬奇路过曼都亚返回佛罗伦萨，这时伊萨贝拉却恰好怀孕了，她对自己正好怀孕而感到不快，但觉得画的是肖像画，这位著名画家的技巧是足以遮掩过去的。

达·芬奇给伊萨贝拉·德斯娣画了两幅肖像画，一幅是现藏罗浮宫博物馆的《伊萨贝拉·德斯娣》，另一幅则是《蒙娜·丽莎》的底稿，并且答应最后画成油画。可是，伊萨贝拉不但没看到这幅油画，而且始终也没有拿到这幅画。公元 1501 年至 1506 年，她通过在佛罗伦萨的代理人，最后还通过达·芬奇的叔父一再提出索画的要求。尽管达·芬奇每次都做了肯定的答复，但却一拖再拖，直至去世始终都没有交出这幅画。

根据上述分析，从瓦萨利以来一直以《蒙娜·丽莎》命名的这幅著名肖像画的模特儿是侯妃伊萨贝拉·德斯娣的可能性越来越大了。

但是有人对《蒙娜·丽莎》模特儿的真实身份提出质

疑，例如，美国艺术作家麦可莫伦认为，这幅画没有署名，没有绘制日期，也没有订购线索的记载以及画款支付记录，因而此画来历显得十分古怪。另外，据史载，画中的丽莎应在 24~27 岁之间，而人们仔细观察这幅画，发觉"候选"的女主角们都应该在 37~43 岁之间。是因为文艺复兴时代的人们比我们现在的人看起来年轻得多？问题很难回答。有些专家推测：蒙娜·丽莎绝不是某个人的写真，而是若干妇女形象的综合。有名妓的影子，也有孕妇的影子存在。

几百年来，《蒙娜·丽莎》受到太多的赞誉，专门研究和品评《蒙娜·丽莎》的文章或专著不断问世，包括各种推断与猜测；就这样，一幅画成了一门学科，许多人愿意耗费毕生的精力。未来的科学研究也许会为我们解答许多关于此画的疑问，然而神秘一旦消失，一切便如同猜破的哑谜般索然乏味了。其实，《蒙娜·丽莎》只是一幅画，一幅美丽的肖像，我们带着虔诚，也带着无需解答的疑问去欣赏她，这也就够了。

参考文献：

【1】（美）丹·布朗：《达文西密码》。

【2】凌麦童：《蒙娜·丽莎微笑的文化解码》。

【3】（意大利）朱塞佩——帕兰蒂：《永恒的微笑》。

【4】（意大利）朱塞佩——帕兰蒂：《蒙娜·丽莎的真实身份》。

莎翁笔下的"巨作"

莎士比亚（1564~1616 年）无疑是世界文学史上一个标志性的符号，他的《威尼斯商人》《罗密欧与朱丽叶》等名剧，在世界各国的戏剧舞台上久享盛名，屡演不衰。莎士比亚作品深刻而生动地反映了 16 世纪至 17 世纪英国的现实，他汲取欧洲各国的新文化新思想，集中地代表了整个欧洲文艺复兴时期的文学成就。莎士比亚的名字早已越出国界，成为世界各国人民所崇敬的文化巨人。专门研究莎士比亚生平及剧作的所谓"莎学"，已成为各国研究世界文化史的一个重要课题。

虽然莎士比亚是众人周知的伟大剧作家，但他的身世却有许多不为世人所知之处，他未曾留下只字片言，有关莎士比亚生平的材料奇缺。莎翁的传记作者们唯一有把握的就是他在埃文河畔的斯特拉特福住过，是一个手套制造商的儿子，跑过龙套，还投资于一家名为"国王的人"的剧团。

▲ 莎士比亚画像。

斯特拉特福镇的文献记载中没有半点儿表明莎士比亚是个作家，更不用说是世界大师了。他手中除了 6 个信手涂鸦似的作品外，既没有作品手稿或信件，也没有任何签名。

在莎士比亚女婿霍尔医生的日记中，也找不到其岳父是著名剧作家的任何说明。不可思议的是当时没有一个人明确地说明那些作品是演员莎士比亚创作的。莎士比亚去世时也没有引起任何人的重视，没有一个人按照当时的习俗为他写一首哀诗。其遗嘱中对他的书籍、手稿或关于文学的任何东西只字未提。至于他是否上过斯特拉特福的文法学校，是否到国外旅行过，或与宫廷中的某人有过联系也无从考证。但从莎翁的戏剧、诗歌中判断，他对意大利和王室那么熟悉；在哲学、文学、历史、法律和医药等方面知识广博。他出身于小市民家庭，何以知道那么多豪华宫廷与贵族的琐事？他文化水平很低，何以剧作中能有那么多细致的生活与心理描述？

唯一把这个来自斯特拉特福的人和剧作家联系在一起的就是"莎士比亚"这个名字。而且即使是这一点也是迷雾重重。在斯特拉特福的各种文献记载中，莎士比亚（Shakespeare）一名有多种拼法，如"Shaxper""Shagsker"或者"Shakapere"。在莎翁出版的各种著作版本或当时的各种文献中，莎士比亚（Shakespeare）总被拼做"Shake-speare"或者"Shake-speare"。这也是问题疑点之一。

即使像拜伦和狄更斯这样的大作家也怀疑莎翁的真实身份，狄更斯曾在文章中表示，一定要揭开"莎士比亚真伪"之谜。

一些反斯特拉特福派的人把目光盯在了弗朗西斯·培根（Francis Bacon）身上。因为斯特拉特福莎士比亚缺少的东西，培根都具备：他是一个哲学家、科学家、律师，一个经常出入伊丽莎白和詹姆斯时代宫廷的政治家。一个名叫迪莉娅·培根（Delia Bacon）的美国人是弗朗西斯·培根的狂热拥护者。她深信培根就是这些作品的真实作者，而能证明这一点的材料就埋在斯特拉特福莎士比亚的墓下面。1856年9月她手持铁锹来到斯特拉特福，准备开挖证据，但到了最后一刻她却弃之而去。不过，她仍四处宣传她的信念。

后来，培根的崇拜者放弃寻找深埋地下的手稿，转而把精力放在现有的作品上。这是一项极为仔细的搜索工作。这些崇拜者集中精力寻找那些据称可以证明培根即为莎士比亚的各种密码、秘密文件或有特殊隐义的图形——他们相信这些东西都隐含在字里行间。其中最主要的解密大师要数伊格内修斯·唐纳利。他是一位来自明尼苏达州的议员，从事各种稀奇古怪的研究，其中就包括对培根的这项研究。

1888 年，唐纳利就这一问题出了一本书，但书中大部分内容错综复杂，晦涩难懂。例如，他分析了文中的许多字，像 Francis（弗朗西斯）、William（威廉）、Shake（挥动）和 Spear（戈）等，把它们所出现的页数、行数，做各种加、减、乘、除运算。但其中也有个别发现简明易懂，切中主题。例如，他在对"第一开本"——1623 年莎士比亚戏剧全集研究时发现，bacon 一词在第 53 页的历史剧和同一页的喜剧中都出现过。唐纳利认为，这绝非是巧合，而是作者在此揭示其真实身份。

而后又出现了一位似乎很有说服力的候选人——牛津伯爵爱德华·德韦尔。1902 年，英国的托马斯·卢尼提出了斯特拉特福莎士比亚是德韦尔这一观点，这似乎更令人信服一些。德韦尔是牛津伯爵，也是伊丽莎白女王的表哥，受财政大臣威廉·伯利的监护，后来成为了他的女婿。这些关系使他成了宫廷的常客，对宫廷生活甚是熟悉。并且他还是公认的诗人和剧作家。1598 年，当时的一位评论家——弗朗西斯·密尔斯，称德韦尔是"我们当中最出色的喜剧家"。

与培根相比，德韦尔有更好的理由隐瞒自己的真实身份。因为在他出入的社交圈中，剧场被认为是不体面的去处。并且，伊丽莎白时期的宫廷中有许多人不喜欢他们或者他们的祖先在舞台上被描绘成那个样子。所以卢尼认为德韦尔用了笔名。但德韦尔还是禁不住想留下一些关于其真实身份的暗示，所以他从他的一枚画有一头狮子的徽章中取了他的名字——Shakespeare（挥戈）。

德韦尔伯爵是一个贵族，所以有关他的生平记载比莎士比亚的仔细得多。其中卢尼发现了许多记载可以将德韦尔和被认为是他写的各种著作联系起来。例如，众所周知，德韦尔 1575 年去过意大利，并在帕多瓦、热那亚、威尼斯和佛罗伦萨逗留过。这一事实就可以解释莎翁戏剧中关于这些方面的具体内容。

卢尼相信，可以在莎士比亚——或者说德韦尔的最著名的喜剧《哈姆雷特》中找到最令人信服的证据。和哈姆雷特的父亲一样，德韦尔的父亲也是英年早逝；母亲也是在父亲死后闪电般地结了婚；他本人刺伤过威廉·伯利（英国财政大臣，德韦尔的岳父）的一个仆人，而哈姆雷特以同样的方式杀死了波洛涅斯；同时，德韦尔也和哈姆雷特一样曾被海盗俘获过，后来海盗又饶其一命。通过卢尼这一分析，我们发现莎士比亚的这一剧本简直就是德韦尔的自传。

到了 20 世纪中叶，牛津派已经彻底击溃了培根派，在反斯特拉特福派中占了首要地位。其实，牛津派试图从德韦尔的生活和莎翁的著作中找到相似之处的努力和培根派所做的解密工作一样有过分之嫌。并且，他们所做的这些工作也完全是挑选性的，很不全面的，正如许多传统学者指出的，牛津派完全忽视了这样一个事实，莎士比亚将他的儿子取名为哈姆尼特，而不是德韦尔。

牛津派认为牛津伯爵就是莎士比亚的理论，面临的另一个主要问题是莎士比亚戏剧的年代问题。大多数学者认为，"国王的人"这一剧团直到 1614 年还在上演莎翁的新剧，但德韦尔在 1604 年就去世了。而此时，莎翁的 38 个剧本中只有 23 个出版过，或在出版物中提及过，其余 15部——包括《李尔王》《麦克白》《安东尼和克里奥帕特拉》《冬天的故事》和《暴风雨》（这都是这位剧作家的最出色的几部作品）——直到德韦尔死后才搬上舞台。

一些牛津派对这一观点的看法是：德韦尔在死前已经开始了这些剧本的创作，死后这些剧本又由别人完成。更有甚者，提出这些剧本的创作年代都是错误的，应该说大部分剧本在 1604 年之前就完成了。

关于莎士比亚的剧作，众说纷纭。马克·吐温在 1909

▲《戏剧历史和悲剧》书影。

年曾写道，就像陈列在国家自然历史博物馆里的雷龙，
"我们有九块龙骨，然后我们用熟石膏复制了其他的部
分"。历史中将太多的"熟石膏"贴上了"莎士比亚"的
标签，其中"伪作"确实存在。上述种种有关"候选人"
也仅仅是未加确认的推测而已，但是，有一点是可以肯
定的，我们不能势利地认为那些受过教育的贵族就是天
才，也不能因为莎士比亚是一个小镇手套制造商的儿子
而否认他的成就。

◄莎士比亚长眠的
三一教堂。

参考文献：

【1】（美）迪莉娅·培根：《莎士比亚戏剧中的哲学》。

【2】（美）马克·吐温：《莎士比亚已经死了吗》。

【3】（美）埃德温·德宁·劳伦斯：《培根就是莎士比亚》。

【4】（美）S. 舍恩鲍姆：《莎士比亚的生平》。

【5】（英）约翰·米歇尔：《谁写了莎士比亚的作品》。

牛顿精神失常的"真凶"

　　牛顿（1642~1727 年）是英国近代著名物理学家、天文学家、现代力学奠基人。一提起他，人们很自然地会想起苹果落地的故事：1665 年，牛顿在家乡林肯郡的一个乡村疗养。有一天，他坐在一棵苹果树下读书，突然一颗熟透了的苹果从树上掉了下来，引起了牛顿新的思考：苹果为什么会垂直落到地上？这个问题最终促成了一个伟大的原理——万有引力定律的产生。可以说牛顿的一生是充满智慧和创造的一生，然而就是这样一位充满智慧的伟人，却在 50 到 51 岁时突然精神失常。其中的原因此后众多的科学家都试图找出一种合理的解释，有人提出是汞中毒的结果。

　　有两位专门研究牛顿生平的学者，对牛顿遗留下来的 4 绺头发用现代中子活化、中子衍射等先进技术进行综合分析，结果发现牛顿头发中所含的有毒微量元素的浓度是正常人的好几倍，尤其是汞的含量更是高得可怕。许多学者由此断定：牛顿长期待在实验室里，经常接触有毒的金属蒸汽，特别是汞，从而导致中毒精神失常。

▲牛顿像。

　　在 1978 年的一次学术国际讨论会上，有些学者坚持利用现代的科技手段来对牛顿头发中所含微量元素进行定量的分析，从中找出病因，并在国际上引起广泛的关注，形成了一股国际性的牛顿头发研究热。但这种说法也遭到很多人的置疑，因为牛顿一生中，只有在 50 到 51 岁期间精神失常过，其余时间都处于正常状态，而且我们也无法

断定这 4 绺头发就是他患病期间的，因此就头发来推断他精神失常的原因太没有说服力了。

其次，人头发的微量元素受外界影响很大，这 4 绺头发历经两百五十多年，很难保证没有受到外界因素的干扰。现在医学上判定汞中毒的临床表现，如手指颤抖、牙齿脱落、四肢无力等症状，牛顿都不曾有过，所以汞中毒的说法很难令人信服。

以美国科学家狄士本为代表的一部分学者对上述推测持怀疑甚至否定的态度。他们认为这种推测是不可靠的、不可信的。这是由于：首先，今天人们已根本无法证明这 4 绺头发是牛顿精神失常时期还是其他时期的头发，而不同时期的头发，所含微量金属元素的种类和数量是各不相同的。

据学者们调查表明，一个人如果每年接触汞达两千多小时的话，就可能会出现汞中毒的症状，诸如手指颤抖、牙齿脱落、四肢无力等。但据一些学者们统计，牛顿每年接触汞的时间不会超过 100 个小时，尚构不成汞中毒的这一时间条件，而且也未在他身上发现汞中毒的症状，即使在他发病期间，也未出现牙齿脱落、手指颤抖等证明汞中毒的任何迹象。

根据这些方面的考察与分析，他们认为，牛顿精神失常的病因是心理方面的而不是生理方面的，他的病症是现今所谓的临床抑郁症，而不是由于汞等重金属中毒所引发的。

有学者认为牛顿是由于劳累和用脑过度而导致精神失常。关于牛顿专心工作的故事，就连小学生也可以随口说出几件来：牛顿请朋友吃饭，他却忘了时间，一直在实验室工作，饿极了的朋友只好先吃了一只鸡，骨头堆放在盘子里。过了好久，牛顿才出来，看到盘中的鸡骨头，"恍然大悟"地说："原来我已经吃过饭了。"就又回到实验室工作去了。

1687 年 7 月，《自然哲学的数学原理》这部划时代的作品终于问世了,《原理》以牛顿三大运动定律和万有引力定律为基础，建立了完美的力学理论体系。在进行这项伟大的工作时，牛顿专心研究，夜以继日，"很少在夜间两三点钟以前睡觉，有时一直要工作到清晨五六点钟……特别是春天或落叶时节，他常常 6 个星期不离开实验室，不分昼夜，炉火总是不熄……"《原理》问世后，接着研究光学。1704 年，他的《光学》一书问世；同时他又从机械力学体系提出经典宇宙学说……革命导师恩格斯在《英国状况》一文中指出："牛顿由于发现了万有引力定律而创立了科学的天文学，由于进行了光学的分解而创立了科学的光学，由于创立了二项式定理和无限理论而创立了科学的数学，由于认识了力的本性而创立了科学的力学。"

▲牛顿是第一个正确说明彩虹原理的人。

　　但由于这样连续不断地极度紧张工作，长期用脑过度，使得他未老先衰——不到 30 岁，他的须眉毛发就全部白了。头发的这种异常变化为某种疾病的先兆，诸如植物神经功能紊乱等一些慢性病就是常以头发变白为先兆。因此，有些学者据此推测，牛顿之所以会在 50~51 岁时突患精神失常疾病，并非偶然，而是他长期极端紧张工作、长期用脑过度而造成植物神经功能紊乱的结果。

　　还有学者认为牛顿精神失常是受外界环境的强烈刺激所致。牛顿 18 岁便进入康桥大学学习，很快就在科学界崭露头角，凭自己的才华得到了很多前辈的赏识，在科学的道路上可谓一帆风顺。但 1677 年，他的恩师巴罗和一向爱护他的皇家学会干事巴格相继去世，这给他带来了极大的悲伤，曾使他的研究工作一度停止。在 1689 年时，他又被选为英国国会议员，来到灯红酒绿的伦敦后，他已不可能像从前那样再待在安静的实验室里，各种上流社会的交际应酬使得他的经济捉襟见肘，而且多方努力都无法摆脱困境，最后，他闷闷不乐地回到了康桥大学。

　　在 1691~1692 年间，又有两件重大的事情，对他的精

▲ 牛顿在25岁时发现了太阳光是由各种颜色的光混合而成的。

神产生了极为不利的影响。一是他母亲的去世，在此后相当长的一段时间内，他都一直精神不振。二是他著作的手稿被烧毁。在他办完母亲的丧事回到康桥大学后不久的一天早晨，当他从教堂做完祈祷回来时，竟发现燃尽的蜡烛已将他书桌上摆放的有关光学和化学的手稿及其他一些论文都化为灰烬了。《光学》是他一生中仅次于《自然哲学的数学原理》的最重要的一部著作，《化学》也是他花费近 20 年时间辛勤研究的结晶，堪称一部科学巨著。对此，牛顿懊悔不已，几乎一个月昼夜不宁。他不得不重新整理《光学》手稿，至于《化学》他却再没有精力去做了。

而一些英国科学家近年表示，他们认为牛顿这位著名的科学界泰斗可能患有一种名为阿斯佩吉综合征的孤独症。这种疾病最早是由维也纳内科医生汉斯—阿斯佩吉于 1944 年发现的，这种疾病可能导致患者在社会交往和沟通方面能力缺乏，但并不影响其学习能力或智力。事实上，不少患有这种孤独症的人均拥有超人的天赋和能力。

虽然现在对牛顿的病情进行诊断已经不可能，但英国康桥大学和牛津大学的几位科学家对牛顿的性格进行了分析，以了解他是否具有上述孤独症的症状。

科学家在《新科学家杂志》上撰文称："牛顿看起来是一个典型的患者病例，他很少说话，如此专注于他的工作以至于经常忘记吃饭，与仅有的几个朋友之间的关系也是不温不火甚至有时乱发脾气。"

科学家巴龙·科恩表示："即便是患有孤独症的人也会有感情、会与他人坠入爱河或是具有正义感。大多数患有阿斯佩吉综合征的病人最明显的症状就是无法与他人进行随意的聊天，牛顿这种能力很缺乏。"

但是，美国加州大学的精神病学家吉伦·埃利亚特则表示，大多数天才都在社交方面显得有些笨拙，而且在与他人交往时表现得不耐烦，但这并不一定说明他们患有孤独症。埃利亚特说："这样的天才可能无法容忍其他人大脑反应速度太慢，或是他们自恋情节以及他们的人生使命感很重，这些因素都使得他们更加孤僻和难以与他人打交道。"

▼晚年的牛顿。

参考文献：

【1】《新科学杂志》。

【2】团结出版社：《世界名人传记丛书——牛顿》。

被曲解的尼采

提起弗里德里希·威廉·尼采（1844 年 10 月 15 日至 1900 年 8 月 25 日）的大名，在西方哲学史上可谓无人不晓，作为德国唯意志论哲学的代表人物，几十年来，这位哲学大师的头上一直顶着一个更大的头衔——"法西斯的精神教父"，他的权力学说、超人哲学直接促成了希特勒的种族优劣思想，并随着法西斯的铁蹄在全世界肆虐，造成了无数"劣等民族"的悲惨境遇。

然而，事实上，绝大多数的人并不理解尼采，不理解尼采的语言，认为法西斯主义源于尼采只是世人对于尼采和尼采哲学以偏概全的错误解读，是十分荒谬的。

尼采的骂名源于二战之后的思想大剖析运动。在对法西斯国家实施严厉制裁的同时，饱受战乱之苦的学者们也试图寻找、剖析和挖掘德国军国主义和法西斯主义产生的理论依据和思想基础，以期从根源上铲断法西斯主义。于是，尼采成了首当其冲的目标。他们认为，尼采的核心思

▶希特勒在魏玛不仅瞻仰那里的尼采纪念馆，还接见效忠于他的冲锋队员们。

想"权力意志"和"超人哲学"正好反映了德国 20 世纪初期正在形成中的德国垄断资产阶级的愿望和要求,特别是向外扩张的欲望,希特勒也正是被这种唯意志论、非理性主义和主观主义所驱使,发动了第二次世界大战,以实现"超人"统治世界的野心。这样,尼采就当之无愧地成了"法西斯之父"。许多学者还撰写了著作从历史渊源上专门探讨尼采思想与法西斯主义的相似之处,从而断定二者之间的传承关系。

同时,许多历史资料的记载表明,希特勒确实对尼采"厚爱有加":希特勒去过魏玛的尼采纪念馆瞻仰,和尼采塑像合照;曾经拜谒过尼采的墓地;尼采全集常常被希特勒当成礼物送给盟友,1943 年墨索里尼 60 岁生日时就收到了这样的礼物。不仅仅是尼采本人,希特勒对尼采的家人也是"关怀备至":1934 年,希特勒一行人浩浩荡荡地来到魏玛,在那里会见了尼采的妹妹伊丽莎白·费尔斯特·尼采,并参观了尼采档案馆,一年后,这位伟大哲学家的妹妹去世,希特勒为她举行了国葬。

于是,尼采的法西斯身份愈演愈烈,甚至在纽伦堡审判中,法国国家公诉人梅农竟称他为民族社会主义的"鼻祖"。而在苏联 20 世纪 50 年代版的大词典里,尼采的词条竟是这么解释的:"极端反动的法西斯主义哲学家,法西斯理论的直接创造者。"

但是,客观地说,这些评价和剖析带有过于浓厚的政治色彩和个人感情成分,可以说,正是这些浓郁的粉饰掩盖了尼采的真实面目,扭曲了他真正的思想。尼采的语言很独特,但是正是这种独特的语言,使得能够理解他的人少之又少。他的哲学使用的完全是文学的语言,非常喜欢比喻,而且是隐喻。喜欢使用军事术语,比如说"我是炸药"。让人很容易将其与军国主义联系起来,而且很容易被断章取义。

尼采的哲学思想很前卫,如他自己所说,"我的书都是写给两百年后的人看的"。就像相对论提出时全世界能够真正明了的人不超过三个，直到他逝世一百多年后的今天，真正读得懂尼采的人也并不多。而这片面理解的结果就是曲解了尼采很多正确的主张和论断，给他扣上了"法西斯"的帽子。

如尼采哲学中被提到最多的"权力意志"，很多人就把它当做尼采主张国家推行独裁，强调国家权力，服从意志的来源。其实尼采所谓的权力意志是一个存在论概念，是一种"看待和描述宇宙的一般方式，看待世界的方式，而非某种本质现象，这个世界就是权力意志的世界。权力意志是解释宇宙万物的总法则和逻辑要求"。

同时，这里所说的权力并非政治权力，更不是独裁专政。海德格尔讲："尼采的权力意志就是命令，命令是主人。"但这与希特勒所追求并构建的绝对服从的帝国梦想是有本质区别的，因为尼采所说的命令首先是"自己的命令"，命令是发给自己的，自己服从自己又自己克服自己，而不是外力强加的服从。尼采讲：权力就是要做主人的意志，做主人就是权力。只有主人才能给自己制定价值。这里所说的"主人"不是纳粹，不是希特勒，而是"人"自己。

同样在"超人哲学"中，也存在类似的误解。尼采笔下的"超人"也不是无所不能的 Superman，而应当是 Overman。这里不是从进化论上理解的超人，而是从人的发展目标上说。一方面，尼采提出了这个时代的危机；另一方面，他提出了拯救的方向，这个方向就是超人。这与希特勒在《我的奋斗》中所指的超人以及希望建立的"超人统治"是有本质区别的。

尼采和种族主义者也扯不上任何联系，确切地说尼采是个世界主义者，他从来没有日耳曼高于一切的思想，对于"美好的文化"——如法国文化，他总是不吝言辞的赞美，推崇备至。在 1870 年普法战争后，德国国内盛行着普遍的日耳曼民族主义，认为日耳曼高于一切，德国文化比法国和英国都高级。尼采对德国人的无聊进行了严厉的批评，他曾在书中写道，德国文化蔓延到哪里，就把破坏带到哪里。而沙文主义、把人分等级则是尼采最讨厌的东西。同时，尼采也根本不反犹，他就说过海涅是最伟大的抒情诗人，犹太人总是有缺点的，有缺点尼采就可以批评，这与纳粹式的反犹是有着本质上的区别的。

由此我们可以看出，无论是对于尼采的理论学说，还是他的理念追求，我们都存有了太多的误解。而史学家经过考证，更证实了法西斯主义源于尼采是无稽之谈。

首先，被希特勒所利用的《权力意志》一书中的思想，其实并非尼采本意，而是其妹妹篡改的结果。德国学者卡尔施莱希塔早在 1958 年出版的《尼采事件》一书便揭露出这一篡改事件。尼采的妹妹伊丽莎白·费尔斯特·尼采，和他的妹夫都是极端的反犹太主义者和种族主义者。尼采的后半生几乎完全靠这个妹妹照顾，此人对其哥哥的价值有着深刻的了解，她一直在试图把尼采打扮成一个沙文主义、好战的日耳曼主义者。尼采生前可以制止她，但死后就无能为力了。尼采的总结性著作《权力意志》遗稿全部落在他妹妹手中，作为尼采死后的著作权人，他妹妹在 20 世纪 30 年代以尼采未发表的文章的名义编纂出版了一些作品集，其中就包括这本《权力意志》。在这些伪造的作品中，伊丽莎白和她丈夫加入了许多鼓吹种族主义的言论。很多人就是依据这样的著作给尼采定性，认定他是法西斯分子。甚至罗素都这样说："他仇恨人类，所以我不喜欢他。"其实罗素所看的就是经篡改后的《权力意志》。

其次，除了这本被篡改的《权力意志》外，没有任何证据表明希特勒的法西斯思想源于尼采。希特勒很可能读过尼采的《查拉图斯特拉如是说》，因为第一次世界大战中德国专门为其军队印过 15 万册，而这位未来的元首当时在西线当过兵。但是，这位纳粹首领能完全理解并领会尼采思想的可能性几乎为零。传闻希特勒由尼采思想启发、在监狱中所写的、为日后夺权大造舆论声势的纲领性宣言《我的奋斗》，所谓的尼采思想也只是引用了"超人"两个字，而且与尼采所说的"超人哲学"有着天壤之别。

▼希特勒因啤酒馆暴动而入狱并写下了《我的奋斗》。图为希特勒离开兰德斯堡监狱时的照片。

另外，许多声明法西斯思想源自尼采

的著作，都被证实是编造的谎言或者断章取义。其中，影响最恶劣、最大的骗局是 1940 年在中立的瑞士出版的劳施宁（1887~1982 年）编著的《与希特勒的谈话》一书。劳施宁是恶名昭著的前纳粹分子，他冒充"纳粹最高层"人物之一顺利地推销出自己的回忆录。在他这本书中，他说希特勒总是引用尼采的话，而实际上劳施宁在 1935 年便流亡瑞士，根本没有与希特勒交谈过，如此写只是为了推销他的回忆录。还有一些例子可以证明尼采的思想经常被断章取义地引用。例如，"第三帝国"的御用历史学家魏尔茨巴赫一口咬定，尼采著作中提到的那个哲学家和统帅的形象就是希特勒，却闭口不谈尼采所指定的特定范畴。

　　通过对尼采思想、语言的剖析，我们认识了一个真实的尼采——一位桀骜不驯而又才华横溢的学者；通过对真相的披露，我们认识到"法西斯教父"只是人们对尼采以及尼采哲学的误解。他对哲学史的贡献应当被正确定位，他伟大的思想应当在更高的层面上得到关注。

参考文献：

【1】（德）卡尔施莱希塔：《尼采事件》。

【2】桑得福斯：《尼采与希特勒》。

【3】卢卡其：《法西斯主义和尼采》。

凡·高之死不是精神病所致

  凡·高（1853~1890 年），这位荷兰后期印象派大画家，是一个以其独树一帜的画风、荒诞不经的行为、令人悚然而惊的举止和对艺术的热烈追求而闻名遐迩的传奇式人物。塞尚曾称他为"狂人"。

  意大利艺术评论家小文杜里认为："凡·高对后来的野兽派和表现派都有极大影响，他的艺术成就比马奈和塞尚对后继者有更大的作用。"作为西方现代绘画艺术的杰出代表，"凡·高"这个名字早已蜚声全球，成为世界最著名的大画家之一，声誉至今不衰。

  可以说，他是现代艺术之父，几乎还没有哪个画家能像他那样为后世所家喻户晓。而他那些曾引起他同时代大多数人迷惘的作品，如今却已印在明信片上，印在挂历上，成了畅销货。企业家们则一窝蜂似的将凡·高的名字带进了生意的领域，如凡·高领带、凡·高圆珠笔、凡·高香皂，甚至凡·高电影和凡·高歌剧也出现在节目单上。其

▲凡·高的代表作《向日葵》。

作品更是国际油画拍卖市场上的遥遥领先者。据统计，在近几年世界各地举行的名画拍卖交易中，售价在 1000 万美元以上者共 11 幅，而其中凡·高的作品就占了 4 幅。其中《鸢尾花》和《向日葵》分别以 5330 万美元和 3985 万美元高居榜首。

  然而，这么一位欧洲最杰出的艺术家、画坛巨匠，生前却默默无闻、一生坎坷，以至于要在 37 岁艺术上达至

辉煌的顶峰时，用手枪自尽而去。人们在称颂凡·高的伟大、叹赏其作品的杰出时，不禁对他那悲惨的命运也倍加关心起来。近几年来，国际上不约而同地掀起了对凡·高死因问题的讨论。那么，究竟是什么原因驱使他自杀呢？这种关于自杀动机的问题一直在等待着一种有说服力的答案。可事实上，国际医学界、化学界乃至艺术界对此却众说纷纭，成了一个引人注目的历史之谜。

绝大多数有关凡·高的著述均谓画家"死于精神病"。一个有力的证据是：凡·高的弟媳于1914年出版了画家写给其弟泰奥的部分信件，并在序言中称，这位被20世纪"野兽派"和"表现派"画家奉为导师的艺术家，是受到弟弟无微不至关怀、不幸病魔缠身的艺术殉道者。这个说法为凡·高的生命故事定下了基调，且影响甚广。长期在恶劣条件下无休止地作画，严重损害了凡·高的健康，再加上常常受到幻觉和"噩梦"的袭击，萦绕心头的忧愁和郁闷使他患了精神病。慕尼黑艺术史学家阿诺尔德认为，凡·高的病根是严重的意志消沉伴随歇斯底里的神经总崩溃。美国当代艺术史家阿纳森在《西方艺术现代史》中说："仿佛凡·高完全清醒的时候，就能记录下他精神病发作时的样子。"凡·高专门研究者纳格拉则试图用精神分析来予以解释，认为这种病既与气质性病痛无关，也与功能性病痛无关，如果说可能是癫痫型的大脑功能受到破坏的话，还不如说更多的是心灵上的原因。

中国学者在论述这一问题时，说得更为明确。如岑方在《在名人面前》一书中说：名人的自杀，"一种是因为不能忍受病魔的折磨而以自杀来自我解脱，如海明威；一种是因为患了精神病，在精神失常的情况下毁灭了自己，如莫泊桑、凡·高、舒曼"；靳文翰等主编的《世界历史词典》认为"其艺术道路曲折，终因精神病自杀"；权威的《辞海》也说"后因精神病自杀"等。

然而，西德新闻周刊《明镜》却提出了两点异议：

第一，凡·高在自杀前数月画了最后一张《自画像》，逼真地表现出了疯人呆滞凝视、令人毛骨悚然的眼神。他通过不同层次的蓝色，运用节奏颤动的线条，映衬出雕塑般的头颅和具有结实造型感的躯干。一个精神失常、行为失控的人是不能画出如此有分寸、技法如此娴熟的画来的。画家自杀前有五个多月不曾犯过病，神志清醒，思路清晰，这曾使他对自己的健康状况甚为了解，并充满了信心。

第二，晚年曾为凡·高治病的加歇医生之子小加歇认为：从凡·高身上的枪伤看，一个真心想自杀的人是不会这样开枪的。另一位 1890 年在拉沃克思旅店住过的荷兰画家希尔施西说，凡·高伤重回旅馆后，由于受不了剧痛，疼得直喊："外面的人谁给我把肚子剖开好吗？" 一个精神病患者的头脑不可能如此清醒地希望有人前来营救。

有学者指出：经济上的贫困才是驱使凡·高走向死亡的根本原因。

凡·高一生穷困潦倒，在最后的 10 年里，他只能依靠弟弟泰奥维持生计。清苦的生活使他只能先把一点钱用于绘画，曾经 4 天之内仅靠喝点咖啡度日，以致体力不支，牙齿断裂。令人心酸的是，凡·高请不起模特儿，便买了一面镜子，自己充任模特儿。更遗憾的是，凡·高生前有这么多杰作，却一直无人问津。画家伤心地写道："我们生活在我们所做的事没有成功希望的时代，画卖不掉，即使你所要的只是一个极小的数目，你仍然什么也得不到。这就是我们成为每一个意外事件的牺牲者的原因，我担心在我们活着的时候，这种情况几乎不会改变。"

此话不幸竟被言中。有一件事对凡·高的自杀产生了直接的影响，即画家死前数月，泰奥来信告诉哥哥，比利时女画家安娜买去了凡·高的《红色的葡萄园》，因画家默默无闻，所以售价不高。凡·高一生创作了近 1700 件作品，其中 900 幅素描，近 800 幅的油画，可活着时就卖掉这一幅画。凡·高忍受不了这样意外的消息，随即旧病复发。还有一个有力的证据是：凡·高在生命最后几天神

▲ 凡·高的作品
《凡·高的卧室》。

志清楚时，曾不断表示，不能一直成为弟弟的负担。当泰奥来看临死时的哥哥时，凡·高抱着泰奥说道："别哭，我只是为了大家好。"画家终于感到如释重负了。

此外，在我们探讨凡·高的死因时，不能不提他的恋爱和爱情。凡·高在女人身上并没有得到幸福，他一生都在没有回报的爱情和青楼之间痛苦徘徊。爱情上屡遭挫折，使他终生未娶。凡·高外表丑陋，大脑袋上满头红色短发，大鼻子，高颧骨，紧蹙的浓眉下一双深陷的绿色小眼睛，紧抿的嘴唇显示出一副凶狠的模样；额头上布满了皱纹，走路时佝偻着背，活像一个小老头。客观上，这么一副模样自然难以讨得女人的欢心。

凡·高 16 岁时在海牙的古比尔美术商行当小职员，因诚实可靠被晋升后派往伦敦分行。在伦敦，凡·高对房东太太的女儿厄休拉一见钟情，可姑娘却用冷言冷语和讪笑回答他的追求，款款深情的凡·高初恋破灭，精神非常痛苦。以后凡·高又爱上一位较其年长且有孩子的寡妇，可寡妇之父坚决不准其女与他接近。后来凡·高邂逅一怀孕后遭遗弃的妓女。而泰奥给他写信说："如果娶此妓女为妻，我将不再与你亲近。"凡·高心灵深处被打上深深的受辱烙印。凡·高迁居奥维尔后，结识加歇大夫之女玛格丽特，并爱上了她。至于两人是否相互倾慕，众说纷纭，莫衷一是。凡·高的求爱同样遭到了加歇医生的强烈反对。

据玛格丽特的女友利伯杰太太说，玛格丽特是很爱画家的。1927 年，德国著名画家戈奇曾寻访过医生的儿子小加歇，并于 1954 年在一文化年鉴里发表了他们的对话。小加歇说的"内幕"与利伯杰太太所述大相径庭："凡·高就是因为失恋才开枪自杀的。姐姐曾公开承认，害怕这个只有一只耳朵的画家。凡·高第二次为姐姐画像时，他向她求过爱，这件事引起我父亲与凡·高的争辩，结果俩人反目。"

因此，一连串的爱情挫折，终使画家深感抑郁、消沉而不能自拔。

中国学者温波等人则认为导致凡·高自杀的最根本原因是社会原因。凡·高出身于穷苦的牧人家庭，一生颠沛流离，饱尝世道的艰辛。他虽然自幼酷爱绘画艺术，并颇富天分，一生创作了大量作品，但他的作品和成就不被世人所理解和接受，以致连自己的生活也只能靠弟弟的帮助来维持。冷酷无情的现实使这个异常多情而敏感的人内心时时充满了矛盾、愤怒和压抑。是那个不公正、不文明的社会强加给凡·高的悲剧性命运，是那种可使人破产、犯罪和发疯的环境导致了画家令人痛心的结局。

可见，探讨和研究凡·高的死因现已成了一个国际性问题，参加人数和看法之多，在名人死因研究中极为少见。关于凡·高之死，由于流传着许多无法稽考的轶事，加上研究者往往抓其一点而不及其余，故使问题愈加复杂化了。凡·高之死是他一生各种矛盾无法解脱的必然结果，诚如他死前所说："悲哀永在我心头。"

参考文献：

【1】岑方：《在名人面前》。

【2】靳文翰主编：《世界历史词典》。

【3】（美）卡罗尔·梅泽尔：《凡·高的历程》。

"指挥家" 曾是纳粹分子

1938 年到 1939 年期间，意大利指挥家维克多·德·萨巴塔看了卡拉扬指挥后，说："我发现了一个具有震撼力的指挥，他的音乐思想必将影响到后半个世纪。"果然，萨巴塔的话后来得到了验证。

赫伯特·冯·卡拉扬（1908~1989 年）出生在奥地利的萨尔茨堡。他幼时天赋极高，5 岁时便公开演奏，俨然是一位钢琴家。他的父亲是医生兼业余音乐家，如同莫扎特父亲一样，渴望儿子早日成名，极力鼓励儿子从事音乐。这位传奇式的卡拉扬一生历经两次世界大战，如果再多活 10 年，他人生历程便经过整个 20 世纪了。

卡拉扬的指挥生涯正式开始于拿破仑曾涉足过的小城——乌尔姆，那年他才 20 岁。5 年后，当他被解职时，他漫步这个小城街头，突然"发现自己眼前没有任何合同，也没有地方过夜，饿着肚子，剩下的只有在乌尔姆市演出时的美好回忆"。但回忆不能填饱肚子，他走遍全国谋生，但连试用的机会也没有了。

到 1988 年 4 月 5 日，当他在全世界文艺界的祝寿中度过 80 岁的生日时，他已被全世界舆论界赞誉为"20 世纪的奇迹""艺术界的巨头"，以及"指挥界的帝王"。

这位驰骋乐坛 60 年的著名指挥家，其富于传奇色彩的二战时期的生活一直是一个有争议的话题。第二次世界大战结束后，著名的萨尔茨堡音乐节的组织官员们呼吁最伟大的指挥家之一托斯卡尼尼参加这一重大节日，但托斯卡尼尼的回答是："我不去，我决不与为希特勒服务过的卡拉扬之流混在一起！"

认为卡拉扬是纳粹战犯的证据比较充分。他自1933年到1942年期间一直是一名纳粹党徒。在他的音乐生涯中，声誉的日益隆盛同德意志民族社会主义势力的兴盛紧密地相伴随。当一些犹太籍指挥家如孚尔特温格勒、瓦尔特、克赖伯、布许、缅恩等被迫辞职或离开德国时，卡拉扬却加入纳粹组织，这是他26岁时想取得亚琛的艺术指导职位而走的第一步。

他曾在1967年的《纽约时报》上刊文承认这点，并表示愿为取得这一重要职位而"担当任何罪责"。同时卡拉扬为了往上爬，为超越孚尔特温格勒这位当时象征德意志文化传统的人物的声望，利用一切纳粹政权给予他的机会。1939年11月他接受了柏林歌剧院艺术指导的位子；1941年他放弃亚琛的工作，全力经营他在柏林的事业。卡拉扬的事业在第三帝国期间得到顺利的发展无疑说明了他是纳粹政权下的一个不光彩的人物——这是从政治上而言的，因为文化生活受政治的牢牢控制的现实在任何时代都存在着。基于卡拉扬为希特勒政府服务的事实，他完全是一个纳粹战犯，因而战后由于他有加入纳粹党的污点而成了首批被带到临时法庭准备接受审判的犯人。

柏林档案中心的档案中有一些纳粹党部及分部的往来信函，讨论的都是一个专门话题：卡拉扬的入党时间。要确定这些信函往来始于何人、是谁最先提出要求或者说提出询问从而使官僚机器忙乎起来是不可能的，但从存留的几封信就可以看出，其内容是相连贯的，也可以看出卡拉扬的纳粹身份：

"1939年1月5日，纳粹党总部致函奥地利纳粹党财政部，内容是关于卡拉扬的党员资格问题。信中称卡拉扬明显地两次入党：1933年4月8日在萨尔茨堡（编号1-607525），再次登记（未有住址变更的报告）时间为1933年5月1日，在乌尔姆。信中询问4月8日的'临时'党员资格是否算数。"

"1939年2月4日，纳粹在奥地利（维也纳）的党代表致信慕尼黑纳粹党财政负责人，称卡拉扬1933年4月8日的入党申请有效与否应由萨尔茨堡党部认定。"1939年2月4日，纳粹维也纳代表致信萨尔茨堡纳粹党部财政负责人，要求对上述问题做出认定。"1939年5月15日，萨尔茨堡'新城市'小组致萨尔茨堡纳粹党财政负责人。小组负责人称他曾找党员赫伯特·克莱因谈过，卡拉扬入党是克莱因签署的，还收了5个先令的手续费。

克莱因说，他给卡拉扬开具了一张收据，并将材料存入了萨尔茨堡的纳粹党党员招收工作办公室。纳粹党被禁后，卡拉扬去了德国。克莱因说，从那以后他再未听到过卡拉扬的消息，并说他相信卡拉扬从未在奥地利交过党费。克莱因愿意作为证人澄清事实（此件抄送慕尼黑）。"

1939 年 7 月 7 日，慕尼黑党总部发函给科隆——亚琛的纳粹财务负责人，宣告由于卡拉扬未寄交党费，其 1933 年 4 月 8 日登记的党员资格无效，宣告 1933 年 5 月 1 日的登记有效。转去卡拉扬的党员证请交其本人。

"1942 年 12 月 12 日，帝国高层领导人施奈德致函柏林帝国总理府，确定卡拉扬入党的正式日期为 1933 年 5 月 1 日，其党员登记号为 3-430914，其党证已于 1939 年 7 月 13 日办妥。"

就这样，一方面是有文件为证：是从纳粹仓皇溃逃时遗留下来的堆积如山的、错综复杂又残缺不全的文件资料中筛选出来并经过核实的。另一方面则是卡拉扬的断然否认。既然卡拉扬从来不隐瞒自己曾加入纳粹这一事实，那么为何在入党日期这个看起来就像没有了枪栓的枪一样无甚意义的小事上坚持自己的说法呢？我们只能这样推测：这涉及一个入党动机的问题。卡拉扬坚持说他是 1935 年入党的，那样就可证明他入党是为了保住职位，这条理由是较易为人们所理解并接受的。

但也有许多人持相反的观点，认为卡拉扬不能算战犯。因为他所处的环境是客观的，当时一切文化生活处于纳粹强权统治之下，一切活动都带有被迫的性质。当时在纳粹强权及狂热的沙文主义气氛下，如果对抗这一强权便如同以卵击石，卡拉扬在那里服务也是自然的选择。即便他有为取得各种职位的私心和机会主义式的所作所为，在当时特殊环境下也是可以理解的。

所以，战后有一个专门为他成立的委员会为他请愿，要求赦免其"罪责"，不久卡拉扬便得以解脱了政治上的干扰。这些人认为，作为一名艺术家，一位忠心耿耿献身于音乐艺术的指挥家，卡拉扬根本就与战争和政治毫无联系，那么为何谈他所犯下的"战争之罪"呢？

自从指挥艺术于 19 世纪初诞生以来，发展到今天大约已有了两百年的历史，尽管它仍然属于音乐艺术中的一个较为年轻的门类，但也已经产生出整整几代的指挥家了。然而，当今天人们有意识地对这项艺术的历史加以回顾时，却发现在整整几代的指挥家当中，真正能够以自己的指挥艺术来开辟一个时代的显赫人物，则显得是那样寥寥无几。当然，尼基什和托

斯卡尼尼应该被看做这种人物。尼基什作为 19 世纪最伟
大的指挥家,可以说是这项艺术再迈入新时代的真正奠基
人;而托斯卡尼尼则以自己那天才的技艺和严谨的风格,
开创了 20 世纪现代指挥艺术的新天地;至于彪罗、孚尔
特温格勒和瓦尔特等一批杰出的人物,虽然都是指挥艺术
上最为伟大的名字,但他们却仍然是分属于各个时代之中
的。走在托斯卡尼尼之后有谁是属于那种具有划时代意义
的人物呢? 如果用今天经过实践后的现实眼光来看,这个
人物是非卡拉扬莫属的。卡拉扬,这位伟大的指挥大师,
无论是从丰富现代指挥艺术的角度上,还是从推动世界音
乐艺术乃至整个人类文化方面的发展上,都做出了伟大的
贡献;它所开创的时代,是代表着 20 世纪下半叶世界指
挥艺术的整体潮流的时代,而这种潮流又非仅仅局限在 20
世纪之内;他那巨大而意义深远的影响力是注定要延伸到
21 世纪的, 并且必将得到发扬和光大。

　　无论如何,卡拉扬都是 20 世纪最杰出的指挥家之一。
战前在柏林,他为自己塑造了著名指挥家的形象;战后几
十年,他又为自己奠定了最完美的指挥家形象的基础。他
集中了托斯卡尼尼的精确和孚尔特温格勒的浪漫的双重优
点。因此,我们不能只看这位习惯于"闭眼指挥"的大师
是否是纳粹分子的问题,还应该看到卡拉扬(再加上孚尔
特温格勒)在纳粹统治期间的音乐活动,以及使德国人民
受到的教益。要知道,在那个独裁时代,人们只有从音乐
声中才能在自己可怜的生存空间里感受到一点精神安慰,
"音乐代表着他们唯一保留着的被撕成碎片的尊严"。

参考文献:

【1】(英)理查德·奥斯本:《卡拉扬访谈录》。
【2】(美)奥普斯:《重新认识卡拉扬》。
【3】(德)摩尔:《卡拉扬平反》。

还"卐"字一个清白

第二次世界大战使得历史烙上了一个恶魔的名字——希特勒。希特勒带领着纳粹分子实行种族灭绝，横扫欧洲，挑起第二次世界大战，造成人类的浩劫。人们只要一看到作为纳粹党（国家社会主义党）标志的"卐"（音wan，四声）字旗，就不由得想起纳粹分子种种令人发指的恶行，不寒而栗。"卐"字因而也就成了罪恶的标志，遭千夫所指，万人唾弃。

但事实上，只是希特勒使"卐"字蒙上了一层凶残的面纱，而原本"卐"字并非是凶残的代名词。"卐"是上古时代许多部落的一种符咒。在古印度、波斯、希腊等国的历史上均有出现。

西亚的新石器时代遗址——伊朗法尔斯省波斯波利斯之南的巴昆遗址，出土了时间不晚于公元前3500年的彩陶，其中有象征生育的女神陶像，她的肩上就有此字标记。

中国黄河上游的马家窑文化（公元前3300~前2050年）为新石器时代晚期的文化，属马家窑文化的青海都乐县城东的柳湾基地，发现有一百三十余种刻画符号，其中就有这个字。学者们认为这些符号是用来记事的。古代美索不达米亚的货币上，有字元号；欧洲进入青铜时代后，成为装饰性符号。在早期基督教艺术和拜占庭艺术中，都可见到。波利尼西亚人、南美洲和中美洲的玛雅人、北美洲的纳瓦霍印第安人，也都用过"卍"的符号。纳瓦霍印第安人以"卍"象征风神雨神。早期日耳曼民族共有的神祇托尔，是个雷神，"卍"是他的槌子。

　　"卍"最初被人们当做太阳或火的象征，以后被普遍地作为吉祥的标志，后来被一些古代宗教所沿用，比如被印度教、耆那教和摩尼教等所使用。古印度的印度教、耆那教都以"卍"为吉祥的标志，将"卍"写在门庭、供物和账本上。在耆那教的宗教仪式上，"卍"和宝瓶等是象征吉祥的八件物品之一。《大方广佛华严经》卷六五《入法界品》说：释迦牟尼"胸标卍字，七处平满"。这个字梵文读"室利踞蹉洛刹那"，是佛的三十二相之一，意思是"吉祥海云相"，也就是呈现在大海云天之间的吉祥象征。它被画在佛祖如来的胸部，被佛教徒认为是"瑞相"，能涌出宝光，"其光晃昱，有千百色"。

　　随着古代印度佛教的传播，"卐"字也传入了中国。中国佛教对"卐"字的翻译也不尽一致。北魏时期较早的一部经书把它译成"万"字；唐代玄奘等人则译为"德"字，强调佛教的功德无量；后来唐代女皇帝武则天再次把它定为"万"字，意思是集天下一切吉祥功德。

　　另外，"卐"字有两种写法，一种是右旋，一种是左旋"卍"，根据考证，最早于摩亨佐达罗废墟中出土的印章上就有"卐"符号，后来"卐"又被亚利安人所接受，在佛教出现前的印度这个符号就曾广为使用。古印度的"卐"包括佛教中的"卍"其实并没有固定的旋转方向，写成"卐""卍"皆可。印度教认为"卐""卍"是同一符号，只不过因为被刻画神像的性别不同而旋转方向有所不同。

　　隋唐时期，佛经中的"卍"有时作"卐"，写法不一，有些混乱。唐慧琳《一切经音义》提出，应以"卍"为准。逆时针方向的"卍"和顺时针方向的"卐"，在西藏是有区别的。藏传佛教以为吉祥标志，将"卐"写在庙门、墙壁及其他器物上。卍则是苯教崇奉的符号，藏语称卍为"雍仲"，意为"坚固"。苯教认为卍含有"固信不变"的意义，将卍写在庙门、墙壁、经书和宗教画卷上，有些地区的藏民，在逝者的额上画一个卍字。苯教徒是以左旋的逆时针方向，藏传教是以右旋的顺时针方向，围绕着寺院、佛塔、神山、圣地巡礼的。卍和卐，表示苯教和藏传佛教的不同巡礼方式。苯教是类似萨满教的原始宗教，以占卜吉凶、祈福消灾、请神驱鬼、除病解厄等为主要活动。

由此我们可以看到，其实不论是卐字还是卍字，都是吉祥如意的代表。"卐"并非是纳粹的独创，是灾难的代名词。这个被佛教徒视为吉祥和功德的具有神秘色彩的符号，只是被德国法西斯头子希特勒盗用并扭曲了其本来的意义，将"卐"字左旋或右旋 45 度做了他的党旗标志。希特勒亲自设计的党旗红地白圆心，中间嵌一个黑色"卐"字。希特勒对他的设计非常满意，认为"这是一个真正的象征"。他在《我的奋斗》一书中说："红色象征我们这个运动的社会意义，白色象征民族主义思想，'卐'字象征争取雅利安人胜利斗争的使命。"后来，希特勒还为他的冲锋队员和党员设计了"卐"字臂章和"卐"字锦旗。那么希特勒为何要用"卐"字作为纳粹党旗的标志呢？关于这个原因有几种说法，一说是根据纳粹党名设计的。纳粹党的意思是"国家社会党"，在德文中"国家"和"社会"的字头都是"s"，两个字头交错重叠在一起，就形成了"卐"字形状。不过，佛家"卍"是金色，纳粹"卐"是黑色。

▲德国纽伦堡集会上的纳粹党旗。

另一种说法是美国学者罗伯特·佩恩提出的。佩恩认为，希特勒从小就有一股崇拜权威、追求权力的强烈欲望。小时候，他家附近有一座古老的修道院，修道院的过道、石井、修道士的座位以及院长外套的袖子上都饰有"卐"字标志。希特勒崇拜院长的权势，把"卐"视为院长权威的象征，希望自己有朝一日能像院长那样拥有至高无上的权威。佩恩认为，这是他后来选用"卐"字做党旗符号的原因。

　　还有一种说法是，希特勒受到一个名叫"新圣堂骑士团"反犹组织的影响。这个组织认为，日耳曼人是雅利安人的后裔，雅利安人是最优秀的民族，必须保持其纯洁的血统，世界才有希望。这与希特勒的观点是一致的。这个组织的发起者是一个传教士兼占星家，他为希特勒占卜，预言他日后将是震撼世界的人。听了这些话，希特勒很振奋。这个组织的标志符号就是"卐"字。希特勒认为"雅利安人放弃了血统的纯洁性，因此丧失了他们在天堂为自己创造机会的地位"。而要恢复神族的神力就要清除异族。所以，他在后来设计党旗时，选用了这一符号，同时狂热地追求"种族纯洁"，掀起了一次又一次的排犹运动。希特勒咨询过一位汉学家，得知天然标志卍来自中国，于是1930 年派出浩大的由纳粹学者专家组成的伪装考古文化部队，以飞机作支援，徒步登上佛教摇篮西藏。果真在佛教中卍这个符号使用普遍。

　　这一颇具神秘色彩的"卐"字称号，曾使无数纳粹党徒为之疯狂，他们曾聚集在这一旗帜下干尽了坏事。第二次世界大战法西斯战败，这一标志也随即被粉碎。但是，在 2000 年 11 月，一位英国记者却在离柏林 110 公里处的一片丛林中从高空拍到了一幅用树木组成的"卐"字这一法西斯标志。它是由 48 棵与周围不同树种的树组成的，长度和宽度均为 60 米，线条分明，标志明显。这 48 棵树属落叶松，周围都是四季常青的针叶松，春夏两季它们没有区别，但每到深秋和初冬，落叶松的叶子逐渐变成黄色，一个黄色的"卐"字号便凸显出来了。据查，这是希特勒活动猖獗时，一个法国乡下的土财主特意栽种的。照片一经刊出，立即引起人们的抗议，纷纷要求法国政府立即将其铲除，法国法律也不允许在任何场合公开展示纳粹党标志，所以这个由树木组成的纳粹标志很快就被消除了。

　　正如美国人类学家摩尔根在《古代社会》中所说："姿势及符号语言似乎是原始的东西，是发言分明的语言的姐

▲希特勒视察部队。

姐……进化了二者仍然不可分离。"是的，姿势语言或说肢体语言以及符号语言，和发言分明的语言就像姐妹一样，总是相伴而行的。就是人类步入数字化时代，电脑语言普及时，姿势语言和符号语言也没有消失。

在时间的隧道里，从远古中走来的"卐"字、"十"字、中国的太极、古埃及的甲壳虫之类的符号，都释放过或还在释放着能量，它们对人类文化产生过正面的或负面的影响。因此我们不能一味责怪误解历史中的一些符号，要有一点怀疑精神，追踪溯源，讨回原本"卐"字所具有的神奇魅力与固有的清白，而不是纳粹将之留给人类的心灵阴影以及带给人类的灾难了。

参考文献:

【1】（美）摩尔根：《古代社会》。

【2】（德）塞巴斯蒂安·哈夫讷：《解读希特勒》。

【3】（意）恩佐·克罗迪：《希特勒与纳粹主义》。

【4】唐慧琳：《一切经音义》。

第四章
揭开神秘信仰的面纱

当人类的第一位祖先从地球上站立起来之后，缔造历史的帷幕便悄然拉开……人类在艰难的繁衍生息中创造了灿烂的文明，各种宗教信仰也应运而生。从远古人类对于自然力的图腾崇拜，到三大宗教的横空出世；从古埃及的巫术到中世纪天主教，可以说人类的发展史同时也是一部信仰的变更史。在这一章中，我们将揭开千百年来神秘信仰的面纱，一探究竟。

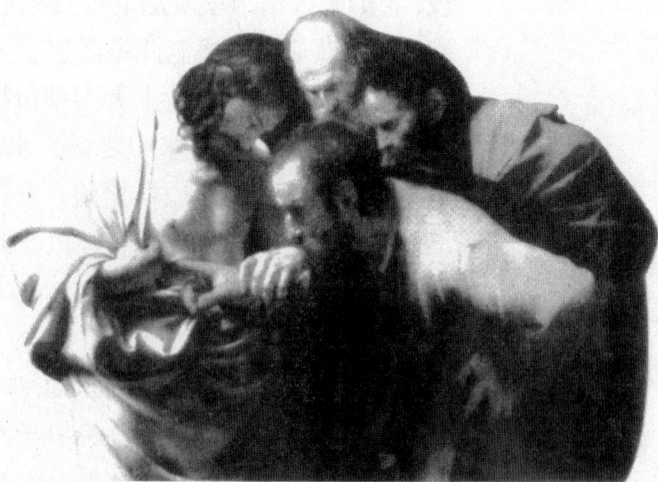

摩西出埃及记的真相

　　摩西是纪元前 13 世纪的犹太人先知，旧约圣经前五本书的执笔者。他带领在埃及过着奴隶生活的以色列人，到达神所预备的流着奶和蜜之地——迦南（巴勒斯坦的古地名，在今天约旦河与死海的西岸一带）。神借着摩西写下《十诫》给他的子民遵守，并建造会幕，教导他的子民敬拜他。

　　希伯来人原居于两河流域上游亚述地区的哈兰草原地带，游牧为主。公元前 2000 年初，由部落领袖亚伯拉罕率领南移进入迦南，即后来的巴勒斯坦，此后经常侵扰那里的农业部落和城市。后来为了避荒，亚伯拉罕之孙雅各率部向南渗入埃及尼罗河三角洲歌珊地区。

　　据《旧约·出埃及记》的记述，希伯来人在埃及居住了 430 年，饱受埃及法老的剥削和劳役之苦。为了摆脱苦役，希伯来人请求埃及法老准许他们返回原来的居住地迦南，但未获应允。法老此举激怒了上帝，上帝耶和华把十大灾难降临于埃及，这十大灾难包括：尼罗河及大小池塘之水化为血，杀死了水中之鱼，水因之腥臭；青蛙遍地；虱子密集丛生；蝇子成群繁殖；家畜因瘟疫死尽；人畜长疮生疖；冰雹毁尽了庄稼；蝗虫吃光了树木；大地三天暗无天日；初生的婴儿全部夭亡。在十大灾难的严惩下，埃及法老被迫答应了希伯来人返乡的要求。这时希伯来人在摩西率领下出发了，他们白天以"一柱云彩"为指引，夜晚有"一柱火光"为前导，希伯来人一路饥餐渴饮，日夜兼程而进。然而埃及法老突然又改变了主意，随即派出大军，企图追回希伯来人。不久埃及追兵赶到，与希伯来人相遇在海边。

希伯来人慌了，看到他们的主人率领着庞大的军队来捉他们回去，莫名的恐惧竟缠绕全身，也让他们对上帝失去了信心，虽然上帝先前已经示范了他的神力给他们看。他们开始投诉，嚷着要回埃及去。

据《出埃及记》记载，当时摩西发出指示说："别怕，站在原地，你就会看到全能的上帝是如何拯救你们的——你们今天所看到的埃及人将永远消失。上帝会维护你们的权利，会为你们而战，你们也应保持心平气和。"

摩西举起他的木杖，指向红海的中心。此时红海突然分开来，海水向两旁退去，形成两道巨大无比的水墙，两墙中间则是一条干旱的小道，让希伯来人可以渡过红海，抵达对岸。天上的火柱现在将希伯来人与埃及士兵区分开来，夹在双方的中间。火柱给希伯来人带来了光明，为埃及士兵带来了黑暗。强烈的东风将海床吹干，希伯来的后裔便从这小道安全上路，抵达红海对岸。

埃及士兵仍穷追不舍。当最后一名希伯来人渡过红海后，摩西再次挥动他的木杖，红海又发生了大变化，小道两旁的水墙像决堤的洪水一样，瞬间把小道上的士兵全部吞噬。这就是上帝为了拯救希伯来人而施的神迹，成为圣经故事经典之一。

▼《旧约》中所描述"摩西率众渡红海"的场面。

"希伯来人目睹上帝为他们所做的一切，也看到上帝如何收拾残暴的埃及士兵：人们从此对上帝感到无比敬畏，相信上帝，也相信上帝的仆人摩西。"

后来希伯来人到了迦南以南的西奈半岛，摩西率领着数十万男女

▶摩西分开红海带
领希伯来人逃出
埃及。

和大批牲畜，在这里和约旦河以东的旷野中彷徨了好几十年，始终没有进入迦南地区。关于他们在这期间的生活状况在《旧约·出埃及记》下半部及《利未记》《民数记》《申命记》中有所记述。

关于摩西率领希伯来人逃出埃及这一事件，学者们一直有争论。有些学者认为《出埃及记》毫无历史根据，纯属虚构。他们说在埃及的史料中，找不到有关希伯来人到过埃及的明显记载，因此不会发生希伯来人出走埃及一事。所谓的出埃及，不过是说教性的神话，完全是后来希伯来神学家一手炮制的，其目的不过是为了宣扬上帝耶和华如何关怀他的"选民"而已。

另有一些学者认为出埃及确有其事，因为《圣经》中有关的记载，来自民间的传说，而民间传说必然包含一些历史的影子。但这一派学者中间也有意见分歧，有的认为《圣经》关于出埃及的某些离奇情节难以置信。至于出埃及的时间是在公元前15世纪，抑或在公元前13世纪，看法也不一致。美国埃及学家汉斯·哥迪克认为出埃及的时间不是通常所说的公元前13世纪；类似《出埃及记》记述的埃及追兵在海上意外溺水，历史上确有其事。哥迪克这个说法，主要有三条根据：

第一，公元前15世纪时，埃及第十八王朝女法老哈特谢普苏特的象形文字铭文中，提到了一支埃及的外来移民，因"玩忽其摊派的任务"，法老下令取消了他们享有的特权，在法老允许这些人离开埃及以后，"大地便吞没了他们的足迹"。哥迪克认为这段记述，就是出埃及事件埃及式的说法。不过在这里提到被海水淹没的是外来的移民，而不是埃及的军队。

第二，《旧约·列王纪》（上）第六章提到，所罗门庙是出埃及 480 年后建造的，而此庙约建于公元前 970 年，据此推算，出埃及显然是发生于公元前 15 世纪。

第三，出埃及与公元前 15 世纪爱琴海桑托林岛上火山爆发有关，这次爆发很厉害，是一次惨重的自然灾害。哥迪克认为《出埃及记》所记的埃及军队葬身于滚滚的怒涛之中，是洪水泛滥所致，而洪水泛滥又是由于桑托林岛上火山爆发时，海啸造成的，从而出现了巨浪吞没军队的"海上奇迹"。

一些地质学家也同意哥迪克的看法，断定这次火山爆发发生于公元前 1520 年至公元前 1450 年间。他们还指出火山爆发后，很多现象与所谓"十大灾难"极其相似，到处都是火山灰，火山口不断有铁质的氧化物倾泻出来，以致染红了海水，窒息了水中的鱼，水中的青蛙也会躲到岸上。火山灰遮天盖日，能使大地连续几天一片昏暗，并引起暴雨冰雹。疾风则会吹来蝗虫，吃尽田里的庄稼，使劫后的动物无以为食。腐烂的尸体，遍地的沼泽为害虫的滋生和病菌的蔓延提供了条件，因此瘟疫流行，人畜多有死亡，特别以幼婴为甚。

除此以外，希伯来人出埃及时，白昼看到的那"一柱云彩"，夜晚见到的那"一柱火光"显然也是火山爆发时的情景。桑托林岛距埃及三角洲不到 600 英里，火山爆发在三角洲完全可以看到。据此推论，希伯来人可能是趁火山爆发造成的混乱局面逃离了埃及，而并非法老允许他们还乡，所以才发生埃及追兵的事情。

许多《圣经》学者不同意哥迪克的看法，认为他对铭文解释太随心所欲了，原文中并没有"取消了外来人的特权""玩忽其摊派的任务"等内容，至于"大地吞没了他们的足迹"只能理解为他们不见了，如此而已！某些《圣经》学者对旧约上许多数位的准确性一直持保留态度，特别是说从《出埃及记》到所罗门神庙的建造中间隔着 480 年，这种说法言而无证。因此，他们不同意出埃及事件发生于公元前 15 世纪，并举出一些理由坚持认为应是公元前 13 世纪。有的学者提出了折中的看法，认为出埃及的时间在公元前 15 世纪或前 13 世纪都可能是正确的。看来希伯来人既不是同时到达埃及的，也不是同时逃出埃及的。

大规模出逃埃及至少应有两次，旧约中也提到希伯来人出走有两条极不相同的路线。总之，摩西率领希伯来人逃出埃及一事，还是一个疑案，有待继续研究，弄清真相。

▲在《旧约》中频频被提及的摩西像。

参考文献：

【1】《旧约·出埃及记》。
【2】吕大吉：《宗教学通论新编》。

耶稣究竟存在与否

　　基督教作为与佛教、伊斯兰教齐名的世界三大宗教之一，自创立至今已经有两千多年的历史了，但是对于基督教的创始人耶稣是否是一个在现实生活中存在过的真人，却一直是一个争论不休的话题。

　　按基督教会的传统说法，耶稣基督是基督教的创始人，且具有神人二性。他们都认为，耶稣是一个具有非凡才能的历史人物，是一位生长在巴勒斯坦的拿撒勒族人，大约生活在公元前 1 世纪，由于他创立了基督教，所以被后来的基督徒崇奉为"上帝"。耶稣的父亲名叫约瑟，是一个木匠，他的母亲名叫玛丽娅，耶稣还有 3 个弟妹。耶稣从小没有受过传统的正规教育，由于他的父母是虔诚的教徒，每年都要去宗教圣地耶路撒冷诵经朝拜，每次都会带上长子耶稣同行，耶稣从那里了解了巴勒斯坦和外部世界的情况，获得了丰富的知识。

▼耶稣降生。

　　后来，耶稣带领他的 12 个门徒，云游四方，到巴勒斯坦各地宣传他创立的基督教。他的思想在下层民众中深受欢迎，他宣扬"天道"，号召民众要把巴勒斯坦从罗马帝国的统治下解放出来，重建繁荣昌盛的希伯来大卫王国。在犹太人民的心目中，耶稣既是先知先觉的圣人，又是大卫王国的皇位继承人。

　　根据记载耶稣生平事迹的"四福音书"所说，耶稣和他的门徒的布道说教反映了当时下层人民的苦难，激励了人们的斗争意志，指

出了人民奋斗的方向和目标是建立"天国",他给广大人民群众带来了福音,掀起了一波又一波的群众抗议活动。耶稣的这些活动遭到了犹太当权者的抵制和打击,后来他被捕,落到罗马帝国驻犹太的总督庞迪俄·彼拉多的手中,最终被钉死在耶路撒冷东郊橄榄山的十字架上。

按照这种说法,耶稣是当时在民间活动的反抗者领袖,他用宗教来号召人民和他一起推翻罗马统治者和上层社会的压迫者,事情泄露后被杀,但是他创立的宗教却逐渐流传了下来。基督教于公元1世纪上半叶产生于罗马奴隶制帝国统治下的巴勒斯坦、小亚细亚一带,后来逐渐传播到罗马帝国全境。基督教产生时期的罗马帝国并非完全处于历史上所称的"蒙昧时代",而是在文化上有了相当的发展。

公元前2世纪,罗马共和国在东进过程中兼并希腊,逐渐代替希腊在地中海的霸主地位。罗马文化源于希腊文化之说固然不妥,但希腊文化对罗马文化的影响是巨大的。因此基督教产生前后,罗马帝国不仅地域上横跨欧、亚、非,文化上也出现了不少哲人学者。奇怪的是,在同时代的史料中对基督教的所谓创始人耶稣并没有或没有直接提及过。18世纪英国著名历史学家吉本(1737~1794年)在所著《罗马帝国衰亡史》中曾谈道:既然耶稣及其弟子们实行了那么多神迹,那么当时异教和哲学界为什么如此漠不关心、在其著作中不屑一提呢?我们考察一下这段历史上一些犹太人学者的著述,发现吉本的话无疑是对的。

亚历山大里亚的斐洛(约公元前20~公元50年)比耶稣早20年出生,卒年迟20年,是耶稣名副其实的同时代人。此人是新柏拉图主义哲学家,一生留给后人约五十本《论文集》,但里面没有提到过耶稣的名字。耶稣的同乡、伽利利人泰比里阿斯的贾斯特斯正好出生在耶稣的所谓遇难时期(公元30年),他所编著的《编年史》包括了从摩西到哈罗德·阿格里巴(公元前10年~公元44年)的整个时期,他也没有提到过耶稣。

据说,9世纪拜占庭历史学家福蒂厄斯读过《编年史》后曾说:"贾斯特斯是犹太人,满怀犹太人偏见,他不愿提基督的降临、基督生活中的事件和他的神迹。"很显然,这是不能自圆其说的。即使作者有偏见,也会从偏见出发提到,而不能在《编年史》中缄默不语。约瑟福斯(约公元37年~100年)不仅是著名的犹太历史学家,而且亲自参加过当时犹太人反对罗马统治者的实际斗争(后降服于罗马皇帝)。他曾于公元64年前往罗马,当时正值尼禄皇帝迫害基督徒,可当他的犹太朋友、演员阿利蒂鲁斯跟他谈起基督教时,"他一点也没有听到过这一煽动罗马犹太人的基督"。约瑟福斯所著《犹太战争史》于公元 77 年问世,《古代犹太史》于公元 93 年出版。这两部著作对研究基督教的起源有很重要的参考价值,但都并未提到耶稣。既然与耶稣同时代的犹太学者都不曾提到耶稣,那么,那些认为历史上有耶稣其人的学者的根据是什么呢?恐怕主要是《圣经》。

然而多年来,学者们对《圣经》进行了研究,认为关于耶稣的传说多半属于虚构,到现在为止发现的所有历史资料都不能证明耶稣是一个真实的历史人物。

在传说中耶稣创立基督教的时代,各种史籍著作都很少提到耶稣本人的生平事迹和创建基督教的详细资料。至于记载耶稣故事的各种福音书,都是在基督教产生以后很久才陆续问世的。由于宗派斗争的需要,各教派纷纷根据自身需要来编写福音书,按照各自的教派观点来描绘"救世主"耶稣的形象。这一点可以从各个不同版本的福音书中清楚地看出来,如《路加福音》中的耶稣家谱和《马太福音》中的耶稣家谱就有很大的不同,在《新约全书》中描绘的耶稣更是一位无所不能的"天神",而与有血有肉的历史人物毫不相干。

基督教在萌芽时期是社会下层平民狂热宣扬"天国"和"救世主"的群众布道活动,人们急切渴望"救世主"能够从天而降来解救受苦受难的民众,因此基督教徒就创造出了耶稣这样一位先知来帮助他们宣扬教义。也许事实正如恩格斯所说的那样,基督教很可能不是耶稣一个人创立的,而是在大众中悄悄地形成的。

基督教本来只是犹太教的一个新宗派,最早的基督教徒大部分都是犹太人,因而各类福音书的记载无不受到犹太教的影响。《马太福音》之所以要把耶稣说成是犹太国王的后裔,是因为这样就能为这位神明的"救世主"披上合法的外衣,从而号召更多的信徒。后来,随着基督教在世界各地的广泛传播,为了把耶稣说成是全世界所有地方民众的"救世主",只好再把他改成是上帝耶和华的

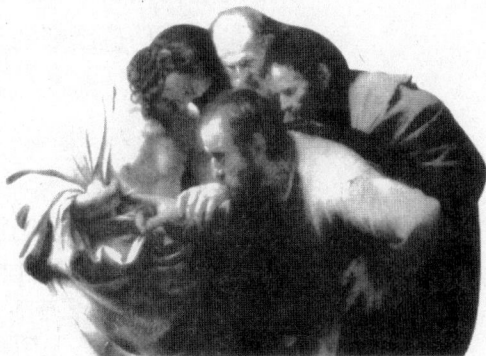

▲复活的耶稣。

▲耶稣受难。

独生儿子。然而这又产生了新的矛盾：广大教徒心目中的上帝是威严神圣而又高尚纯洁的，他怎么会与凡间的女子生儿育女呢？于是，福音书又编造出"童女玛丽娅尚未出嫁便受圣灵感应而怀孕"的新说法，把耶稣变成了一个"神的儿子"。

这类例子还可举出很多。尽管其中有些说法未必有多少根据，有的甚至荒唐可笑，但有一点可以肯定，无论从教会资料还是从非基督教资料中，人们都找不出一个关于耶稣的统一形象。因为从现有资料看，历史上根本就没有一个所谓具体的耶稣存在。当然，我们也不能否认，作为一个抽象概念，耶稣的形象是有的，而且近两千年来一直为不少人所信奉。有人或许会问：既然基督教的创始人耶稣基督不存在，岂不是说连基督教的存在也成问题了吗？我认为，基督教的存在是客观事实，但它的存在与否与耶稣基督的存在与否并无必然联系。按照历史唯物主义观点，历史是群众创造的，基督教作为一个群众运动也不是由个别人制造出来的。

因此有学者这样说道："耶稣基督并不是基督教的创立者，相反，它是在基督教产生和发展过程中的一个传说中的虚构人物。"耶稣在历史上并没有其人其事，他的形象是后人伪造出来的，是基督教会塑造出来的"一个没有生命的偶像"。

参考文献：

【1】（英）吉本：《罗马帝国衰亡史》。
【2】（美）丹尼尔·鲁普斯：《耶稣和他的时代》。
【3】（美）约瑟福斯：《约瑟福斯文集》。
【4】（德）恩格斯：《论原始基督教史》。
【5】（美）克莱德·曼斯彻雷克：《世界基督教史》。

被误解的十字架

提及十字或者十字架，人们首先会联想到基督教和耶稣受难。确实，十字架是基督教的信仰标记，在任何一座基督教堂内，最明显的一定是迎面圣台背景处醒目的"十"标记。有的教堂把十字架悬挂在圣台正面的墙上；有的摆放在圣台深处靠墙的圣坛桌上；还有的十字架与圣台背后的墙面融为一体，使其成为教堂建筑的一部分。

基督教相传，耶稣被犹太教当权者拘送到罗马帝国驻犹太总督彼拉多处，后被判处死刑，双手双脚被钉在十字架上，在死后第三日复活，复活后四十日升天。基督教徒在胸前画十字或佩带十字架以坚定信仰、做洁净之用或以纪念耶稣为拯救全人类的死亡。

但是，如果因此便认为十字架是由基督教而起，那就大错特错了。事实上十字（架）早在原始氏族时期就已经存在了，当时仅是一种古老而神秘的图腾信仰。在基督教尚未出现的时候它就广泛地存在于各个文化中。即便是在基督教中，十字架最早也并不是以爱和救赎的形象出现的，与今天我们熟知的十字架含义大相径庭。

首先，在词源上，今天我们所说的"十字架"就不同于圣经中所说的。

"十字架"一词译自英语的单词"CROSS"，而英语的单词"CROSS"则源自拉丁语的"CRUX"。在《新约圣经》中用的是希腊文

▲提及十字或者十字架，人们首先会联想到耶稣受难。

"STAUROS"和"XULON"。"XULON"是用来解释上一个单词"STAUROS"的，每一个词的意思都是相同的。有趣的是，希腊文中的"STAUROS"只是木桩的意思，或者是柱子、杆子的意思，是用来钉犯人的。单词"XULON"是一块死去的木头，或者是木头，是用来烧火和其他的用途。这跟用于生物的关系（或植物）的希腊文单词"DEN-DRON"是不一样的。（例：马太福音 21：8；启示录 7：1，3；8：7；9：4）。简单来说，英语的单词"CROSS"（十字架）是拉丁语的"CRUX"。但圣经用的希腊词的"STAUROS"根本不是十字架的意思，只是单词"STICK"（杆子）的意思。希腊词"STAUROS"指的是普通的杆子，或者桩子，或者一块木头。这种用法是希腊语中的习惯用法。"STAUROS"从来没有两块木头、两块木头交叉成任何角度或一块十字木的意思。圣经也用单词"XULON"来描写耶稣的死亡方式，但也没有十字的意思。在古代英语中用的是 ROOD（十字架）或者 ROD（杆）。

其次，在基督教早期，基督徒们并不尊崇十字架，更不把它视为耶稣基督的象征，而是十分厌恶、仇视它。J. F. 赫斯特著的《基督教教会史》（1897 年）指出："公元 1 世纪的基督徒既不使用基督受难像，也不使用任何样式的十字架。"约翰启示录中也称十字为"野兽的标记"。公元 3 世纪的菲里克斯密努休谈道："我们根本不尊敬它，我们基督徒不需要它。"基督徒对十字的反感主要源于以下几个原因：

第一，在古代波斯帝国、大马士革王国、犹太王国、以色列王国、迦太基和古罗马等地，十字架是作为一种残酷的刑具而使用的。刑具的形状是两根架成十字形的原木。行刑前，犯人会先行背着十字架游街，直至走到行刑场所。行刑方法是先把犯人的双手打横张开，并用长钉穿过前臂两条骨之间，把手臂钉在一条横木上，再把横木放在一条垂直的木上，再把双脚钉在直木上面，然后把十字架竖起来，任他慢慢死去。若时限到了犯人还未死去，看守者会把犯人的双腿打断，加速犯人的死亡。

根据古罗马帝国法律，钉十字架是对逃亡奴隶的惩罚。著名的斯巴达克斯起义在被罗马将军克拉苏镇压后，斯巴达克斯与他的七千追随者都被残酷地钉上十字架，在饱受慢性折磨后死去。通往罗马的几百公里长的阿皮亚大道被奴隶们的鲜血、惨叫和泪水变成了人间地狱。

对罗马人而言，被钉十字架不是一般的刑事惩罚，而是一种对反国家罪的惩罚。就此引申来讲，可以解释为被钉上十字架在当时是对反抗罗马帝国的社会和政治秩序的一种政治惩罚，是最耻辱的惩罚。罗马人文主义者认为"被钉十字架没有美感、不体面、违反常情"，是低贱者的死法（高贵者的死法是服毒自杀或决斗而亡）。在基督教尚未完整形成的时代，受过较高教育的人普遍认为："十字架并不是精神征服的标记，并不是教堂上方的胜利标志，并不是帝国王座上的装饰品，也不是级别和荣誉的标志，它是自相矛盾和羞辱丑闻的标记，常常导致被逐与死亡。"

▼斯巴达克与他的七千追随者都曾被残酷地钉上十字架死去。

第二，早期的基督教由于不信神祇、敌视国家、不承认世俗统治者，所以遭到了罗马政权与异教哲学家的迫害。很多基督徒被当做叛乱者钉死在十字架上。所以，基督徒们视十字（架）为邪恶的化身。

第三，自原始氏族以来，十字常常被异教徒崇拜，而基督教十分排斥、歧视异教，所以认为十字（架）是不祥之物。

基督教对于十字架的崇拜经历了一个漫长的过程。据记载，罗马皇帝君士坦丁大帝在公元313年将基督教定为国教，之后不久在一场战役前，看见在天上出现类似十字架的异象。结果该次战役取得大胜，皇帝龙颜大悦，认为十字是吉祥的象征，能够保佑军队战无不胜。

于是在公元337年废除十字架死刑，并在战旗、士兵的盾牌以及物品上绣刻十字（架）图案，而作为罗马帝国国教的基督教也开始转变对十字架的态度。到了公元五六世纪左右，开始出现耶稣受难像：耶稣身着衣服、头戴皇冠、面相平和、两手下垂、两脚自由站立或踏在圣经上。7世纪时出现了耶稣被钉在十字架上的受难形象，共有15幅背负巨大十字架的受难图。当时的基督教会通过耶稣受难升天这一奇迹，教导信徒皈依和膜拜。

进入中世纪，欧洲各国均已是基督教派的天下，无论是天主教、东正教，还是宗教改革后的各种新教派，都对十字架推崇备至。此时十字宗教统治地位的确立可用保罗在《罗马书》九章三节中提出的观点来解释："十字架之所以是一个普遍的胜利，更进一步的原因是：它既包括了人的罪以及人从罪中释放出来的问题，也包括了人的苦难以及人从苦难中救赎出来的问题"。由这段话可以看出此时十字架的含义有了质的转变——已经转变为"人的原罪以及人从罪中释放出来的问题，也包括了人的苦难以及人从苦难中救赎出来的问题。"这也是天主教和基督教吸引了无数生活在战乱血腥的中世纪人们的主要原因。

"爱"在天主教和基督教中指施爱与被爱。上帝施于人类的苦难是施爱（即受难），人类通过试炼，从苦难中解脱是被爱。受难可以被庆祝、被崇拜，它能激发人们的怜悯同情，而被弃则剥夺了受难中的尊严与意义，成为不光彩的受难。受难与被弃是十字架的标志之一。"罪"则似乎更是十字架宗教中最重要的内容之一，包含了"犯罪"和"受罪"两个层面，较多的场合指前者。

这里所谈的"罪"往往不是或不仅仅是社会与自然意义上的犯罪，而专指原罪，包括七大罪：骄傲、愤怒、不贞、贪食、懒惰、贪婪、嫉妒。《圣经》称人人都带着这七种"罪"降生于世，耶稣用自己的鲜血洗刷世人背负的原罪，所以只有信仰基督才能获得救赎。从此，十字架作为耶稣受难与救赎的象征，作为信仰耶稣的象征，通过它万能的主才能区分自己的子民，才能庇佑和保护子民。所以教会积极号召信徒佩带并尊崇它。

除了基督教义和刑罚象征外，事实上十字（架）广泛地存在于不同的地域、不同的民族、不同的文化中，并具有不同的含义。在原始信仰中，十字就充当了重要的图腾崇拜——太阳崇拜和火崇拜。在原始社会，面对变幻无常的自然和诸多无法解释的自然现象，人的力量显得弱小而无力，为了能够在严酷的现实中存活下去，人们就用简单的符号来表示重要的自然力，并将这种符号供奉起来，以代表对这种自然力的崇拜和敬仰，期望能够被眷顾，趋吉避难。太阳历来被认为是光明和力量的来源，那时的人们认为，如果没有了光明，一切都将灭亡，所以太阳崇拜是一种很重要且广泛存在的信仰。由于太阳的四周充满了光芒，而且是对称出现（在古代埃及、玛雅等地的雕刻壁画上可以看出），所以便用"十"字来代替。在火被发现和使用后，和太阳有着相似功能的火，也被用"十"来表示，并且区分太阳是上天之火，火种则是地上之火。古代印第安人神庙中就存在很多石制的十字架，用来代表天上之火和地上之火。

古代的波斯、古希腊、古印度的婆罗门教以及佛教中，均采用曲臂十字架，象征着太阳或者火。中国古代大量的岩石壁画以及商周时期的十字图案及变形，也多是太阳神的象征。众多的古文明都不约而同地采用十字作为同一种信仰的标志，说明在那一时期，这是一种带有超民族和地域的普遍象征。

此外，十字架还有另外一种象征意义：性崇拜与生殖崇拜。人类对性的崇拜可以追溯到古老的男根崇拜。远古的人类无法从生理学上解释人类生殖的奥秘，但已经认识到与男女生殖器的交合有直接关系，在无法科学认识这其中的原因的情况下转而走向神秘的膜拜，如古代雕塑和绘画中赤裸的男女生殖器均呈十字。许多学者也认为，十字象征着女阴，象征着女子的生殖能力。正是由于生育能力才使得人类能够延绵不断地传承下来，也正是由于后代的存在，才能在恶劣的自然面前保持种群的繁衍生息。所以，十字的象征继而由生殖引申为生命与昌盛。

古埃及、印度和西藏等都把十字架视做赋予生命的象征，西班牙人初到中美洲时，当地土著人神庙里就供奉着十字，古代巴勒斯坦人、高卢人、日耳曼人也有类似的崇拜，印度的部分地区、埃及、日本等地视十字架为生命之力。

除了这些众人所知的普遍意义外，十字（架）在历史上还有很多其他的含义，如中国的方向象征等。同样，在未被发掘的历史中肯定还有许多未被探究到的特殊含义。这些意思，可能相同或近似，有些则可能完全相反或毫无关联。这充分说明了人类历史文化的复杂性，我们不能仅仅依靠现在的某一种说法而抹杀了其他存在，只有全面深入地阅读历史，才能还原这些被曲解的事物以本来面目。

参考文献：

【1】耶和华见证人：《大英百科全书》。

【2】新世界圣经译本附录 J. F. 赫斯特：《基督教教会史》。

《旧约》并非"神来之笔"

在世界文化史上，《圣经》可谓稀世奇珍，它以特有的体裁、浓郁的民族色彩、鲜明的生活气息和动人的文采著称于世。它被译成多种文字，在许多国家和地区，同人们的信仰、文化和社会生活发生了千丝万缕的联系。

千百年来，教徒们认为《旧约》是古希伯来人在神的启示和授意下写成的；认为是从神而来的书，其中还有神给人完全的启示；并宣称："从圣经本身的性质来看，它必是没有错误、无谬与永恒的。从多方面已经证明了这样的宣称，在过去数世纪当中，有数不尽的男男女女已经对圣经的可靠性寄予完全的信靠，有些人甚至牺牲性命来捍卫它的真实性，多人本着圣经的教训度过了他们的敬虔舍己的生活。圣经有鹤立鸡群、出类拔萃的地位，它不惧考验。任何要毁灭圣经的势力，它都傲然视之。对世上任何人，都是合用的。圣经的话总是扣人心弦，一遍又一遍地向人心发出警告，它是从万王之王而来的书中之书。"

▼据传，《旧约》大部分内容是犹太人流亡过程中写下的。图为吹乐器的犹太人。

直到 19 世纪下半叶，人们才开始对它采取科学分析的态度。随着考古学的发展和楔形文字的译读，《旧约》的神圣迷雾被拨开了。

首先，我们来看一下，何谓《旧约》。

《圣经》包含古经和新经两大部分。古经亦称旧约，新经则称为新约。新旧约的命名是取自"盟誓之约"。所谓旧约是指天主与以色列民族立约的记录，新约则指耶稣基督与全人类立约的记录。新旧约的分界是：凡在耶稣降生前所写成的圣经，均称为"旧约"；在耶稣降生以后所写成的则称为"新约"。事实上，新旧约的内容都是记载天主和人类相互间关系的事迹。

教内相传，上帝曾与犹太人立过三次约。始初，上帝看到人世间充满邪恶，就想把世界一举毁灭。可是又不忍心毁掉他的全部造物，于是就让心地纯正的诺亚造方舟，以避灾难。后来，倾盆大雨下了四十个昼夜，滔滔洪水吞没大地，只有诺亚一家和一些有限的生灵在方舟里随波漂荡。三百多个昼夜过去，风雨止了，洪水退了，诺亚一家开始新的生活。上帝在天上挂出彩虹，表明洪水大劫不会重演，愿诺亚子孙繁衍昌盛。这就是上帝与人最初的立约。

尔后，上帝又与人类有过两次立约。一次是与犹太人的先祖亚伯拉罕订立的，吩咐亚伯拉罕及其属民要永远信奉唯一的神耶和华。另一次是与犹太民族英雄摩西订立的，即犹太教徒恪守的"十诫"：信奉耶和华为唯一的神；不雕刻、跪拜和侍奉任何偶像；不妄称上帝之名；第七天为圣安息日；孝敬父母；不可杀人；不可奸淫；不可偷盗；不作假见证；不贪恋财色。由于书中记载了这三次立约的故事，所以犹太人便把它称做《约书》。

后来，基督教承袭了这一说法，但认为耶稣降世后神与人又立了新约，于是就把犹太教传下来的经典称为《旧约》，把基督教本身的经典称为《新约》。旧约内容包括梅瑟五书、历史书、先知书和训诲文学四大类；新约则有四福音、宗徒大事录、书信和默示录等书。旧约经书差不多全用希伯来文书写，只有两部晚期的作品智慧书和玛加伯下是用希腊文写成。至于新约，除玛窦原文为阿剌美文外，其余全部为希腊文。希伯来语是闪族在西北区所用的方言之一，此外尚有阿剌美文、客纳罕语、腓尼基语及摩阿布语。耶稣的祖先是使用希伯来语，充军后便使用阿剌美语。希伯来语只用于书写上，故此旧约是用希伯来文写成的，希腊文的旧约是公元前3世纪译成的。受希腊文化影响，希腊文是罗马统治时的通行文字，新约各书全以希腊文写成。

过去认为，《旧约》的首五卷，也就是《摩西五经》，是由摩西撰写的。然而有趣的是，其中的《申命记》却描写了摩西之死及其殡葬。由此可见；《摩西五经》并非他本人的遗笔，否则他怎么会亲自描述自己的死？《旧约》这类矛盾很多，不一而足。

《旧约》各部分内容毫无关联，风格也各异其趣，说明此书是不同时代不同作者作品的汇集。另外，从它的词汇和神话素材中，均可窥见美索不达米亚文化的痕迹。古希伯来人是个逐水草而居的民族，他们不断地在迦南和美索不达米亚之间往返迁移。在此过程中，他们吸收了美索不达米亚的文化，把那里的古老观念、习俗及神话传说带回了迦南。《旧约》就是在这些神话传说的基础上产生的。

例如，诺亚方舟的故事就和苏美尔人的洪水奇潭如出一辙。《旧约》讲了上帝造人的两个故事。《创世纪》第一章说：上帝用五天时间创造了日月星辰、天地海陆、空中飞禽、水中生物；第六天造出了牲畜、昆虫和野兽。又按照自己的形象创造了人；第七天休息，定为圣日。第二章又讲，上帝用泥土造了男人，就是人类的始祖亚当。上帝从亚当身上取下一根肋骨，做了一个女人，取名夏娃，为亚当配偶，繁衍生息。

在巴比伦废墟的考古发掘中，人们找到大批古代楔形文字的黏土板"书"，其中亦记载着神用六天创世和用泥土造人的传说。在这里。人们又一次看到了《旧约》文化的"根"。

▲亚当与夏娃因偷食了禁果而被逐出伊甸园。

流传到今天的《旧约》文本，早已失去了原始面目。犹太祭司们在长期编纂和无数次修订《旧约》的过程中，为了"净化信仰"，毫不客气地删掉了那些违背宗教道德观念的内容，并冠之以神的名义，要求人们沿着他们划定的轨道，走完从摇篮到坟墓的人生之路。

《旧约》全书三十九卷，分三个部分，反映其成书时间的三个阶段，人们名之为："律法书""先知书"和"圣录"。如果按其内容，也可分为四类：律法、历史、文苑、先知预言。第一部分成书于公元前 444 年前后，即所谓《摩西五经》：《创世记》《出埃及记》《利未记》《民数记》和《申命记》。犹太教传说：它们是上帝通过摩西所宣布的"律法"，因而名之曰"律法书"。第一卷《创世记》收集了许多神话传说，上文所涉上帝创世、人类起源、诺亚方舟等故事均收其中。此外，伊甸园的故事、巴别圣塔的故事也都为人们所熟知。今天"伊甸园"一词已被用做"乐土"的别称。《出埃及记》和《民数记》讲述摩西拯救以色列人出埃及、渡红海、抵旷野，在西奈山创犹太教，随后又由西奈起程，历时 38 年到达约旦河东岸的故事。从中我们可以了解当时以色列人的生活情况和社会关系。《利未记》是一卷"祭祀法典"（"祭典"），除记述祭祀程式外，还规定了百姓守洁守律条文。《申命记》喻"重申此命"之意，又称"申典"，强调要信奉唯一的神耶和华，遵守他的诫律。

第二部分成书于公元前 190 年，是关于民间"先知"的著作汇编，实际上是由当时流行的带有鲜明政治色彩的犹太"先知文学"组成。

"先知书"也分两部分。

"早期先知书"包括：《约书亚记》《士师记》《撒母耳记》（上、下）、《列王记》（上、下），记述古代以色列（及犹太）王国的兴衰。按内容讲，它们均属于历史。

"晚期先知书"包括：《以赛亚书》《耶利未书》《以西结书》和"十二小先知书"。即《何西阿书》《约耳书》《阿摩司书》《俄巴底亚》《约拿书》《弥迦书》《那鸿书》《哈巴谷书》《西番雅书》《哈该书》《撒迦利亚书》《玛拉基书》。前三卷加上"圣录"中的《耶利未哀歌》和《但以理书》，有"大先知书"之称。"晚期先知书"基本上都是"先知"们对时事政治、社会生活、宗教信仰等方面的评论和预言。

"圣录"是《旧约》的最后一部分，成书于公元前 2 世纪下半叶，收有体裁不一的十三卷经典。除上述两卷"大先知书"外，它还包括五卷历史：《路得记》《以斯帖记》《尼希米记》《以斯拉记》和《历代志》（上、下）。此外，下面几卷即属文苑：《约伯记》《传道书》《箴言》《雅歌》《诗篇》。《诗篇》汇集了自然、历史、道德及训诲、忏悔、祈祷等多方面素材的宗教诗。《雅歌》为"高雅之作"，被誉为世界文库中最优美的一组情诗，素为艺术家们所推崇。

《旧约》不仅是犹太教的重要经典，而且在基督教中亦备受重视。多少年来，它同《新约》一起渗入上层建筑各个领域，成为中世纪欧洲唯一的思想依据。《旧约》对伊斯兰教也有深远影响。《古兰经》中许多传说都可从《旧约》找到雏形，如约拿被鲸鱼所吞和诺亚造方舟的故事等。

《旧约》是一部充满智慧和美感的文学作品。它的神话、寓言、典故与格言，影响了许多代人的观念、习俗、文化和语言，它富有启示性的故事成为中世纪作家取之不竭的源泉。当时的诗歌、戏剧、小说、绘画和雕塑都以《圣经》为主要题材，例如英国中世纪行会剧《诺亚的故事》、布罗姆抄本剧《以撒献祭上帝》以及叙事诗《亚当的滔天大罪》等都取材于《创世记》。文艺复兴时期的艺术家们也不断从中发掘素材，画家乔托的《逃亡埃及》、画家马萨乔的《逐出乐园》，以及米开朗琪罗的雕塑《摩西》和壁画亚当的创造，都成为传世珍品。许多近现代著名作家也写有以《旧约》故事为题材的作品，如弥尔顿的长诗《失乐园》、托马斯·曼的《约瑟和他的兄弟们》四部曲等。《旧约》是西方精神文明的主要支柱之一，要研究欧美的哲学、历史、文学、法律等都必须对它有所了解。

《旧约》是历代祭司教徒们经过不断地更改删节才成为现在的样子，其中有人们口口相传的故事和神话，也有历史的记载，因此并非是在神的启示下成书的"神来之笔"。但无论如何，《旧约》仍是人类历史上宗教、文化、法律等很多方面不可多得的宝贵财富。

参考文献：

【1】启导本：《圣经》。

【2】约翰·加尔文：《基督教要义》。

【3】路易·伯克富：《系统神学》《大不列颠百科全书》。

确有其事的"诺亚方舟"

《圣经》中的《创世记》有一段传说：自从人类的始祖亚当、夏娃违背上帝的意愿，被逐出伊甸乐园后，他们来到地面，一代一代，人布满了大地，但罪恶也充斥人间。上帝愤怒了："我要将所造之人和兽、飞鸟和昆虫都从地上除灭，因为我造他们后悔了。"

那时，唯有一个叫诺亚的人，心地善良正直，特别受恩宠于上帝，所以上帝告诉他："在这块土地上，我决定救助你和你的妻子以及你的孩子和他们的妻子。我要使洪水泛滥地上，毁灭天下。你要用木头造一只大船，完成之后，要把你的家族，还要把所有的动物分成雌雄 7 对，都放到方舟上去，一切准备妥善，我就让雨不停地下 40 个昼夜，毁掉地上所有的生物。"

诺亚照上帝的吩咐用木头造成了方舟。方舟长 130 米，宽 22 米，高 13 米，分为三层，有 15 万吨级那么巨大。方舟完全落成后，诺亚一家、所有的动物分雌雄 7 对都转移到方舟上。

不久，乌云密布、电闪雷鸣，灾难开始了。大渊的泉源裂开了，天上的窗户也敞开了，一连降了 40 昼夜的暴雨，上帝完成了他可怕的惩罚。罪恶消灭了，生命也毁灭了。大地茫茫一片，唯方舟在洪涛中不停地漂泊。

据《圣经》记载，150 天后，水势减退，诺亚方舟停在亚拉腊山巅（今土耳其东部）。又过了 40 天，诺亚放出鸽子，鸽子叼回一枝橄榄枝，表明洪水已退。于是诺亚带着一切活物走出方舟，回到地面，重建家园。上帝告诫说："你们要生育繁殖,遍布大地,切不可作恶,凡流人血的,他的血也必被人所流……"诺亚大洪水的故事是距今 6000 年左右的传说,不仅在《旧约全书》里有清楚记载,被称为世界最古老的图书馆——古代衙署首都尼尼微的文库中发掘出来的泥板文书上,也有类似的洪水故事的记载。

▲米开朗琪罗的油画——《诺亚方舟》。

　　然而,人们只是把这段故事当成一个传说、一个神话来传颂,并没有当真。但是近代以来,情况发生了改变。1916 年俄国飞行员拉特米飞越亚拉腊山时,发现上头有一团青蓝色的东西,好奇心促使他飞回细看,他惊讶地看到了一艘房子般大的船,一侧还有门,其中一扇已毁坏。这个奇遇很快就被报告给沙皇尼古拉二世。当时沙皇曾下令组织一支探险队,由于十月革命爆发,这项计划告吹。

　　其实,拉特米并不是第一位发现诺亚方舟的人。早在 17 世纪,荷兰人托伊斯就写过一本《我找到诺亚方舟》的书,并附有方舟的插图。1800 年,美国人胡威和于逊、1892 年耶路撒冷代主教和当地土耳其牧人都说他们看到了"方舟"。圣经里并没有确切指明方舟停放在昔日亚拉腊山的哪座山峰上。在圣经时代之前已居于今天土耳其东部的亚美尼亚人与波斯人,早有传说确定"苦难的山"就是方舟停泊之地。亚美尼亚人认为他们是大洪水后最早居于地球上的种族,而波斯人则称亚拉腊山周围的地方为"人类的摇篮"。亚拉腊山位于土耳其东端靠近伊朗国境的地方,是座海拔 5065 米的死火山,山顶自古就被冰川覆盖着。土著居民们把这些山丘视为神灵,并且深信"诺亚方舟"的存在。所以世代以来,他们从不愿意向外来的人们透露有关这些山丘的秘密。他们把这座山尊崇为神圣的山,相信人若登上山顶会被上帝惩罚。

　　长期以来,谁也没有爬过它。但这个谜最终还是得到了证明。1792 年，一个叫弗利德里希·帕罗德的爱沙尼亚登山家，初次在亚拉腊山登顶成功。随后，在 1850 年，盖尔奇科上校率领的土耳其测量队也登上了顶峰。1876 年，英国贵族詹姆斯·伯拉伊斯在圣山高约四千五百米的岩石地带，捡到了木片，并发表了他找到诺亚方舟残迹的消息。

1949 年，俄国飞行员罗斯科维斯基拍下了第一张诺亚方舟的照片。照片中显示，一个模糊的暗色斑点出现在山顶厚厚的冰层下，因而不少专家怀疑那就是《圣经》中记载的"诺亚方舟"。从此，诺亚方舟不再是人们口头的传闻，而是有了照片的实物。更令人吃惊的是：照片放大处理后，测出船身长为 150 米，宽 50 米，和传说中的诺亚方舟极为相近。

▲ 相传诺亚方舟曾停搁在亚拉腊山（今土耳其东部）。

此后，美国的阿仑·史密斯博士组织了亚拉腊山远征队，以探寻诺亚方舟为目标，可惜未能达到目的。1952 年，法国的琼·多·利克极地探险家又组织了探查队，并成功地登上了亚拉腊山顶，然而关于诺亚方舟却什么都没有发现。可是，当时一个叫琼·费尔南·纳瓦拉的队员却思忖："一定在亚拉腊山的什么地方残留有诺亚方舟，我要用双眼清楚证实它。"1953 年 7 月，他带着 11 岁的小儿子拉法埃尔，试图第三次登上亚拉腊山顶峰，但一无所获。正当两人都心灰意冷的时候，他们发现一截方舟的残块有一点露在冰河上面。父子俩异常激动，他们从冰河中小心翼翼地将方舟的残木块挖了出来。诺亚方舟发现的消息引起了世界轰动。

方舟木块分别被运到巴黎大学、法兰西研究院、西班牙与埃及的最高学府和考古机构，进行了科学的研究。

专家们用碳 14 及其他先进技术进行测定，证明这些

木块是"歌斐木"，是经过特殊防腐涂料处理过的木板。经鉴定，它至少有
4484年的历史，正是所传"诺亚方舟"建造的年代。

根据木块上加工的凹凸的痕迹分析，专家们认为它是一个大建造物的
一部分。专家们推测，这残木很可能就是诺亚方舟的组成部分，或者是诺
亚死后，亚美尼亚人为纪念诺亚而特地制造的大方舟的一块木板。无论如
何，这是远古人类有关洪水的传说所遗留下来的重要实物。

人们惊呆了。又有照片，又有实物，费尔南坚信自己发现的就是"诺
亚方舟"。后来，他根据这些探查结果，写了一本书《我发现了诺亚方舟》，
于1956年出版。他还在全世界到处举行报告会，引起了强烈回响。

1957年，土耳其几名空军飞行员驾驶飞机考察亚拉腊山顶，发现这个
物体呈船型，这更引起了各国考古学家的浓厚兴趣。但是由于当时正是美
苏冷战时期，苏联以"防止美国间谍接近苏联"为名，禁止各国飞机驶入
山脉附近。与此同时，有人提出了质疑：即使发生特大洪水，地球水位也
不会升到5000米的高度，方舟何以能在亚拉腊山巅？难道是地壳变动？

到20世纪80年代初叶，美、苏、法、德、日及中东一些国家的考古
学家们发现，在距今五六千年的人类文明发源地之一的两河流域的确发生
过大洪水，在古亚述王国都城尼尼微的拔尼巴国王图书馆遗址里，还发掘
出"泥板文书"，泥板上也有关于洪水泛滥的记录。

据此，学者们推断，《圣经》中上帝指示诺亚造方舟躲避洪水之事即源
于此。根据那扑拿发掘的残木分析，专家们认为，诺亚方舟有可能就在达
阿禄山上。今天的达阿禄山从山间至山峰仍有厚厚的冰河。据推测，也许
是洪水之后天气骤变，洪水的一部分冻结为冰河，当诺亚等人爬上山顶躲
避洪水时，天气突然变冷，竟使他们乘坐的方舟冻结在冰河中。可以设想
出五千年前在美索不达米亚的确发生了一场大洪水，诺亚家族预见到当地
的江河有泛滥之征兆。于是他们造了一只船，贮藏了足够的物资，出于自
然的冲动，给牲畜留出了舱位。那场洪水使生命财产损失浩大。

经过漫长的漂泊，那只船搁浅在某一高地或丘陵上。随着时间的消逝，
这件大事的传说就作为家喻户晓的诺亚方舟的故事而流传了下来。

最令人震动的消息还是20世纪八九十年代的事。美国学者戴维在亚拉
腊山以南的乌兹恩吉利附近的穆萨山顶发现了一艘大船，这个村庄与史书
上所说的尼塞村位于同一地点。该船船头成洋葱状，船身长164米。1989
年9月15日，两名美国人乘直升机飞越亚拉腊山西南麓上空时，发现了诺

亚方舟，并拍摄了照片。驾驶员查克·阿伦说，在亚拉腊山一处通常由冰川覆盖的、海拔 4400 米的地方发现了一只方舟形物体，而那处地方的冰川今年夏天因该地区高温天气而消退了。阿伦说："我百分之百地确信，这是方舟。"

1995 年，美国卫星图像分析专家波尔谢·泰勒也开始关注这个被称为"亚拉腊山奇观"的神秘物体。根据飞机航拍、侦察卫星以及商业用遥感飞行器拍摄的照片，人们发现亚拉腊山山腰处有一处"不规则区域"。引起人们极大兴趣的"不规则区域"位于亚拉腊山西北角海拔 4663 米处，几乎被冰川掩盖。泰勒声称"不规则区域"的长宽比例和诺亚方舟的长宽比例一样。据记载，诺亚方舟蓝图长 300 肘尺，宽 50 肘尺，长宽比为 6：1。肘尺是古代的一种长度测量单位，等于从中指指尖到肘的前臂长度，或约等于 17~22 英寸（43~56 厘米）。

而卫星拍摄的照片显示，这一"不规则区域"的长宽比也是 6：1，如果是船的话，这是在海上航行抵御各种风浪的最佳尺寸。经过类比实验证明，这样的船即便面临巨浪，也不会倾覆。被发现的"诺亚方舟"长 300 英尺、宽 50 英尺，高 30 英尺，分为上、中、下三层。这个尺寸是长 133.29 米、宽 22.22 米、高 13.33 米。方舟每层甲板的面积有三千多平方米，约为铁达尼号的一半。它的总重量为 1.4 万吨，完全由木头构成。诺亚方舟的容积是另一个人们关注的话题。

《圣经》中记载，诺亚依照上帝的指示，将陆地上的所有动物都带一公一母到方舟内。那么方舟能够容纳这么多动物并生存三百多天吗？地球上哺乳动物 3500 种，鸟类 8800 种，爬行动物及两栖类动物 5500 种，昆虫 2.55 万种。而诺亚方舟的体积为 3.95 万立方米，相当于 520 多个标本集装箱。如果以每个集装箱容纳 240 头羊来计算，方舟总共可以容纳 3.6 万头羊。从理论上来说，诺亚方舟为地球上的生物提供了足够大的空间躲避洪水。

泰勒对这一发现持乐观态度。泰勒说快鸟遥感卫星拍摄的高清晰照片是"新的重大进展"。泰勒副教授说"我把这项工作叫做卫星考古工程"。参与这项考古工程的卫星阵容强大，包括快鸟遥感卫星、IKONOS 卫星以及加拿大的雷达卫星，泰勒教授还可以看到解密的美国情报机构的航拍和卫星照片。

泰勒教授说他的目标十分明确，那就是要综合所有的照片，使亚拉腊山之谜大白于公众，而且要经得起科学家、影像专家和其他专家的检验。

泰勒说："1993 年开始这项研究时，我没有先入为主的观念。"泰勒在解密了中情局亚拉腊山全景照片后，用红线标注出"不规则区域"。前几年中情局解密了五万五千多张世界各地的卫星照片，其中就包括这一张。红线标注的就是"不规则区域"，位于亚拉腊山西北角海拔 4663米处。雷达卫星的成像精度可以达到 8 米。由于雷达卫星不是光学照相卫星，所以图中有硬物的无线电波反射，因此研究人员认为"不规则区域"并不是阴影。泰勒希望通过自己的研究发现推动最终能够对亚拉腊山展开实地科考。

为了解开这个"亚拉腊山诺亚方舟"之谜，近年来已有多支考察队开赴亚拉腊山进行探测。探测小组的成员大多表示，对于了解《圣经》的人来说，一旦诺亚方舟被证实真的存在，它就会成为人类历史上最具传奇色彩的标志，以及人类进化发展的一个记录。人们在锲而不舍地寻找诺亚方舟的遗产，但无论结果怎么样，诺亚方舟永远是善良和纯真的源泉。

参考文献：

（法）琼·费尔南·纳瓦拉：《我发现了诺亚方舟》《圣经·创世记》。

十字军东征功与过

十字军东征（1096~1270 年）是以罗马教会为核心的西欧封建主对地中海东岸穆斯林国家和东正教国家拜占庭进行的侵略战争，这场旷日持久的战争历时将近两个世纪，先后进行八次大规模的战争，动员兵力数十万，战争涉及欧亚非三大洲的许多国家和地区，堪称中古时期的"世界战争"。战争结果对参战双方的政治、经济、军事、文化、国际关系等方面，都产生了重大影响。

11 世纪，随着西欧封建制度的确立，小农生产的自给自足的自然经济占主导地位。但是，商品货币经济的发展和城市的兴起，日益冲击着自给自足的自然经济基础，加剧了封建社会内部的矛盾和分化。

封建主受商品货币经济的刺激，地租收入日益不能满足他们的生活需要，以致负债累累，进而变本加厉地剥削农民。特别是那些没有土地的没落骑士阶层，四处抢劫，肆意掠夺，是社会的一种极大的不稳定因素。加之西欧各国政治不统一，封建主割据一方，彼此攻伐，战乱不已，社会无序，动荡不安。罗马教会是西欧最大的封建主和巨大的国际中心，其对西欧日益恶化的社会危机深感忧惧，于是竭力鼓动和策划十字军东征。

通过十字军东征既可以解决西欧封建社会内部的矛盾，克服当前的社会危机，还可以利用十字军的宗教狂热扩大教廷的政治影响，将东部的希腊正教置于自己控制之下，并通过掠夺东方国家的土地和财富以加强教廷的实力地位。

此外，意大利的威尼斯和热那亚商人为了独占东地中海的贸易特权，也积极支援十字军东征，并为之提供资助。东方世界（包括拜占庭和中东）土地肥沃，物产丰富，商业兴旺，文化发达，早已让西欧封建主垂涎三尺，只是由于条件不成熟，未敢妄动。

11世纪末，据有巴勒斯坦、叙利亚和小亚细亚等地域、奉行伊斯兰教的塞尔柱帝国（突厥人所建）分裂，力量削弱了。而拜占庭帝国在和突厥人塞尔柱帝国的战争中，一再失利，国土日蹙、处境窘迫。这就为蓄谋已久的西欧封建主的侵略提供了机遇。

位于地中海东岸巴勒斯坦地区的耶路撒冷曾是古代犹太王国的都城，城内建有耶和华圣殿，是犹太人（以色列人）崇拜上帝的中心，也是他们民族的神圣象征；耶路撒冷也是耶稣基督布教、受难和"升天"之地，被基督教徒视为"圣地"；据传耶路撒冷是先知穆罕默德神秘夜行的目的地，因此也被穆斯林视为伊斯兰教的"圣地"之一。636年，阿拉伯人从拜占庭帝国夺取巴勒斯坦，耶路撒冷转为阿拉伯帝国。

1076年，耶路撒冷又转属信奉伊斯兰教的塞尔柱帝国。由于阿拉伯人和突厥人实行较为宽容的宗教政策，直到十字军东侵以前，耶路撒冷作为上述三教的共同的"圣地"，各教教徒各自举行朝圣、礼拜等宗教活动，基本上相安无事。然而，当西欧封建主决定要发动侵略战争时，他们就大肆编造谎言，蛊惑民众，说东方的穆斯林如何迫害基督徒，破坏"圣地"，号召人们去援救基督徒，"解放圣地"。教皇还许诺，凡参加十字军者可以获得免罪，灵魂得救，欠债者免还债务，农奴获得自由，并以获得丰厚的战利品相诱惑。

1095年5月26日，教皇乌尔班二世在法国南部克勒芒城宣布组建十字军。急于摆脱封建压迫的数万农民首先

▲十字军的武士。

回应，但他们没有装备和给养，又缺乏组织性，绝大部分人死于非命，幸存者徒劳而返。翌年秋季，由封建主组成的第一次十字军（1096~1099 年）约十万人，由欧洲出发，经君士坦丁堡渡海进入小亚细亚，在拜占庭的帮助下，攻占塞尔柱帝国首都尼西亚；进而又攻占爱德沙和安条克；1099 年 7 月，十字军攻占耶路撒冷，并在征服的土地上建立爱德沙、安条克、特里波利和耶路撒冷 4 个十字军国家。

▲十字军的战士和教士挥剑表示立志尽忠的画面。

罗马教廷为控制十字军征服的土地和人民，建立了一种特别的宗教军事组织——僧侣骑士团：计有圣殿骑士团（神庙骑士团）、医院骑士团（约翰骑士团），后来又建立条顿骑士团。骑士团内部有严格的教规和军事纪律，有很好的装备，具有较强的战斗力，是教廷进行侵略和扩张的工具。

十字军先后进行了 8 次东征，这场旷世大战给欧洲乃至世界都带来了深远的影响，其功与过也值得我们一一评说。

第一，十字军东侵占领了以耶路撒冷和君士坦丁堡为中心的东方广大地域，并建立了耶路撒冷、拉丁帝国等一系列的十字军国家。西欧封建统治者通过战争和殖民掠夺，获得大量土地和财富，极大地改善了西欧社会经济状况，不仅克服了社会经济危机，并且促进了农业、手工业和商业的发展。十字军把东方的许多产品和生产技术，如棉花、水稻、西瓜、丝织、印染、制糖等传入西欧，大大丰富了物质生产，提高了生产力水平。在商业方面，意大利商人取代了阿拉伯和拜占庭商人在东方贸易中的垄断地位，独占了地中海商业霸权，有力地推动了西欧的商业发展。十字军东侵结束时，由东方输往欧洲的商品比以前增加了 10 倍。贸易的发展促进了城市的繁荣和市场的扩大，从而导致西欧封建社会深刻变化，开始进入一个新的发展时代。恩格斯指出："在意大利诸城市共和国中得到推动力的贸易，也波及德国的沿海城市；货币流通以空前的高速度在发展；最后是，社会借助于无数新思想和新事实在接受着深刻的变化。"

第二，十字军东征过程中，许多贵族和骑士丧生，或因战争失败而消耗了力量；另一方面，城市却在不断地发展，市民地位日益提高。市民反对封建主专制，导致有市民参加的等级议会制的产生。贵族力量的削弱和市民力量的加强，有利于王权的提高。在中世纪"普遍的混乱状态中，王权是进步的因素……王权在混乱中代表着秩序，代表着正在形成的民族而与分裂成叛乱的各附庸国的状态对抗。"

第三，十字军东侵期间，封建主为筹措战费急需金钱，曾让部分农民以金钱赎买自由，或减轻部分封建义务；有些封建主在战争中死亡了，他们的农奴也往往得到了自由。另一方面，由于商品货币经济的发展，货币地租日益取代劳役地租。这一切"发生了一种有利于农民的决定性的转变"。

第四，十字军东征导致罗马教会权威的盛极而衰。罗马教廷是十字军东征战争的组织者和领导者，战争初期，随着十字军的胜利，教会权力大大膨胀，如教皇英诺森三世时期（1198~1216 年），教会权力达于顶点。但是，后来随着十字军的失败，十字军的神话破灭，教会权威动摇。另一方面，各国王权不断加强，教会权威日益受到挑战。于是作为西欧封建制度的巨大国际中心的罗马教会势力衰落了，这就为西欧各国统一民族国家的形成提供了有利条件。

第五，十字军东征对西方军事方面的影响也十分重要。十字军通用重装骑兵战术。战时采用一线队形作战，骑士配置在前，侍从和步兵在后。战斗一开始即分为若干小群和单兵进行决斗，骑兵和步兵之间很少协同作战。而阿拉伯和突厥人的军队主要是轻骑兵，他们装备弯弓、马刀，其战斗素质和机动能力都优于笨重的十字军骑兵。阿拉伯和突厥人骑兵先用弓箭射伤十字军，尔后将其包围，割裂敌军，加以歼灭。十字军东征使西欧重骑兵的作用下降，轻骑兵和步兵的作用日益提高。十字军还从东方学会制作燃烧剂，后来又掌握了火药和火器的制作技术，加强了战争能力；特别是从阿拉伯人那里学会了使用指南针，从而大大改善了航海条件。

在十字军东征过程中，摇桨战船队逐渐被帆船队所取代，这标志着西方海军战略战术发展的新时期已经开始。"十字军东征的结果，使动荡的欧洲的面貌焕然一新。从巴勒斯坦来的人大开眼界，更新了观念。

第六，大批封建主在东征中战死，欧洲各国不再受困于那些好战成性的封建主们的扰攘，一时如释重负，颇为自在。国王们用一种初级形态的中央集权政府取代了各自为政的封建体制：警钟楼不久便与封建城堡主塔一样成为防卫与权力的象征。"

然而，十字军东征带给西欧的不完全是胜利和实惠，也有负面影响。十字军东征，使西欧广大劳动人民付出了重大牺牲，自不待言。就战略而言，也有重大失误之处。例如，十字军征服拜占庭，西欧封建主暂时如愿以偿，痛快一时，但从长远的政治战略来看，这是得不偿失的错误。

首先，侵略拜占庭彻底暴露了教会所标榜的十字军东征是为"解放"耶路撒冷、援救基督教教友的"神圣事业"的虚伪性，从而导致教会威信扫地。

▼反映十字军屠城的油画。

其次，更为重要的是，征服拜占庭就破坏了君士坦丁堡作为欧洲对东方穆斯林的前沿阵地和桥头堡的作用，使东南欧直接暴露在穆斯林攻击的目标之下。后来奥斯曼土耳其人占领君士坦丁堡，君士坦丁堡反而成为土耳其人进攻欧洲的桥头堡，欧洲为防御土耳其人的进攻，付出了沉重的代价。

再次，十字军东征及其暴行造成了穆斯林人民和欧洲基督教徒之间的长期仇恨和对立，遗患无穷。如当今的中东和巴尔干诸多问题，从历史原因上来说，即可以溯源于十字军时代。不过这些都是当时人们始料不及的。

11世纪的骑士和农民认为，十字军东征是西方在发泄剩余力量，海外的土地、财富和封地才是主要的诱饵。

但十字军东征即使是在彻底失败前，也没有满足西方人对土地的渴望，他们只好在欧洲发达的农业发展中，寻求海外幻景无法带给他们的解决之道。

十字军东征并未因与伊斯兰世界接触以及西方经济发展而给基督教国家带来蓬勃的商业，既没有带来技术和产品，也没有输入精神上的武器——希腊、意大利（尤其是西西里岛）和西班牙等地的翻译中心与图书馆。甚至连搜集奢侈品的嗜好和懒散的习惯都没有带来，因为西方的道德家认为，这些兴趣和习惯是东方的特性，是毒品，异教徒拿它来送给抵抗不了东方魅力和魔女的十字军。十字军东征把西方的骑士阶层变穷了，不但未让基督教国家团结起来，反而大大刺激了国内刚刚产生的各种对立。十字军东征在西方和拜占庭人之间挖掘了一条鸿沟：拉丁人和希腊人的敌意，随着一次次十字军东征而加剧，导致了第四次十字军东征的失败和 1204 年君士坦丁堡的陷落。

1099 年在耶路撒冷，1204 年在君士坦丁堡，这一次次远征并未导正风俗，圣战的狂热反而让十字军穷凶极恶，一路上暴行虐施、烧杀掳掠，基督教徒、伊斯兰教徒和拜占庭的编年史中，都记述了此类暴行。十字军东征所需的资金是教会征收重税、出卖赦罪的动机或借口。归根结底，无力保卫和守住圣地的军事教会都撤往西方，以便回去敲诈勒索。以上就是这些远征造成的负面影响。

参考文献：

【1】（法）勒高夫：《中世纪的西方文明》。
【2】（法）塞西尔·莫里松：《十字军东征》。

耶稣裹尸布 "真相" 之争

相传，耶稣被他 12 个门徒中的一个叫犹大的出卖，在受尽折磨后被钉死在十字架上。耶稣死后，他的另一门徒约翰用一块裹尸布将其尸体精心包好后放在哥尔高扎的一个石洞墓里。3 天后，几个去石洞吊唁的妇女发现耶稣复活了，这个日子后来成为基督教的重要节日——复活节。然而，就在耶稣复活后，他的那块裹尸布却不翼而飞了。

本来，这一传说带有明显的宗教神话色彩，人们当初并没有信以当真。

▼耶稣复活图。

然而到了 1353 年，居住在法国巴黎附近领地的夏尔尼伯爵突然宣称，他保藏着耶稣受难时的那块裹尸布。这一消息对基督徒来说，无疑是个极大的震动。遗憾的是，夏尔尼伯爵尚未说出裹尸布的来龙去脉就很快病故了，从而把这块裹尸布突然出现之谜也永远带进了坟墓。不过，对于一些基督徒来说，他们对这块裹尸布却是深信不疑的。

4 年后（即 1357 年），这块来历不明的裹尸布终于在夏尔尼伯爵领地利莱教堂的祭台上公开展出，吸引了大批朝圣者。当时法国基督教徒与天主教徒矛盾日益尖锐，裹尸布公开展出后，立即遭到当地天主教主教的反对，他要求停止展出这块裹尸布，并断言它是赝品。1389 年主教的继承人在写给教皇的信中指出，有一个不知名的艺术家已经承认，所谓耶稣裹尸布实际上是出自于他手中的艺术品。因此教皇克里孟特七世下达教谕，只允许在说明这块细亚麻布不是真正的耶稣裹尸布，而只是艺术品的情况下才能向基督教徒公开展出。

但是，法国的基督教徒们无视教皇的教谕，他们认为那个不知名的艺术家是在严刑拷打下而被迫承认的。到了15世纪，萨伏伊公爵路易斯将裹尸布从利莱转移到著名的尚贝里大教堂。1532年，尚贝里大教堂失火，裹尸布虽被抢救了出来，但因贮放的银盒融化，落了几滴在裹尸布上，使它遭到了一些破坏，同时消防用水也在布上留下了污迹，但布的中心部分依然完整无损。

1578年，裹尸布被迁往意大利北部的都灵，存放在都灵大教堂的圣坛上，时至今日。每过50年，裹尸布会在教堂的主持下向信徒们展示一次，接受基督教虔诚者的膜拜和赞叹。

于是，从公元16世纪起，小城都灵也成了无数基督教徒心中的圣地。面对这块裹尸布，虔诚的教徒们眼中常常噙着泪水，口中重复着感恩的祈祷，因为他们笃信，这些都是"神迹"。他们想象着在铺华石处，耶稣被讥讽，受鞭笞，被打得皮开肉绽，血肉模糊，却谢绝了好心的耶路撒冷妇人递上的能让人失去知觉和免除痛苦的酒，神志清醒地忍受被钉在十字架上的煎熬，任由血迹溢满手掌和脚面，只是平静地等待着死亡。对虔诚的教徒们而言，这块在两千年前用于包裹耶稣遗体的裹尸布，是伟大的救世主替人类承担一切痛苦、折磨和惩罚的记录和证明。1978年的一天，三百多万人从世界各地涌向意大利西北部的小城都灵，往日安宁、平和的小城似乎暂时乱了节奏。但是纷繁杂乱的脚步和随之而来的喧闹却丝毫掩盖不了笼罩在整座城市上空的肃穆。人群聚拢在都灵大教堂前，虔诚等待着，翘首祈盼着。这样的场面在都灵50年就会经历一次。

对很多人而言，都灵有着巨大的吸引力，而吸引力的来源就是供奉在都灵大教堂里的一块麻布。这块麻布约4

米长，1 米宽，上面有无数污迹和焦痕。可就是这块麻布，成为千百万基督教信徒心目中不可亵渎的圣物，也成了都灵的镇城之宝。因为虔诚的基督教徒们笃信，这块布曾用来包裹被钉死在十字架上的耶稣的尸体。

由于社会上对耶稣裹尸布的真伪众说纷纭，1898 年，都灵大主教终于同意一批科学家对裹尸布进行考察研究。人们发现这块亚麻裹尸布上留有一个明显的影像——一个裸体、有胡子、留长头发的男人的图像。其大小同实际人体相等，死者的面容安详，其身体上留有鞭痕和钉痕，布上相当于死者的头、手、腰、足部位都有斑斑"血"迹。

有人认为，裹尸布上的影像很像《福音》书上所描述的耶稣受难时的形象，并断定这就是大约两千年前约翰用来包裹耶稣尸体的那块圣布。同时，有历史学家试图利用历史文献证明耶稣裹尸布的存在及其真实性。例如，经英国历史学家威尔逊考证，耶稣当年受难时，耶稣的门徒确实曾用细亚麻布包过耶稣的遗体，这块裹尸布曾长期保存在耶路撒冷，后来它又传到了东罗马帝国的首都君士坦丁堡。

而且据记载，13 世纪初一个叫克劳里的编年史家声称他本人于 1203 年在君士坦丁堡目击过耶稣的裹尸布。第四次十字军东征时（1202~1204 年），君士坦丁堡被十字军所占领，当时一些十字军骑士也曾见过耶稣裹尸布，然而事后这块裹尸布就失踪了。

有人猜测，1357 年在法国夏尔尼伯爵领地利莱教堂展出的耶稣裹尸布，就是十字军东征时从君士坦丁堡窃运而来的。同时，这些相信者们还发现：裹尸布图像上的脸型、披肩的发式及胡子都属于公元初的犹太人型，并且，裹尸布上的形象与圣西娜山上叶卡捷娜教堂中的圣像有 45 处相似，而与查士丁尼二世时货币上的圣像有 65 处相似。在图像的眼部发现有公元 1 世纪铸造的钱币痕迹，这证明死者的死亡时间是公元 1 世纪，与耶稣遇难的时间相吻合。

然而，不信者也有自己的理由。他们认为，裹尸布的人形属裸体形象，这与当时的习俗相违背，因为通行的耶稣受难形象是穿着希腊长衣，或者腰间束有大腿绷带。同时，他们还发现，裹尸布上的耶稣形象留有发辫痕迹，而中世纪的几乎所有圣像都没有发辫。由此，他们认为裹尸布是伪作。双方的争执持续了几百年。

▲圣维罗马卡的面纱。相传耶稣背负十字架受难时的容貌，被神奇地印在了圣维罗马卡的面纱上。

1978 年，为纪念裹尸布迁移都灵 400 周年，再次举行了公开展出。各国科学家云集都灵，用各种现代科学方法对裹尸布做了实物检验研究。纺织学家发现，在古代中东地区常以亚麻布做尸衣、尸布，而这块亚麻裹尸布明显具有古代耶路撒冷地区的特征。同时，有科学家还发现在裹尸布上含有一些花粉，这些花粉大部分是属于生长在耶路撒冷的植物花粉。因此他们断定：裹尸布肯定有一段时期是在耶路撒冷保存的。

但是马上有人提出反驳，他们指出，花粉是可以随风飘荡或被鸟类带到很远的地方的，而裹尸布恰恰在几个世纪中被放在露天场上展出过，因此用花粉来证实裹尸布真实性的论点就有些靠不住了。

于是，有人提出用放射性碳断代法来测出裹尸布的确切年代，以此来证明裹尸布确系公元 1 世纪的产物，但未能得到允许，因为用这种方法会破坏掉一部分原物。正当欧洲的科学家们争执不下的时候，从大洋彼岸的美国却传来了不同的研究结果。首先，科学家们提出了一个一致的结论，认为这块裹尸布不是一幅画，因为裹尸布上没有发现颜料的成分，至于裹尸布图像的形成，他们通过 1532 年的那场火灾所提供的线索得到了启发，断定这是由别人巧妙地用轻微的焦痕构成的。

其次，通过对尸布上的"血"迹的研究表明，裹尸布上留下的"血"迹确系人血。但经分析发现，"血"迹部分拍摄的底片上呈白色，证明尸布上的血迹是阳性的，而人体影像却是阴性的，这说明尸布上的血不是来源于尸体，而是后来加上去的。由此，有些科学家断言，裹尸布上的耶稣图像是伪造的，这块亚麻布根本不是传说中的耶稣裹尸布。

然而，这是否就能用来完全解释裹尸布的奥秘呢？科学家们对有些问题至今不解：裹尸布上的图像是立体形的，但古代人是否能掌握立体成形技术？如果裹尸布上的图像是由焦痕形成的，那么要有怎样的烧烫技术才能绘制出这样一幅图像呢？还有，历史上真的有过耶稣此人和耶稣裹尸布吗？如果连耶稣都不存在的话，那再探讨耶稣裹尸布的问题就是探讨一个伪问题，就完全没有价值了。

参考文献：

【1】《约翰福音》。

【2】（西）朱莉娅·纳瓦罗：《耶稣裹尸布之谜》。

第五章
众说纷纭的传说

　　历史留给了我们卷帙浩繁的史料书籍,留给了我们富丽堂皇的殿宇楼梁,留给了我们巧夺天工的金石玉器,但历史留给我们更多的是各执一词的故事、众说纷纭的传说。那些气吞山河的英雄、金戈铁马的战役、钩心斗角的权谋都已湮没在历史的长河当中,留给我们的历史之谜和那些鲜为人知的故事却在我们的唇齿间流传。传说是否真实可信,让我们进入本章解读传说中的未解之谜。

狮身人面像不是古埃及人的杰作

狮身人面像，又译"斯芬克斯"，位于埃及首都开罗西萨市南郊 8 公里的利比亚沙漠之中、著名的吉萨大金字塔近旁，是埃及著名古迹，与金字塔同为古埃及文明最有代表性的遗产。像高 21 米，长 57 米，光耳朵就有两米长，除了前身达 15 米的狮爪是用大石块镶砌外，整座像是在一块含有贝壳之类杂质的巨石上雕成。雕像坐西向东，蹲伏在哈夫拉的陵墓旁。由于它状如希腊神话中的人面怪物斯芬克斯，西方人因此以"斯芬克斯"称呼它。

相传，当年建造金字塔时，狮身人面像所处的位置是采石场。采石工们把场内上等坚硬的石块开采来建造金字塔，但中间一片岩石含有贝壳之类的杂质，结构松散，故弃之不用。金字塔竣工后，采石场上便遗留下一座小山。

到了公元前 2610 年，哈夫拉国王前来工地巡视自己未来的陵墓，见此山挡在塔前，颇不雅观，龙颜顿时不悦。摆在建筑师面前有两种选择：或拆除运走，或利用它改为陵墓的组成部分。天才的设计师从古代的神话和山的外形中汲取了灵感。远古时，负责保护本部落安全、抵御外来之敌的酋长常常被比做勇猛的狮子，而在神话故事里，狮子又是陵墓和庙宇等圣地的卫士。或许设计师意识到狮子还有残忍的兽性一面吧，于是别出心裁地把小山雕琢成哈夫拉的头像和狮子的身躯，把象征人的智慧与狮子的勇猛集合于一身。于是，一件千古不朽的造型艺术品就这样诞生了，它是世界上最古老和最大的一座狮身人面像，千百年来作为守护的卫士坚守在法老陵墓前。

◀世界著名的三大
金字塔。

　　但是，最新的探测表明，这座历来被视为"法老守护者"的建筑竟然比所守护的金字塔的历史更为悠久，而且，也并不是出自古埃及人的手笔。其实，自从发现狮身人面像开始，人们便在努力探寻它的确切制造年代，但是，没有任何资料能够准确表明它的修建时间，一直以来我们认为的"修建于公元前 2500 年左右"也没有史料证据支撑，只是专家学者依据它的造型和位置等因素来判断的。

　　首先，在埃及，狮子有守护的象征意义，并且历史上也存在将几种动物形象混合进行崇拜的惯例，专家学者们正是以此来确定狮身人面像的用途可能是守卫者。

　　在古埃及，狮身人面像的真正名字不是"斯芬克斯"，而是"地平线上的荷鲁斯"。古埃及是个多神崇拜的国家。人们通过关于神的起源和神话来解释大自然的神奇与世界的创造力，是人类思考、探究世界和宇宙的第一步。荷鲁斯神是埃及人最崇拜的神之一。荷鲁斯神是猎鹰之神，是天上的神，它给予法老统治这片土地和这里人民的权力。埃及的统治者常常把自己与荷鲁斯神联系起来。人们认为法老是荷鲁斯神在世间的化身。在埃及的神话里边，我们还能够看到一些神。第一个神是豺神，叫阿努比斯，是冥界之神。第二个是猫神，叫巴斯特德。最后一个叫萨赫麦特，萨赫麦特就是一个狮子的头，人的身体，正好和斯芬克斯掉过来了。这里边就能够看到古埃及为什么要让身体跟头部是两种动物的结合，这是有他们自己的传统的。那么这个最早起源于什么时候呢？据推测，应该是起源于古埃及那种图腾崇拜，和自己的面罩的这样一种仪式。

由于自己有这样的一种对于动物的崇拜，它可能就做成这样的一种面具来参加一些仪式。由此给人这样的一个启发：也就是不同动物的身体跟头是能够合在一块的，那么这个巴斯特德这个神就有保护的意思。为什么有保护的意思呢？因为它是狮子的头颅，它很威严，有保护的意思。所以人们推测在吉萨的金字塔前面，这样一个庞大的斯芬克斯像，就是用来镇守古埃及法老墓地的。

确定了狮身人面像是一种守护类象征后，再依据雕像的容貌和位置进一步缩小年代范围。我们知道古希腊的斯芬克斯——狮身人面像——是一个女人的雕像，除此之外，我们很难说它跟哪一个特殊的人物有什么关系？但是古埃及的这个斯芬克斯却不一样，他所系的这个围巾是非常典型的古埃及法老所系的围巾，而且头部前面有一个神蛇的痕迹。虽然真正的神蛇由于经历这么多年的风雨，经历人为的破坏，已经不存在了，但是我们能够看到，这个地方是有一个雕塑的东西在里边，这个东西一定就是那个神蛇。而这个神蛇并不是每个老百姓都能够拥有的权利，把它戴在自己头巾的上边正前方的，正是法老的标志。

由于有法老的容貌特征，又守护在法老金字塔旁边，人们自然地产生了这样的一种推理：如果能够确定是哪位法老的象征，那么就能够判断应当属于哪位法老，从而确定是哪个年代制造的。

我们在斯芬克斯附近看到了一座金字塔，就是斯芬克斯雕像后边的那个金字塔，也是整个埃及第二高的金字塔，他的拥有者是法老哈夫拉，他是胡夫的儿子，在其哥哥去世后，接替成为古埃及第四王朝的统治者，继续统治着埃及，并且建造了巨大的金字塔，然后在金字塔前面又出现了这样一个狮身人面像。

这个狮身人面像是不是就是哈夫拉呢？因为雕像的鼻子已经不存在了，所以分辨起来有一定困难。学者们经过反复比较，甚至是一些电脑的测量，最后得出的结论竟然是：尽管它是在哈夫拉的金字塔的前面，一般认为它是哈夫拉金字塔的一个建造物——附属的建造物，但是从面容上看，更像他的哥哥詹德夫瑞。詹德夫瑞是哈夫拉的哥哥，他也统治过埃及，也做过法老，在胡夫去世之后，他就接任胡夫当了埃及的统治者，但是他的统治时间非常短，三四年左右，他就死去了。但是很奇怪的是，他并没有把自己的金字塔建在历代法老聚集的吉萨，而是建在了吉萨北边的阿布拉瓦什这个地方，而且金字塔也建造得很小，完全没有其前任或后任法老陵寝的高大华丽。由于在位时间的短促、逝世后陵墓的遥远和狭小，再加上与斯芬克斯容貌的相似，使得人们怀疑是哈夫拉盗取了皇位，而且把他哥哥的金字塔也据为己有。

　　但是无论是詹德夫瑞的还是哈夫拉的，他们的年代大体上都是确定的，那就是公元前2500年左右，距今4500年左右这样的一个时间。最初的推理就是这样进行的，看起来很严密，而且在时间和传说上也能吻合，所以一直以来大家都把狮身人面像诞生定位于4500多年前。但是，随着现代科技的发展，人们从地质学、古生态环境学等方面再度考察狮身人面像时却发现了不一样的答案。40年前，一位任教于芝加哥大学的美国地质学家让·哈尔夫教授突然对几张狮身人面像的照片产生出浓厚的兴趣。在这座狮身人面像的表面，有许多很深的沟壑，它们全都横行排列，一层层密存在狮身人面像的表面，使这座古老的石雕显得更加苍老和神秘。人们普遍认为，这一奇特的现象的产生，是因为古埃及地区干燥的气候和强烈的沙漠风暴使狮身人面像受到了风化。一直以来，无论是正统的古埃及学研究者，还是到此来做实地考察的各类专家，都对这一解释深信不疑。而且谁也没有怀疑过建造这一石像的真实目的。

　　让·哈尔夫教授不是一个古埃及学家，甚至对考古学也一窍不通，但是作为气象地质学的研究专家，他在侵蚀和风化的研究领域有着很深的造诣。让他感兴趣的是密存

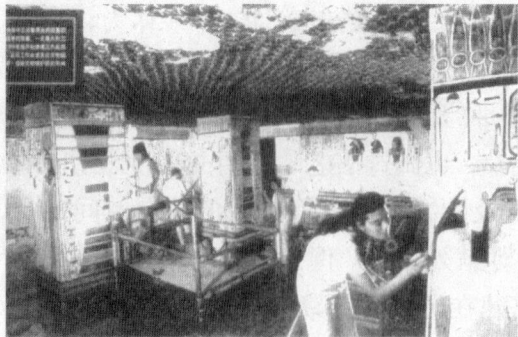

▶正在金字塔内进行考察的考古人员。

在狮身人面像表面的沟壑。让·哈尔夫教授进行缜密的研究后断定："这些沟壑是因雨水冲刷而形成的！"之后他带着几名助手迅速飞往狮身人面像所在地——埃及最著名的观光区吉萨。那里不仅有狮身人面像，同时还有举世闻名的金字塔群落等一系列在古埃及第三王朝全盛时期留下来的大量古代遗产。经过一系列细致而严谨的考察和取样分析，哈尔夫教授最终证实了自己的判断。他立即向世人宣布，狮身人面像上面的沟壑是因雨水冲刷而形成的，而决非如传统的考古学者们认为的那样，是因风沙侵蚀而形成。此言一出，世界为之震惊。之后几十年间陆续有专家学者对狮身人面像进行岩石断代测定，以及岩石裂缝痕迹测定，结果均表明有强烈的雨水或流水冲刷痕迹。而气候条件要达到如此湿润，至少要追溯到公元前10000年之前，远早于埃及文明存在的时间，而哈夫拉法老只是在已经存在的巨型雕像基础上让人雕凿成自己面相的图腾而已。

除了古环境学的理论支援，一些天文学者更是证实了斯芬克斯的准确建造年代，是在公元前10500年前。人们在古代的一片铭文里边（就是刻在石头上以及在墙上浮雕当中出现的古埃及的文字）找到了这样的一片铭文，"地上的荷鲁斯在夏至前的70天，由弯弯曲曲的河的东岸或者说另一面开始，向这一面行走，那么70天之后，他与地面上的另外一个神奇结合，正好出现在太阳升起的那一刻。"于是人们就开始分析这段铭文，开始寻找它的真正含义。这里说的"弯弯曲曲的河"依据星相学说应当有两种含义，一种是地上的尼罗河，一种是天上的银河。如果依照地上的河推算，位置上应当就是今天的吉萨金字塔附近。于是在夏至70天之前，人们就站到吉萨去观测银河的东部，发现真有一颗星星，太阳在那里出现。之后人们开始观察这个星星与太阳，结果是70天之后真的落到了地平线上，而这个地方恰好有一个星座——狮子星座。荷鲁斯神和狮子星座合二为一了，这应当就是"地平线上的荷鲁斯"——狮身人面像。

如此说来，在狮身人面像建造的时候应该恰好会在正东方看到狮子座。但是，经过推算，在公元前2500年左右，也就是一贯认为的狮身人面像建造的年代，依照铭文记载的时间和方法，二者却相差了28度！唯一的原因只能是时间不对，公元前2500年前并不是建造狮身人面像的正确年代。

由于地球围绕太阳旋转等的关系，会造成不同的时期狮子星座在东方升起和这个星星、太阳会合的时间不一样，并且这一变化极其缓慢，今天要看到这一胜景只能在春分左右，而不是夏至。那什么时候才能正好处在同一方位呢？答案是公元前10500年！与古代环境学勘探的时间非常吻合。

隐藏在距今一万多年历史中的真相，终于被再次破解。但是一个误解的揭开又带来了更多的疑问：它究竟是谁建造的？一万多年前的石器时代的古人类是如何进行如此浩大的工程的？会不会是天外来客的杰作？这些答案还都不得而知。但是，肯定的是，以后一定会有许许多多的猜测和证实，而就是在这种不断发掘问题、解决问题、纠正问题的过程中，历史才能够不断发展和前行。

参考文献：

【1】（美）詹姆斯罗林斯：《圣骨谜踪》。

【2】（美）萨普利斯：《埃及－文明的进程》。

【3】余丁：《狮身人面像年纪有多大》。

【4】刘文鹏：《古代埃及史》。

玛雅文明消失的背后

玛雅文明被视为千古不解之谜。为了揭开它们神秘的面纱，世界上许多科学家孜孜不倦地进行了大量的探索。而为何如此高度发达的文明突然间消失成为探讨的焦点之一。

玛雅的数系被人们誉为"人类最伟大的成就之一"，他们很早就开始使用了"0"这一极重要的数字，其历法也非常精确，他们精确地计算出太阳年的长度，即一年为365.2420日。这是16世纪的欧洲殖民主义者所望尘莫及的，因为那时的欧洲，普遍使用的还是粗糙得多的恺撒历。不仅如此，玛雅人还制定了太阴历，算出了金星公转一周的时间，并找出了纠正太阳历和太阴历积累误差的方法。

一些杰出的考古学家据此认为，玛雅人或者至少他们的统治者，已经具有高度的智慧。西尔韦纳斯·莫利和埃里克·汤普森分别于1946年和1954年在各自的著作中提到了玛雅。根据他们的描绘，玛雅是一个爱好和平的民族。这两位杰出的考古学家发现，在玛雅遗址的周围并没有明显的防御工事的遗迹。

▶玛雅神庙远景。

莫利和汤普森由此认为，玛雅曾是一个宗教王国，其中国王兼任祭司，他们终日苦思冥想着宇宙中的数学问题。这种思考偶尔也会被前来送食物的农夫打断。这些农夫都依赖于他们的智慧。

刻在墓碑上的数字也为我们提供了玛雅文明消亡的时间。在科潘被记录下来的最后一个日期（根据玛雅人的日历推断）是公元 820 年，其后玛雅人的其他一些城市也都如多米诺骨牌一样先后消亡了：纳兰霍亡于 849 年，卡拉科尔亡于 859 年，蒂卡尔亡于 879 年。消亡原因是个让人百思不得其解的谜题。

一些学者试图从环境方面寻求答案。例如，莫利就认为，玛雅人为了得到更多的耕地，不断毁林造田，直至最后他们用尽了他们所有的土地。也有人认为，原因在于玛雅的农夫耗尽了他们的耕地。还有人提出了自然灾害如地震、台风或持续的干旱等原因。也有人归因于疟疾和黄热病。

汤普森的理论是：某个文明程度较低的民族（可能来自墨西哥中部或墨西哥湾沿岸地区）进入了位于尤卡坦半岛的玛雅人的最北部的一座城镇，并推翻统治者。汤普森认为，与其说这是一次军事侵略，不如说是一次文化侵略。它颠覆了玛雅人在当地已确立起来的政治和宗教秩序。这一情况向南蔓延，反过来又导致了玛雅农民的暴动。这些农民曾经对缉私权贵们俯首帖耳，但他们却不愿向野蛮的入侵者进贡。

有一些证据可以支援汤普森的理论。在尤卡坦半岛上一些玛雅人的城镇中，发现了一些来源于 10 世纪的带有墨西哥中部风格的橘黄色的陶罐，随后又在那里陆续发现了一些墨西哥湾沿岸风格的建筑。但问题在于，并没有任何遗产能够说明玛雅人的中心地带的南移曾受过外来的影响。至于陶罐和建筑，它们可能来源于和平时期的商业活动。即使能证明外来者曾入侵北部地区，陶罐和建筑上的日期也不足以说明这种入侵是发生在玛雅文明消亡之前。外来者也很可能只是在玛雅的统治者已经撤离的情况下，填补了一个空白而已。

尽管如此，由于缺少其他更可信的观点，汤普森和莫利的看法仍继续主导着玛雅学术界。直到 20 世纪 60 年代和 70 年代，语言学家们终于能够解读古代玛雅人的单词和数字之后，情况才有所转变。参照译出的文本来看，汤普森和莫利关于玛雅文明消亡原因的解释存在许多漏洞。而且，这些文本也彻底改变了学术界关于玛雅文明的看法。

从玛雅城镇的遗址中找到玛雅人的书是由达戈·德·兰达所做的工作。

▲手持双头蛇法杖的统治者石雕。

兰达是一位传教士。他曾于 16 世纪 50 年代访遍了玛雅城镇的各处遗址——这比斯蒂芬斯的探访活动几乎早了 300 年。兰达曾做过一些初步的尝试，想把玛雅人的符号和字母联系起来。这些尝试都不正确，但他的思路却是对的。可惜，兰达是一个狂热的传教士而非学者，在确信他所收集的玛雅人的书中所载的只不过是些"关于邪恶的迷信和谎言"之后，他将它们付之一炬。只有 4 本书逃脱了西班牙传教士的破坏，并在热带雨林的潮湿环境中幸存下来，其中一本后来被存放于柏林国家图书馆。在第二次世界大战后期，图书馆发生火灾，这本书几乎也化成了灰烬。幸运的是，一位名叫尤里·克诺索洛夫的苏联战士从火中抢出了它，并将它带回家乡。然后，在远离汤普森的思想影响的情况下，克诺索洛夫开始了研究。1952 年，他宣称自己破译了密码：玛雅文字既不全是字母（如同兰达所认为的），也不全是数字和图像（如同汤普森所认为的），而是音节和单词的组合。

一些学者逐渐开始质疑汤普森，并接受克诺索洛夫的观点。当 1975 年汤普森去世时，人们已经能够理解玛雅人的语法和句法，学者们可以着手翻译玛雅人的作品了。

1966 年，有人根据已认出的这些玛雅文字，试译了奎瑞瓜山顶上的一块玛雅石碑，出乎人们意料的是，它竟是一部编年史。编年史中记有发生于九千万年前，甚至四万万年前的事情。可是四万万年前，地球还处在中生代，根本没有人类的痕迹，因而有人认为玛雅文明是"魔鬼干的活儿"。

此外，要做的工作很多，因为幸存下来的不仅仅只是 4 本书，还有刻或绘在石碑上、玛雅人的陶罐上以及城墙上的成千上万的文字。这些东西一经译出，立刻就动摇了由莫利和汤普森所提出的玛雅人的形象。在一座座墓碑上，翻译者们看到了关于战争策略、血腥的战场以及残忍

的以被俘的敌人献祭的详尽的描述。我们看到的再也不是
爱好和平而又富有知识的祭司阶级了；事实证明，玛雅的
统治者都是些好战的武士，大部分文字都记载了他们在战
争中取得的胜利。

考古学家在摆脱了汤普森和莫利观点的束缚之后，发
现了更多的证据，它们向我们展现了玛雅人的穷兵黩武。
例如，在蒂卡尔曾发现一些长而狭窄的壕沟和土埂，它们
可能曾被用做护城河和胸墙；在拜肯也发现过这种曾用于
防御的城墙；在卡拉科尔，人们曾发现建筑物上有烧焦的
痕迹，还曾在一座金字塔的地板上发现一个未埋葬的儿
童；在博南帕克曾发现过许多栩栩如生的壁画，过去人们
认为它描绘的是某种宗教仪式，而现在则将它们看做真实
的战争场面的再现。

考古学家们确立了玛雅人穷兵黩武的新形象之后，就
可以为其文明的消亡寻求新的解释了。阿伦和迪亚娜·蔡
斯在伯利兹的某个地方发现了武器，他们认为玛雅
各个城邦之间连绵不断的战争最终摧毁了玛雅文明。
阿瑟·德玛雷斯特在圩堤玛拉北部的一次发掘中发现了成
堆的被砍下的人头，他也由此得出了相似的结论。他估计
大约在公元 820 年前后，那儿的玛雅人曾锐减到其以前数
量的 5%。

德玛雷斯特认为："像波斯尼亚瘟疫一样的战争最终
断送了玛雅文明。"

除此之外也发现了
一些新的证据，导致以
环境因素来解释玛雅文
明消亡的古老观点重新
又流行了起来。1995
年，古气候学家在研究
尤卡坦半岛中部的奇彻
坎努博湖底的沉积物
时，发现在公元

▼玛雅社会等级分
类：从右到左分
别为官员、武士、
贵族与祭司。

▲ 通往圣甬道上的
　雕刻。

800~1000 年这一时期的沉淀物中，硫酸的含量很高。硫酸只有在湖水很少的情况下（通常是在干旱时期）才会沉到湖底。戴维·霍德尔和他的同事认为，这一时期可能曾发生过严重的干旱，造成庄稼歉收、饿殍遍野、疾病盛行，这些都是导致玛雅文明消亡的祸根。

由此我们可以看出，玛雅文明消亡其实有一系列的原因，干旱是引发一连串环境和文化危机的一根导火线。而战争的破坏作用也是一个重要原因。实际上，自 20 世纪 70 年代以来，持不同立场的科学家都逐渐变得更加开明，他们开始考虑到各种相关因素的作用——包括环境的压力和对外战争以及内战的影响。可能曾有着许多不同的因素削弱了玛雅人的实力，使他们最终在危机面前不堪一击。至于这最终危机的性质则因城镇不同而异。

玛雅这个神秘而且高度发达的文明顷刻湮灭，人们对其消亡背后的原因进行了种种探究，虽然推翻了一些错误陈旧的观点，但也许今后还会有更多的考古证据被发掘出来，从而推翻现今达成一致的观点，而历史就是在这样的不断推翻中，愈发接近其本来的真面目。

参考文献：

【1】（美）西尔韦纳斯·莫利：《古代玛雅》。

【2】（美）J. 埃里克·汤普森：《玛雅文明的兴起和没落》。

【3】（英）迈克尔·科：《解析玛雅之谜》。

虚构的 "特洛伊木马"

一场战争引出了两大史诗，从而成为西方文学的源头。这场战争就是特洛伊战争，而两大史诗就是荷马的《伊利亚特》与《奥德赛》。

在那样一个人神界限特别模糊、人类很像神灵而神灵身上又表现出太多人性的时代，特洛伊成为这一时代人神之中最伟大者交锋的场所，很多事情发生在这儿。特洛伊国王普里阿摩斯的儿子帕里斯，把世界上最美的女人海伦从希腊带到这里；希腊国王阿伽门农为了夺回海伦，率领他的军队来到这里；后来，在这个战场上，希腊最伟大的战士阿喀琉斯，杀死了帕里斯的哥哥赫克托耳。在荷马史诗《伊利亚特》的最后一幕，特洛伊国王普里阿摩斯与阿喀琉斯谈判请求归还他儿子的尸体并停战。

在史诗《奥德赛》中，故事并没有到此结束。帕里斯为他哥哥报仇，给了阿喀琉斯的脚踵致命的一击，杀死了这位希腊伟大的勇士。而希腊人则通过"木马计"，潜入特洛伊城内并最终摧毁了它。此后特洛伊的黄金时代也就结束了。

▼ 正在吟唱史诗的荷马。

历史上很多人认为这是历史事实，并真正发生在希沙立克。但是，自从 18 世纪开始，学者们对此提出了质疑。许多人怀疑特洛伊并未发生过战争，甚至更有一些人怀疑荷马的存在，至少怀疑荷马作为一个单独的个人而非一系列诗人的存在。

一直以来，人们都认为是荷马记载了这个故事，但是却没有人知道荷马是谁，他在哪里，他是否真正存在过，以及他是如何获知特洛伊早期历史的。如果他生活在公元前9世纪至公元前8世纪期间，那么离他所描述的特洛伊战争还要相隔4个世纪。

古希腊史学家修昔底德认为特洛伊的故事是真实的。但是，修昔底德生活在这场据称发生过的战争之后800年的时代里，要准确地证明它的存在的条件也不是非常好。

到了19世纪下半叶，只有少数学者相信《伊利亚特》和《奥德赛》是对历史上真实事件的记录，相信特洛伊就在希沙立克的人则更少。对大多数人而言，《伊利亚特》和《奥德赛》是伟大的文学作品，而非历史。然而还是有人相信特洛伊的存在，这其中包括弗兰克·卡尔弗特——美国驻这一地区的领事，业余考古学家。19世纪60年代中期，卡尔弗特在希沙立克进行了初步的发掘，发现了一座古典时期的神殿和一堵亚历山大时期的城墙遗址。这使卡尔弗特很受鼓舞，同时也使他认识到，在希沙立克的下面，沉睡着多个时代的历史。要进行发掘，需要更多的资金，而他却无能为力。

▲描绘《荷马史诗》的罐子。

1868年，德国的百万富翁海因里希·谢里曼资助了卡尔弗特进行发掘。1870年，他和他的一帮人开始了挖掘。谢里曼相信荷马的特洛伊非常古老，要发现它就必须向希沙立克的深层挖掘。因此，他在山上挖了一个巨大的坑，直达基岩。在挖掘的过程中，他发现了许多石器时代的东西，这使他很困惑，因为从逻辑上讲，这些东西应该是在荷马所描绘的青铜器时代或铁器时代的下面。1872年5月，谢里曼在日记中承认他对此百思不得其解。但他们仍然继续挖掘。

1873年5月，他们发掘出了金子，全是做工精湛的金银器物，其中有两只用成千上万条纤细的金线织就的金冠、60 对金耳环和 8750 只金戒指。谢里曼认为这是国王普里阿摩斯的珠宝，其中也有属于海伦的部分。他推论说，这个珠宝箱是在希腊人洗劫特洛伊时，被埋在废墟之中的。

谢里曼比以往任何时候更加相信荷马描绘的是历史上真正存在过的民族和真正发生过的战争。但是迈锡尼的奢华墓地使得希沙立克相形见绌，这种对比困扰着谢里曼。谢里曼付给了土耳其人一大笔回报，得以继续发掘。

此后，谢里曼在山的西部边缘一带进行挖掘，这里离他发现珠宝的地方约有 25 码。他发现了一座大建筑物的遗址，这里很像是荷马的英雄们的住所，谢里曼认为这是普里阿摩斯的宫殿。工人们还在宫殿的墙壁内发现了一些陶器的碎片，其形状和装饰显然属于迈锡尼和特洛伊时代。对谢里曼而言，这提供了他所寻求的在迈锡尼和特洛伊之间曾存在联系的证据。如果它们之间没有发生过战争，那么至少也曾发生过贸易往来。

然而具有讽刺意味的是，1890 年的发现也证实了一个问题：新发现比谢里曼在 19 世纪 70 年代挖掘的遗址离地面要近得多，这表明荷马的特洛伊城的建立在时间上比谢里曼发现珠宝的小城要晚几个世纪，因此这些珠宝不可能是普里阿摩斯或《伊利亚特》中任何人的。

1890 年，谢里曼死后，将其未竟的事业留给了他的助手威廉·德普费尔德。德普费尔德认为在 1890 年早些时候所发现的大房子正是谢里曼所要寻找的青铜器时代的一部分。他沿着原来发现的城市遗址向西、向南继续挖掘。1893 年和 1894 年，他发现了更多的大房屋，一座瞭望塔，300 码长的城墙，还有很多迈锡尼时代的陶器。

▲荷马雕像。

德普费尔德就此认为，这就是荷马的特洛伊。事实上，他所发现的瞭望塔和高大的房子、宽敞的街道等比谢里曼发现的任何建筑都更符合诗人的描绘。德普费尔德分

析了希沙立克之下的这些沉积物，认为谢里曼发现的小城是希沙立克的第二座城堡，建于公元前 2500 年，而他本人发现的特洛伊则是这里的第六座城市，建于公元前 1500~1000 年。这种推断虽不准确，却使得德普费尔德的发现非常接近于关于特洛伊战争发生的时间的传统看法（大约于公元前 1200 年），而这使他更加确信自己发现的就是荷马的特洛伊。

德普费尔德的看法流行了大约四十年，直到一支美国探险队在卡尔·布利根的带领下来到希沙立克。布利根的挖掘工作从 1932 年持续到 1938 年，这一工作指出了德普费尔德的假设中的一些严重的问题。布利根认为，第六座特洛伊的覆灭，不可能是希腊人入侵造成的。城墙的一部分地基发生了偏移，而其他部分则似乎彻底倾塌了。

布利根认为这种破坏不可能是人为的，即使是有神奇力量的人也无法做到这点。他将这归因于一场地震。布利根认为，接下来在希沙立克出现的城市，从总体上看是第七座，这才是荷马的特洛伊。地震之后，特洛伊人以完全不同的风格重建了他们的城市。第六座特洛伊的高大的房屋被分隔成一些小的房间，宽敞的街道两旁也挤满了小房子，每座房子都在地板之下藏有一个很大的储藏罐。在布利根看来，所有这一切都表明这座城市正处在风雨飘摇之中：希腊人在家门口虎视眈眈，每一块可资利用的空间都挤满了难民和他们的财物。布利根最后得出结论，第七座城市在第六座之后不久就没落了，因此它也符合关于特洛伊战争发生时间的传统看法。

谢里曼、德普费尔德、布利根这三位考古学家都相信自己在希沙立克找到了荷马的特洛伊，虽然具体地点不同。尔后又发现了来自赫梯文明的遗址，直到公元前 1200 年，土耳其一直处于这一文明的繁荣时期。在 20 世纪 70 年代和 80 年代，学者们解读了一些在这里发现的泥板上的文字，其中列举了与赫梯人来往的外国国王和外交官的名字。一些学者指出，这其中就有普里阿摩斯和帕里斯的赫梯文的译法。20 世纪 90 年代中期，德国考古学家弗雷德·科夫曼又一次来到希沙立克。他运用了遥感技术，测定出德普费尔德、布利根所发现的城墙远早于先前认定的时间范围。与前人相比，科夫曼发现的特洛伊更可能是荷马的英雄们的城堡。科夫曼的分析还表明在公元前 8 世纪，特洛伊的城墙可能还屹立着，而荷马很可能在这一时期到过那里。

　　但是，大多数学者还是认为，即使特洛伊城确实存在，也无法确定特洛伊战争真的发生过。《伊利亚特》和《奥德赛》是对失落已久的黄金时代的渴望和诗人生动想象的产物，当然不能被认为是可靠的历史叙述。

　　史诗中写到，出于某种原因，特洛伊人还在他们的城池周围修筑了高大的城墙。但却没有任何考古迹象表明，在特洛伊城外曾有军队驻扎过，更别提有过一支约十一万人的庞大的希腊军队了。

　　史诗中所描写的特洛伊战争的大部分内容显然难以令人相信。这场战争持续了 10 年，这更难让人信服，因为军队纪律无法维持如此长久（因为我们知道，那一时期的其他战争没有一场持续时间超过几个月）。也没有人相信，这么多年以来希腊士兵一直在海边安营扎寨，而他们的国王也一直陪在他们的身边。至于之前提到的关于海伦的故事，虽然很吸引人，但是却毫无根据。世界史专家斐兹罗伊·拉格兰在报告中说，他无法在当时的历史中找到"一位和外国王子或其他外国人私奔的王后"。

　　关于特洛伊木马的故事，更是任何具体的证据都没有。在对特洛伊城进行重复挖掘找到的几千件物品中，没有一件能说明有一只巨大的木马存在过。

　　那些称特洛伊故事为真实故事的人坚持认为，一些细节令人难以置信或未经证实并不要

▼特洛伊木马模型。

▶搬运木马的特洛
伊人。

紧，关键在于那些看似合理的细节。但照这一方法的话，任何诗歌都能成为历史了。难道仅仅因为某首诗包含了一两个真实的人，就意味着那首诗描述的是真实事件吗？这种理论显然是站不住脚的。

但是，正如谢里曼指出的，在希沙立克和迈锡尼曾有过宏伟的城市，这一点是毋庸置疑的。历史学家还不能确切地知道生活在这两处的民族的名字及其日常生活，但他们认为，很可能两地的居民之间曾进行过大量的贸易往来。

特洛伊和迈锡尼的居民之间曾进行过交谈和贸易，很可能在他们之间还发生过战争，至少在这一点上，荷马以及谢里曼是正确的。毕竟他们都是人，会进行日常生活的交流是完全可以确定的。

然而，究竟是特洛伊战争成就了荷马史诗，还是荷马史诗成就了特洛伊战争，特洛伊战争无论是真是假，这一切都湮没在漫漫的历史长河之中了。

参考文献：

【1】（德）海因里希·谢里曼：《特洛伊及其遗址》。
【2】（美）卡尔·布利根：《特洛伊和特洛伊人》。
【3】（美）迈克尔·伍德：《特洛伊战争揭谜》。

神秘面罩下的 "铁面人"

　　1730 年巴黎最黑暗的巴士底狱，一个戴铁制面具的囚犯去世。所谓铁面人是指那个男子在被幽禁的 34 年间一直佩戴面具，并被禁止说话，而发出那个命令的是当时的国王路易十四。据说那个男子掌握着威胁波旁王朝的秘密。

　　1751 年，伏尔泰在《路易十四时代》一书中写道：在 1661 年 "发生了一件史无前例的事"，"一个身材高于常人、年轻、漂亮、高雅的不知名的囚犯，被极端秘密地押送到普罗旺斯海外的圣马格丽特岛上的一座城堡。这个囚犯一路上戴着面罩，面罩的护颏装有钢制弹簧，使他能戴着吃饭而不感到丝毫不便。看押人员奉命，如果他取下面

◀曾经关押 "铁面人" 的巴士底狱。

罩就杀死他。"后来，"这个无名氏被带到巴士底狱以后，人们在这个城堡里尽可能把他的住宿安排得非常舒适妥贴，为他做的是头等饭菜。"蒙面人"对自己的处境从无怨言。至于他可能是什么人，他自己一点也不让人知道。这个人于 1703 年死去，当晚就被埋在圣保罗教区。"至于他究竟是谁，伏尔泰没有下文。戴着面具的那个囚犯在狱中被作为特殊的存在加以对待，受到与别的囚犯完全不同的待遇。给予专用的房间和食具，由狱长专人伺候，在这个犯人面前，连狱长都恭恭敬敬地站着，不许坐下。尽管如此，那个囚犯并不能自由行动，强制过着比普通囚犯更严厉的监狱生活。例如，规定他不得说话，即使吃饭时，也不许摘下面具。他何以要戴面具关在牢里面呢？在巴士底狱没有人知道其中细节，唯一清楚的是这是由当时的国王路易十四发出的命令。

令人不解的是，如果是危险的人物，处死就可以了。但是路易十四不能杀他，只能让他戴着面具继续幽禁着。

从查阅记录来看，铁面人是以"厄斯塔什·杜齐埃"的名字被埋葬。因当时在巴士底狱结束生命者是以假名埋葬，所以在后来的史学家之间认为这个名字不是真名。

在当时监狱的文书中，厄斯塔什·杜齐埃这个名字最早出现在 1669 年 7 月 19 日陆军大臣卢瓦给当时皮·罗尔监狱狱长圣马尔的信中。皮·罗尔是修建在意大利西北部阿尔卑斯山半山腰的小镇，17 世纪时，小镇是由城墙围起来的坚固要塞，在那里修建了皮·罗尔监狱。信中这样写道：

"圣马尔先生，奉圣旨将一名叫厄斯塔什·杜齐埃的人护送到皮·罗尔。最重要的是，对这个人要严加隔离，不允许他向别人提及自己的身份。事前通知是希望赶紧准备好监禁此人的单身牢房。

窗户应设在谁也无法靠近的方向，门设多层，使守护在外的哨兵什么也听不到。每日送一次一天的饮食，由你亲自送到铁面人的手上。

如果有什么事，也不得倾听这个人说话。如果向你说多余的话，证明属实将被判死罪。"

更令人震惊的是，从此监狱长的工作就与铁面人联系在一起。铁面人每次调换监狱，狱长圣马尔的工作就跟到那里。例如 1687 年圣马尔狱长与囚犯一起转移到法国南部戛纳湾的圣马格丽特岛。

圣马尔给当时的陆军大臣卢瓦的报告是这样写的："将该囚犯运到岛上时使用最安全的交通工具，采用涂蜡的布包裹木笼。这样囚犯不会呼吸困难，里面空气能够很好流通，但是外面谁也看不到他，也不能交谈。"

木笼周围由 4~5 名士兵警卫，并由 8 名民工搬运木笼，他们是特意花巨资从意大利都灵雇来的，这些民工不懂法语，无法与囚犯对话。"

圣马格丽特岛有 12 间左右的牢房和容纳警卫队居住的大片营房，并且专为铁面人建造了单身牢房。至今我们还可以看到留下的那间单身牢房，面积三十多平方米，窗上装有纵横的窗棂，门由三层组成。最后，在圣马格丽特岛单身牢房被囚禁 11 年的男子最终又被押解到了巴士底狱。

铁面人是 1698 年被押解到巴士底狱的。据记载，铁面人乘坐的车子一到巴士底狱的大门，城堡周围的商店就被勒令关门停业，警卫们也脸朝着墙迎接，为的是不让看到囚犯的脸。

9 月 18 日星期四下午 3 点，圣马尔从圣马格丽特岛转任巴士底狱的新司令官。晚上 9 点，在副官的引领下把囚犯安置在韦尔特塔的第三单身牢房。并且规定副官照料囚犯的日常生活，但膳食由司令负责。

首先，据在狱中工作的马尔索朗医生说，初到巴士底狱查牢房时，听到铁面人说，自己大约 60 岁左右，如果这是真话，那他便是 1638 年出

▼发出杀死"铁面人"命令的国王路易十四。

生。这意味着与路易十四是同一年出生。

此外，关于铁面人流传着各种传说，国王的私生子说，国王的孪生子说，王后的私生子说等。但是各传说中有共同的一点，那就是路易十四让囚犯戴面具的理由是，囚犯的脸与路易十四的脸一模一样。显然，仅仅脸庞与国王相似还不足以投入监狱。那么，又是为了什么呢？

18世纪下半叶，法国启蒙思想家伏尔泰发表了如下的假说："铁面人是路易十四的母亲安娜王后与当朝宰相马扎朗的私生子。""路易十四知道还有一个与自己长相一样的兄长，害怕他争夺王位，于是把兄长抓起来，戴上面具，幽禁在牢里。"

1847年，作家大仲马发表了小说《三剑客》。在那本小说中写到了铁面人。"铁面人是路易十四的孪生兄弟，在狱长圣马尔写的某机密文书上有记录"，大仲马说他的假设来自这一依据。

下面我们将评述这两个假设的可靠性。首先是伏尔泰的"王后的私生子说"，在现代认为其可靠性很低，理由是铁面人的死亡年代或圣马尔去巴士底赴任的年代记述有错误。另外，当时王后的生育是在众大臣的眼皮下进行的，无法隐瞒。如果是王家的私生子岂能下狱？还要封赏领地和支付定额的养老金呢！

那么，大仲马的孪生兄弟说又如何呢？大仲马的这个说法以从内务部的档案室发现的文书作为推理。但是这个文件是伪造的说法很强，其理由是如果圣马尔知道这个事实，按其职责是严禁记录的，他也知道一旦被路易十四察觉便有处死罪的风险。

据以上的理由，伏尔泰说和大仲马说都不是真实的。

1934年，维乐那多在《王后的医生》一书中断定犯人是法官兼警察头子拉雷尼。他的叔叔名叫帕·科齐涅，是著名外科医生，在宫廷中为路易十三的妻子安娜服务。路易十三死后科齐涅解剖其尸体，发现死者并不是路易十四的父亲。科齐涅将这一秘密告诉了拉雷尼。后来宫廷为了防止这一丑闻传开，拉雷尼就成了终身囚犯。然而据查明科齐涅任宫廷医生时（1644 年）路易十三已死去一年了，故不可能有解剖尸体之说。而拉雷尼是于 1680 年在故乡善终的。

19 世纪末，安娜·维格曼在一部著作中大胆假设囚犯是英国国王查理一世。作者主张查理并不像通常认为的那样死在断头台上，一个忠于王室的人代他受了刑。后来查理来到法国变成了路易十四的阶下囚。但令人不解的是，路易十四为什么要把死里逃生的查理关起来呢？戴面罩的犯人于 1703 年死去，如果是查理的话，他应该是 103 岁了。他能这样长寿吗？显然这种说法也是荒谬的。

从人们对路易十三和路易十四的父子关系的怀疑中，有人得出了另一个结论：戴面罩的人正是路易十四的生父。路易十三和王后安娜婚后不和长期分居，后经担任首相的红衣大主教黎塞留从中调解，重归和好。但此时安娜在与一贵族情人的交往中已身怀六甲，不久即生下了路易十四。为了掩住马脚，安娜的情人、路易十四的生父只得流落他乡。路易十四登基后，其生父偷偷返回向儿子乞求赏赐。路易十四既怕丑闻暴露又不忍心加害生父，于是就有了一个戴面罩的终身囚徒。这一说法显然无法解释下面一个事实：据监狱的犯人登记簿记载，戴面罩的人于 1703 年 11 月 19 日突然死去时，是一个 45 岁左右的中年人。而这一年路易十四已 65 岁，那他的生父又该多大了呢？这种假设也站不住脚。

1970 年，法国记者波·让·阿列斯出版了《铁面罩——最后揭开的一个谜》一书。他运用大量资料论证了上一世纪就出现的一个观点：路易十四的财政大臣富凯是戴面罩的囚犯。富凯曾是路易十四的宠臣，1661 年他以侵吞公款罪被捕入狱。路易十四主张将他处死，但法院却判他终身流放，并把他关进皮涅罗尔城堡。路易十四曾坚决要求富凯必须死在狱中。据当局宣布，富凯于 1680 年 3 月 23 日突然死去，他的尸体未交其亲属而由当局秘密处理了。阿列斯认为，死者并不是富凯，而是他的仆人爱斯塔斯·多热，而富凯则在面罩掩盖下活着。关于铁面罩的传闻恰好是在富凯"死"时（1680 年）开始的。但是，1703 年时富凯已是老态龙钟，而戴面罩的人却是个中年人。

既然以上假设都不成立，那么，铁面人秘密的真相究竟是什么呢？

经过多年考证，"铁面人"的真相逐渐浮出水面，而找到真相靠的正是"铁面人"被埋葬时的名字。以一直被视为假名的"厄斯塔什·杜齐埃"作为线索，一位历史学家循着古文献，最终查清在路易十四的卫队军官中有厄斯塔什·杜齐埃的名字。他有出生记录，但是不知何故没有死亡记录，而且他的情况从 1668 年起就不清楚了。

所谓 1668 年，不就是铁面人被投入监狱的一年吗？这个厄斯塔什是个放荡不羁的人，经常吵架并惹起决斗。由于在宫廷饮酒引起斗殴流血事件，结果从卫队的军官中被除名，并禁止出入宫廷，其后他更加放荡，渐渐落入举债的深渊。

▲路易十四以太阳作为自己的个人标志。

接着历史学家发现，被家族鄙弃、身无分文的他因想敲诈路易十四而被捕。原来厄斯塔什是路易十四同父异母的兄弟！的确，现今留下的厄斯塔什肖像与路易十四一模一样。据此，历史学家们推测路易十四意识到厄斯塔什对他王位的威胁，于是把他抓起来，让他戴上面具，藏起他的脸来。事情的发生还得从路易十三不能生育谈起。宰相里什图考虑到国家不能没有继承人，于是向国王提出找个代理父亲，让皇后生子，而且选择配种的角色是路易十三的副官弗朗索瓦·杜齐埃。于是皇后与杜齐埃生下的孩子平安地接位成为路易十四。令人难堪的是，路易十四与杜齐埃家的孩子厄斯塔什长得一模一样。

成年后的厄斯塔什很快掌握了这个秘密，因此 1669

年举债度日的厄斯塔什以这个秘密为条件要挟同父异母的兄弟国王。受到威胁的路易十四为了平息事态，只得将他抓捕入狱，并且戴上面具，一直幽禁到他死，长达34年。以上是近代史学家找到的有关铁面人真实身份的证据，这种说法跟前面种种说法相比，几乎没有任何漏洞。至此，我们对"铁面人"的猜测也可以告一段落了。

参考文献：

【1】（法）波·让·阿列斯：《铁面罩——最后揭开的一个谜》。
【2】（法）维乐那多：《王后的医生》。
【3】（法）伏尔泰：《路易十四时代》。

自杀的是否为希特勒

阿道夫·希特勒，是德国国家社会主义工人党即纳粹党的总裁和德意志第三帝国的元首，第二次世界大战头号战犯。

阿道夫·希特勒出生于奥地利北部布劳瑙镇一个海关职员之家，1913 年迁居德国慕尼黑前无固定职业，成为民族主义和反犹主义的狂热信徒。希特勒早年曾因暴动入狱，并在狱中写下《我的奋斗》一书，表达出他多方面的观点，如兼并奥地利、反犹和独裁；1933 年 1 月 30 日出任德国总理，利用"帝国大厦纵火案"打击异己党派。1934 年 8 月 1 日德国总统兴登堡病逝，希特勒兼任德国总统，并将总统与总理两个职务合二为一，拥有无限的权力，命令所有军队以及法官和政府官员向他宣誓效忠。作为元首和总理，他成为国家政权的单独执掌者即独裁者，把军队和教会之外的所有政治社会机构都一体化。第二次世界大战时期兼任德国武装力量最高统帅。

▲1933 年希特勒就任德国总理后向全国发表讲话。

他执政期间的德国被称为纳粹德国或德意志第三帝国。1939 年 9 月，希特勒出兵闪击波兰，正式点起第二次世界大战的烈火。1945 年 4 月 28 日，苏联红军攻入柏林市区，56 岁的希特勒和他的情妇爱娃一起，在总理府花园的地下掩蔽部里身亡，从而结束了他罪恶的一生。

关于希特勒的死因一直众说纷纭，大多数史学家认

为，这个"战争痴狂者"当年是因为无法接受惨败的事实，内心极度不平衡而选择了服毒自杀。官方亦赞同这个说法，宣称，当时的苏联情报组织人员对希特勒等尸体进行解剖化验时，根据死者口中透出的极苦杏仁味，以及玻璃药瓶等线索，证实希特勒等人是服食山埃自杀。然而，关于这位纳粹头目的死亡仍波澜不平，根据最新的研究表明：希特勒并非死于 1945 年的自杀，当时发现的尸体只是希特勒的替身。

这一说法在几十年前便存在，但是最近美国一位女历史学家德伯拉·海登的新观点进一步佐证了这一看法。这位美国女历史学家认为希特勒曾经罹患梅毒，并且直接导致了他的性格形成。她甚至认为，希特勒晚年对病情绝望，这促使他演变成了一部疯狂的"杀人机器"。

德伯拉·海登女士对研究希特勒的自杀之谜情有独钟。她多年来搜集了大量有关希特勒晚年生活及身体状况的内部资料，其中大部分资料来自于当年希特勒身边的医务人员，其翔实性和权威性均超过了以往任何相关课题的研究。

海登在对资料进行整理和综合分析之后发现，所谓希特勒晚年"顽疾缠身"，他患的实际上是晚期梅毒。根据希特勒的个人首席医生莫雷尔掌握的病历，"希魔"当年患有诸多疑难杂症，而只要将前后症状联系起来纵向分析，就会发现它们其实都是梅毒感染的典型症状，而且病情在一步步恶化。

希特勒当年的病历显示，他的心脏一直有问题：经常心率不齐，或者说鼓膜有伴音，而那是由于梅毒感染伴发主动脉炎引起的。众所周知，希特勒晚年动辄癫狂暴怒，人们原先以为是他怪癖的性格使然，而现在终于找到了病根：原来是梅毒侵染了他的大脑，使他患上了脑炎，导致神经功能紊乱。在生命的最后几年里，希特勒常常被各种疾病困扰，如头晕目眩、胸闷气短、胸口疼痛、肠胃不适、颈部长满脓胞、胫骨受损导致小腿肿胀，有时甚至连皮靴都穿不上……而诸如此类的病症都是梅毒感染的典型症状。

从莫雷尔医生保留的病历来看，希特勒从 1941 年开始定期要接受碘盐注射，而这在当时是治疗所有性传播疾病的常规手段。另外，希特勒之所以挑中莫雷尔做他的长期私人医生，也极有可能与他深知自己的病情有关。莫雷尔不仅是一位资深的皮肤科专家，更是当时德国最著名的性病治疗权威。

海登将她的上述发现写成了一本书——《疱疹：关于天才、癫狂和梅毒的秘密》。海登在书中写道："如果从梅毒这一特殊的切入点去审视希特勒的生命历程，你会发现他晚年时期的所有症状都是彼此相关的，从早期轻微的症状一直可推到晚期严重的症状，总之，他一生所得过的各种怪病都可以得到一个合理的解释——梅毒感染。""希特勒晚年之所以变成了嗜血的恶魔，很可能与他知道自己患上了绝症有关。在当时的医疗条件下，感染上梅毒就意味着宣判了死刑。"一个垂死的人还会顾忌什么呢？于是他疯狂地转移自己的注意力，把绝望发泄在世界大战和大屠杀上；也许没有任何一件事情能比目睹无数人惨死给希特勒带来更多的生命乐趣。"同时，梅毒解释了希特勒的性冷淡，也解释了他为何要在自己唯一的个人传记《我的奋斗》中用 13 页纸的笔墨来阐述德国根除梅毒的重要性。"

希特勒究竟是如何感染上梅毒的？据说，他在 1908 年（时间不能肯定，或者是 1910 年）访问奥地利首府维也纳时，与一位街头妓女发生了关系，从此落下病根。据野史记载，这个让希特勒一见倾心的红尘女子居然还是个犹太人。虽然这只是一种传

▼作为纳粹党魁的希特勒。

闻，缺乏史实证据，但是希特勒却在《我的奋斗》中写道，犹太人对传播梅毒负有不可饶恕的责任。同样也是据野史记载，希特勒曾在 1918 年视察德军一家野战医院时被验出感染了梅毒。后来为了防止走漏风声，党卫军司令希姆莱一把火烧掉了医院的检查报告，并秘密处决了几位知情的医生灭口。

海登的观点提出后，引起广泛的争议，虽然诸多病症能够佐证希特勒可能罹患梅毒，并且确实深受病痛折磨，但是却不能因此说明是因为梅毒而促使希特勒自杀。梅毒可能是促使希特勒撒手人寰的原因之一，却不是致命原因。

但是这一发现却最后引导人们揭开了最终的真相——希特勒没有自杀，而是消失了。

其实，一直以来便有很多人置疑希特勒死亡的消息，苏联领导人斯大林便是其中之一。1945 年 5 月 4 日，苏联侦察员在德国总理府花园的一个弹坑里发现了被推测为希特勒和爱娃的两具焦尸。斯大林接到报告后认为希特勒没死，只是隐匿起来了，为此他命令苏军活捉了一批希特勒随员，包括他的护卫、私人飞机师和牙医助理员等，经过多番审讯，他们都异口同声地指证希特勒是吞枪自尽。而苏联情报局根据验尸得出结论是服毒自杀，口供与验尸报告的不同，自然令斯大林心生疑窦。

斯大林对美国和英国领导人谈了这一看法。当时，英国首相艾德礼也认为希特勒仍在世。1945 年 6 月在波茨坦会议上，艾德礼说出了这一推测。

1945 年，当苏联军官把希特勒的颅骨给牙医看时，牙医认出了自己给希特勒做的几颗假牙。但是，1972 年他在和德国作家马泽尔的谈话中推翻了这个说法。他说，无法肯定那就是希特勒的颅骨；他的助手也发表了同样的言论。然而，当初他俩的证言恰恰就是苏联尸检专家鉴定的依据。莫斯科犯罪学实验室对据说是希特勒开枪自尽时在沙发上留下的血迹的鉴定表明，这不是血，而是色泽相像的液体。被认为是希特勒的那具焦尸的血型，同希特勒的真实血型也不符。焦尸的大脑内也未发现弹痕。

俄罗斯出版的《第三帝国最后的秘密——希特勒消失之疑案》一书的作者列昂·阿尔巴茨基根据史料，认为种种迹象表明，是替身掩盖了"元首"潜逃的踪迹——根据一份美国联邦调查局的秘密文件显示，希特勒拥有至少14个替身——4月30日13时，希特勒同下属告别，和爱娃一起进了地堡。此后在生还的证人中，只有近侍林格一人见过死后的希特勒。其余人只见过裹在毯子里的尸体从希特勒办公室抬出，毯子里究竟是谁，他们并不知道。

▲希特勒与其情妇爱娃。

如果是假死亡，那为什么让爱娃服毒？这也正是希特勒为了制造假死亡的表象，处心积虑的体现。众所周知，希特勒有相当程度的性冷淡，一直未婚，在前文海登的详尽说明也证实这位伟大的元首患有梅毒，爱娃·布劳恩是希特勒身边时间最长久的一位情妇。但是在死亡之前他却突然与爱娃结婚，之后便双双自杀身亡，其实是为了让这幕戏演得更逼真些。爱娃的死使得世人更确信旁边的尸体便是希特勒，而实际上他本人在隔壁换了装，改变了外貌，不该知道这一秘密的人，事先都已经被清理出地堡。希特勒的副官京舍的证言说，他曾下令让警卫离开通向希特勒套间的房舍。

然后，希特勒悄悄离开地堡。众所周知，4月30日午夜逃出德国总理府防空洞的人多达4万名，希特勒很容易夹在人群中混出去。战争刚结束后的前几周，柏林和德国到处是无家可归的人，希特勒不费吹灰之力就能消失在人流中。

有个细节值得注意：希特勒在跟林格道别时命令他设法逃到西方。林格问他："这是为谁？""为元首。"林格后来在监狱里说，只有他一个人知道希特勒之死的秘密，但他永远也不会说出来。希特勒在最后时刻曾等过飞机，但白等了，因为机场已被炸毁。但他完全可能利用地铁隧道逃出。当时有 10 艘远洋潜艇停泊在汉堡港，艇长们接到的命令是送政府要员撤退。

希特勒警卫队成员凯尔瑙供称，他在 5 月 1 日看到希特勒还活着。而 1947 年 1 月，美国将军艾森豪威尔接到的一份文件更是证明了希特勒的生还：一份标记着"高级机密"的黄封皮文件来自中情局特别间谍小组，它表明，希特勒并未在 1945 年 4 月 30 日自杀身亡，而是逃出了柏林。这份绝密报告称，中情局特工发现了可信的证据，证明希特勒不仅没有死于二战，而且正藏身在德国海德尔堡附近的威恩海姆地区。所以说，当初在总理府花园内发现的尸首并非希特勒。

但是，现在已无法重新鉴别了，因为苏联克格勃主席安德罗波夫曾于 1970 年下令，挖出并彻底焚毁埋葬在东德马格德堡苏军兵营里的希特勒和戈培尔全家的尸骨，骨灰随后抛入河中。有关焚毁过程的记录保存至今。

人固有一死，时至今日，生于 1889 年的阿道夫·希特勒早已作古，但是他却没有死于世人熟知的场所和地点。1945 年他亲手构建的法西斯王国虽然随着盟军的最后进攻而化为泡影，但希特勒本人却逃过了苏联人的耳目，继续存活在世界的某个角落。希特勒最终隐身于何处？究竟死于何时？我们不得而知，或许在之后的发现中，我们会进一步揭开真相。

参考文献：

【1】(俄)列昂·阿尔巴茨基：《第三帝国最后的秘密——希特勒消失之疑案》。
【2】(美)德伯拉·海登：《疱疹：关于天才、癫狂和梅毒的秘密》。

扶桑不等于日本

只要一提到扶桑，人们总是会想到日本，认为扶桑就是中国古代对于日本的代称，但越来越多的学者通过研究，发现扶桑并不等于日本。

首先我们来看一下扶桑是什么？今人一般认为是传说中的神木。《山海经·海外东经》："下有汤谷，上有扶桑，十日所浴，在黑齿北。居水中，有大木，九日居下枝，一日居上枝。"《大荒东经》："……上有扶木，柱三百里，其叶如芥，有谷，曰温源谷。汤谷上有扶木，一日方至，一日方出，皆载于乌。"《山海经》的《海外东经》和《大荒东经》讲的主要是美洲。汤谷、朝阳谷、温源谷、大壑是一地多名，真有这样的地方吗？当然有！就在墨西哥。正如名称所示，汤谷、温源谷突出了"热水"这个事实，而其成因在于岩溶地形。扶桑又叫扶木，并未说明一定是桑树。有人说扶桑是龙舌兰，它的确在墨西哥广为分布。李时珍说是木槿别种，又名朱槿。然而结合扶桑文化选择，唯有桧树当之。

《山海经》还有若木、建木。《大荒北经》："……上有赤树，青叶赤华，名曰若木。"郭注："生昆仑西，附西极，其华光赤下照地。"《海内经》："有木，青叶紫茎，玄华黄实，名曰建木……大皞爰过，黄帝所为。"这两种木也是树中的神木，与上古的天文历法及宗教实践有关。不同的是，扶木扶桑在东，若木在西，建木在中，但实质是一样的。上古先民观测太阳的运行，很自然地选择了大山、大木作为参照物。大木实际上是日晷的原型。由于大木能测定一年的节气和一日的时间,被先民奉为神物。"首德于木"的太昊应是以大木测定历法的创始者,即扶桑崇拜的开端。"大皞爰过"言外之意是太昊登建木上天,黄帝到其地举行继承下来的宗教仪式,因而有"黄帝所为"。太昊是龙图腾,并与木有关,所以太昊、龙、木在五方五帝五色五行当中都在东方,东方苍龙七宿中的角宿春天从东方升起,本地称"二月二,龙为头",古代叫"青龙节"。角为龙头,心、房为龙体,尾为龙尾。这一观念与太昊部族的天文学实践有直接关联,后来则成为中国各部族的共同认识。

扶桑与太阳的联系是观测太阳时建立起来的。"九日居下枝,一日居上枝。"是说"十日"(十天干)依次经过,与羲和生十日相合。"一日方至,一日方出"是太阳从东方(汤谷,扶桑)升起,到西方(禺谷,若木)落下,夜在归墟沐浴,太阳虽是同一个但已是又一天。"皆载于乌"与"禺谷"之观念来自炎帝族,仰韶文化陶器上就已有太阳中的鸟的图案,朱雀、朱鸟为炎帝族的观念。《淮南子》说"日中有骏乌",即三足乌。《大荒北经》:"夸父不量力,欲追日景,逮之于禺谷。"夸父是太阳崇拜最登峰造极的象征。《山海经》真实地记录了这位炎帝的业绩。禺谷之名得自"禺"——夸父(猴)图腾,当然不一定是从帝榆罔开始,很可能在他之前很久就有了。《淮南子》:"若木在建木西,末有十日,其华照下地。"因为若木是日落之地,十日全在下。

▼日本的寺庙。

公元 499 年,一位法名慧深的僧人云游扶桑国后回到中国,叙述了扶桑国的物产、刑法、习俗、建筑、文字等方面的情形。这段叙述见之于《梁书·诸夷传》中,是正史材料中有关扶桑的唯一记载。

东方朔的《十洲记》中将出产扶桑的地方称做"日出之所"，而日本国名的原意恰巧是"日出之所"。唐代诗人王维、徐凝等把扶桑木一词用于诗文，指古代日本。鲁迅在1931年送日本友人东渡归国的诗中也有"扶桑正得秋光好"的句子。所以"扶桑即日本"已成为一种流传甚广的传统说法。

但是几乎在中国古代所有的史籍中，对日本的正式称呼都是"倭国"。如《山海经》的《海内北经》早就写着："倭国在带方东大海内。"当时所谓"带方"即今之朝鲜平壤西南地区，汉代为带方郡。后来的史籍，包括《梁书》《南史》等都在内，也一概称日本为"倭国"，与"扶桑国"区别得非常清楚，不相混淆。在这些史书的《东夷列传》中，"倭国"和"扶桑国"都分开立传，显然是两个国家。

《梁书》所录东方各国由近而远的顺序是"高句丽、百济、新罗、倭国、文身国、大汉国、扶桑国"等。我们知道前三国在朝鲜，倭国在日本，这是没有问题的。《梁书》记载："文身国在倭国东北七千余里""大汉国在文身国东五千余里""扶桑在大汉国东二万余里"。一些学者认为，从对《梁书》所述里程的计算来看，扶桑国与中国相距两万里之遥，毫无疑问就在美洲一带，具体地点就是今天的墨西哥。从地理上看，由中国到日本，经俄罗斯堪察加半岛沿岸，再穿过阿留申群岛抵达墨西哥，乘古代中国木船是可以做到的。

从1752年法国汉学家德经撰文论证扶桑国就是墨西哥一带开始，国外汉学界对这一问题展开了广泛而热烈的讨论。几百年来，法、德、俄、英、意、荷、美、日、印度等各国学者纷纷著文探讨，各抒己见，其中较有影响的当推美国历史学家维宁长达800页的《无名的哥伦布》一书。从19世纪末开始，中国不少学者，如章太炎、陈汉章、陈志良、朱谦之、汤用彤、邓拓、罗荣渠等人也加入了有关扶桑国问题的讨论。

　　有史料说，早在 1761 年，有一个学者名叫金勒，大概是法国人，他已经根据《梁书》的记载，指出扶桑国是北美洲的墨西哥，并且认为发现新大陆的可能以中国人为最早。1872 年又有一个学者名叫威宁，完全支援金勒的主张，认为扶桑必是墨西哥。1901 年 7 月，加州大学教授弗雷尔也发表论文，提出与威宁相同的主张。

　　有些学者指出，扶桑木就是盛产于中南美洲的龙舌兰。龙舌兰原产于墨西哥，树木高大，可用以覆盖住房的屋顶，其纤维可制成各种精巧织物，古代墨西哥人的饮食、衣料及其他用品的材料都仰给于此。慧深所述扶桑的几个特征，几乎都与龙舌兰相似。也有的学者认为扶桑就是玉米，墨西哥出产的红色玉米与慧深所说"实如梨而赤"相合。还有人认为扶桑木是当时墨西哥的特产植物之一——棉花，或者是墨西哥到处可见的仙人掌。

▲印有墨西哥神话故事的壁画。

　　在慧深的记述中，曾提及扶桑国有马、牛、鹿等动物。一些学者认为，古代美洲的土地上早就栖息着马、牛和鹿，与慧深所述相合。在古代墨西哥北部等地区，生长着比现在的牛体型大的野牛，其角约 6 尺长，它就是《梁书》上讲的长角之牛。有的动物学家和古生物学家还坚信，马原产于南美一带。

　　主张扶桑即墨西哥的学者还指出，古代墨西哥人大多住在木料或干土砖造的小屋里，而且城市没有城和廓，即没有内城和外城，这与《梁书》记载的"作板屋，无城廓"相符。古代墨西哥曾有过两种监狱，分别收容轻犯和重犯，并且有对死囚犯处以灰责的刑罚，即把死囚缚于柱上，覆之以灰，使其窒息而死。这与慧深所述扶桑国"有南北狱，若犯轻者入南狱，重罪者入北狱"，对死囚，"以灰绕之"的叙述完全相符。

▲日本佛像。

此外，在墨西哥出土的许多碑刻中，有一些人像与中国南京明陵的大石像相似。还有的石碑大龟，高8英尺，重20吨以上，雕着许多象形文字。据考古家判断，这些显然都受了中国古代文化的影响。

前苏联科学院出版的《美洲印第安人》一书，还证明古代的墨西哥和秘鲁等地，"会熔炼金、银、白金、铜以及铜和铅的合金——青铜，却没有发现任何地方会炼铁的"。这一点与《梁书》"其地无铁有铜，不贵金银"的记载也完全相符。

由此可见，扶桑国就等于日本的说法显然是站不住脚的。有人说法显和郑和去过美洲，未必可信，但我们可以坚信，从人类社会进入新石器时代以来，中国人往来于美洲的步伐从未停止过。从加拿大直到南美，表示中国属性的汉字、铜钱、服饰、雕像广泛分布于太平洋沿岸，而以墨西哥一带的文物最为丰富。扶桑国作为美洲最高文明的核心地带，凝聚了中国古文化的精华。

参考文献：

【1】《梁书·扶桑国传》《山海经·海外东经》。

【2】（美）维宁：《无名的哥伦布》。

第六章
是与非的边缘

常言道：盖棺论定。但是，往往随着岁月的推移、新史料的发现和社会思想的进步，对一些历史人物、事件的评论也在改变。我们逐渐地在发现史实的另一面，对于历史人物的认识也逐渐饱满而全面。而对于是与非、功与过的评判也往往不再鲜明确切，我们站在现代的价值评判标准之上，发现历史在是与非的边缘游走。

蒙冤的 "纵火者" 尼禄

尼禄·克劳狄乌斯·恺撒（公元 37~68 年），罗马帝国克劳狄乌斯王朝最后一个皇帝，罗马史上出名的暴君。

罗马大火发生在尼禄在位期间。那是公元 64 年 7 月 18 日，在罗马城内圆形竞技场附近，大火突然发生，并酿成一场可怕的大火灾。由于当时正刮着大风，于是火借风势迅速蔓延。肆虐的大火持续了整整 9 天，故被后人称为罗马历史上空前的大灾难。这场突如其来的大火吞噬了城内成千上万的生命和财产，许多宏伟壮丽的宫殿、神庙及公共建筑物被烧成灰烬，而罗马人在无数次战争中掠夺来的奇珍异宝以及典章文集等有价值的文献资料也毁于此劫。这场大火使全城 14 个区仅保存下来 4 个。有 3 个区被化为焦土，片瓦无存，其余各区也只剩下断瓦残垣，一片废墟。谁是这场大火的纵火者呢？古今的学者们对此问题颇有歧义。

▼古罗马竞技场遗址。

据当时流行的传闻，尼禄这个素有恶名的皇帝成为众矢之的，人们认为大火是尼禄下令放的，并从他对待母后的行为、他登基后的所作所为及其火灾时的表现中寻找可证实这一点的依据。

尼禄幼年丧父，由其母亲阿格丽品娜抚养

成人。阿格丽品娜是个阴险毒辣、酷好权势的女人。出于虚荣和野心，她毒死了第二个丈夫而嫁给她的舅父、年事已高的皇帝克劳狄，从而成为皇后；此后不久又依仗其亲信近卫军长官布鲁斯的支援，迫使克劳狄废其亲生子布列塔尼，而立尼禄为帝位继承人。由于这一缘故，再加之年纪尚小，初登帝位的尼禄慑于其母后阿格丽品娜的权势不敢妄动，而稍长则对其母渐生怨恨，而且母子之间的矛盾日益尖锐。公元 55 年被废太子布列塔尼突然死亡，人们认为很可能是被尼禄指使毒死的。

公元 58 年，尼禄结识了罗马一贵夫人波培娅·萨宾娜。这是个轻狂、毒辣的女人，古罗马史学家塔西佗说她"什么都有：美丽、聪明、财富，样样俱全，可就是缺少一颗真正的心"。由于这个女人的出现，尼禄提出与其妻奥克塔维亚（克劳狄之女）离婚。公元 59 年尼禄派人害死了其母阿格丽品娜。在此之后，尼禄的朝政日趋腐败，他在位初年的两大辅佐大臣近卫军长官布鲁斯和老师塞涅卡非死即离，其他一些有经验的官员不断受排挤，并渐为一批奸佞之臣所代。

这些人投尼禄之所好，使之整日不务政事、纵情享乐、挥金如土，致使罗马国库积存耗损殆尽，财政枯竭。为扭转危局，尼禄增加赋税、巧立名目，肆意没收、掠夺富人的财产，从而在帝国范围内的各阶层中引起了普遍的不满。

从火灾发生时尼禄的表现，人们也认为他难以摆脱唆使纵火之嫌疑。据说他当时坐视不救，当罗马变成一片火海时，他却怡然自得地登上自己的舞台（一说是花园的塔楼），在七弦琴的伴奏下，一边观赏烈焰涂炭生灵财富的情景，一边还高声吟诵有关古希腊特洛伊城毁灭的诗篇。并且大火过后，尼禄乘机在废墟上（帕拉丁山下）营造自己的"黄金之屋"。在这座"金屋"里，一切都竭尽奢华，不仅有宫廷建筑中早已司空见惯的金堆石砌，而且有林苑、田园、水榭、浴场等。宫殿内外装饰华贵、设备齐全。对此，尼禄方感满意，赞叹说："这才像人住的地方。"

根据尼禄的恶劣名声及传闻中其在火灾前后的行为，一些古代史家就认定：尼禄是罗马大火的罪魁祸首。古罗马史家塔西佗写道：尼禄利用罗马大火的废墟来修造一座新的宫殿。他还描写道："当大火吞噬城市时，没有人敢去救火，因为许多不许人们去救火的人不断发出威胁，还有一些人竟公然到处投火把。他们喊着，他们是奉命这样做的。"史家苏埃托尼乌斯的记述更为详尽："他（指尼禄）以不喜欢难看的旧建筑和曲折狭窄的旧街道为借口，竟然如此公开地点着了这座城市，以致几位前任的执政官在他们自己的庄园上发现尼禄的侍从拿着麻屑和火把时，竟然不敢拿捕他们。而在他特别想占用黄金房屋附近的一些谷仓时，是先用做战器摧毁后才付之一炬的，因为它们的墙壁是石头的。"许多后代的史家都接受塔西佗等人的观点，比如美国学家杜兰·威尔就承认：塔西佗、苏埃托尼乌斯及加西阿斯都指控尼禄为重建罗马而纵火焚城。

然而，前苏联学者科瓦略夫却不同意前一说法，他认为"人民中间都传说，城市的被烧是出于尼禄的意思。他仿佛是不满意于旧的罗马并想把它消灭以便建造一个新的罗马。"但是，如果说烧掉城市是为了使元首能够欣赏大火的场面并鼓舞他创造一个伟大的艺术品的话，那么显而易见，这些说法是和事实不符的。科瓦略夫认为火灾是偶发事件，因为自称为艺术家的尼禄不应在满月的日子里（7月18日）欣赏大火，在明亮的月光下，他的"艺术作品"肯定达不到最佳的效果。罗马城的火灾只能是一次天灾，不能因为尼禄是一个品行很差的皇帝，就认为他是罗马大火的纵火犯。

▲ 尼禄的石雕头像。

另外，在大火灾发生以后，尼禄为了平息民众中的不满情绪，曾下令逮捕纵火嫌疑犯。据塔西佗所记，这些人都是因为作恶多端而受到憎恶的一群被称为基督徒的人。

对这些"罪犯",尼禄施以最残酷的刑罚,他们被蒙上兽皮,让群犬撕裂分噬;或被钉在十字架上,天黑后被点火燃烧,以做灯火照明。据说这些"嫌疑犯"是第一批受迫害的基督徒。不管大火与这些被害的人是否有关联,尼禄的暴行都令人发指,故而此举非但没有使人们相信他抓住了纵火者,反而使得更多的人把怀疑的矛头指向他。

人民反抗的情绪日益激烈。公元 65 年罗马贵族阶层组成了以富有声望的盖乌斯·卡尔普尔尼乌斯·皮索为首的刺杀尼禄的集团。他们准备趁尼禄出席竞技场时把他杀死。但是,由于皮索等人的优柔寡断和事机不密,计划被揭露。尼禄对此当然不能善罢甘休,随之而来的便是逮捕、拷打与屠杀。

公元 66 年巴勒斯坦又爆发了大规模的武装起义。巴勒斯坦人民一方面蒙受罗马统治者的剥削与压迫,同时还受到当地高级僧侣与大奴隶主的盘剥与搜刮。处在双重压迫下的人民群众,愤然举起义旗。在耶路撒冷,罗马的总督弗洛鲁斯被起义者打败,罗马驻军和一部分亲罗马派的贵族被杀光。叙利亚总督率军前往耶路撒冷镇压,又被起义军粉碎。

与此同时,在加利利城也爆发了以约翰和西门为领袖的起义,农民、手工业者及奴隶参加了起义。起义迅速遍及犹太、撒马利亚等地。公元 68 年,更大规模的起义在高卢爆发了。领导这次起义的是尼禄派往南卢的副将盖乌斯·尤利乌斯·文德克斯。他在讨伐尼禄的檄文中公开宣布,起义的唯一目的就是从暴君手中把罗马解放出来,推翻"丑角元首"的统治。

文德克斯的号召得到了帝国西部行省总督及军队统帅的普遍回应,在他的周围迅速集结了十万之众。西班牙和阿非利加行省的总督也都效仿文德克斯,集结军队,讨伐尼禄。虽然日耳曼军团击败了高卢起义军,但不久以后日耳曼的各个军团也起来反对尼禄,并宣布他们的指挥官维尔吉尼乌斯·鲁福斯为皇帝。这样,至 68 年夏天,罗马帝国历史上骄横一时的尼禄已经处在四面楚歌之中了。

面对如此严重的局势，尼禄拿不出什么好办法来挽救其即将灭亡的命运。于是，他想出一个极其荒谬的主张，他打算作为一个歌手和朗诵者，到起义者中间去，妄想用他那"动人的歌喉"战胜与他誓不两立的反对者。他说："我仅用表演和歌唱在高卢就能再一次获得和平"。然而，事态的发展并不像尼禄所想象的那样。此时，一向是元首的心腹——近卫军也开始背叛尼禄。近卫军长官萨宾努斯看到尼禄大势已去，为了自己的生命和财产，他投到反对尼禄的加尔巴那里去。唯元首之命是从的元老院面对既成的事实，也宣告尼禄为人民公敌，要对他处以死刑。至此，尼禄已经走投无路。逃出罗马之后，在城郊他的解放奴隶的住宅里自杀了。

▲古罗马竞技场的残垣断壁。

事实上，如果真的是尼禄所放的大火，这种四面楚歌的境况是任何一个人都能预料到的，何况尼禄虽然是一个素以残暴著称的君主，却是相当聪明和多才多艺的，他不会以这种杀鸡取卵的方式来创造自己的"艺术"。然而，就算罗马城并非尼禄纵火所烧，他在位期间种种荒淫无道的行为也值得我们深思并引以为戒。

参考文献：

刘振华：《世界历史探秘：人类文明探索之旅》。

既非"神圣"又非"罗马"的帝国

神圣罗马帝国，全称为德意志民族神圣罗马帝国或日耳曼民族神圣罗马帝国，是西欧和中欧的封建帝国。早期为统一的国家，中世纪后演变为一些承认皇帝最高权威的公国、侯国、伯国、宗教贵族领地和自由城市的政治联合体。人们一向认为"神圣罗马帝国"国如其名，是由罗马人建立的教权高于一切的大帝国。但事实上，正如18世纪法国启蒙运动思想家伏尔泰所说，"它既非神圣、又非罗马、更非帝国"。

神圣罗马帝国由四个阶段而来：法兰克王国→新罗马帝国→神圣罗马帝国→德意志民族的神圣罗马帝国。

日耳曼民族包括以下部落：哥特、汪达尔、勃艮第、条顿、法兰克、苏肯、舍罗斯克。后因对罗马帝国的战争需要，组成了3个部落联盟，即阿勒曼、萨克森、法兰克。

公元486年，克洛维建立法兰克王国，开始墨洛温王朝，三个世纪后，被加洛林王朝取代。查理大帝在位期间，征战四方，建立了强大的帝国，并且皈依基督教，护佑教廷。受其庇护的教皇利奥三世出于感激，在查理事先不知情且并不情愿的情况下，突然向其加冕，号其为"罗马皇帝"，从此（不自觉地）开始了延续千年的帝教之争，也开启了神圣罗马帝国的历史。

由于是教皇加冕，因此神圣帝国的皇帝在位期间，其根本国策都是南进，控制意大利，乃至于忽视对国内的管辖，这史称"帝国理念"。

961年，奥托派兵进入罗马，支援被罗马贵族驱逐的

▲奥托大帝使神圣罗马帝国成为伟大的帝国。

教皇约翰十二世。约翰十二世感恩戴德，962年，德意志国王、萨克森王朝的奥托一世建立起了相当于现在的德国、奥地利、捷克等国疆域的王国，于是在罗马由教皇约翰十二世加冕称帝，成为帝国的最高统治者，也成了罗马的监护人和罗马天主教世界的最高统治者。从此，奥托一世以合法的古罗马帝国皇帝继承人的资格，正式称为"奥古斯都"即"罗马皇帝"。

10世纪，东法兰克王国分裂为5个公国，最强盛的萨克森公国的奥托大帝四处鏖军，吞并了北意大利，强逼教皇为其加冕，称"奥古斯都"，重建帝国。此时帝国统治者以罗马帝国和查理大帝的继承者自命，对外大肆扩张，对内则以农奴制等形式剥削农民。12世纪中叶，（红胡子巴巴罗萨）腓特烈大帝又征服了意大利，这次加冕后被正式称为"神圣罗马帝国"皇帝，1254年称神圣罗马帝国。神圣罗马帝国的疆土，包括今天的德国、奥地利、匈牙利、捷克、意大利北部和法国东部、荷兰、比利时等地区。这就是"神圣罗马帝国"的起源，这个帝国就是"德意志民族的神圣罗马帝国"。

962年之后，神圣罗马帝国的皇位便与德意志国王结合起来，当然这个帝国并不是罗马人的，而是德意志人的神圣罗马帝国。"神圣罗马帝国"并不只是名称上的变化，实际上反映了这个国家的本质特征。

"神圣罗马帝国"意味着古罗马帝国的复兴，德意志人则是这个帝国遗产的继承者；同时，这个帝国将其存在的基础置于基督教及教会关系的宗教使命之上，也就是向世人宣告这个帝国是奉使命而建立的，它对基督教和教会负有使命。这样，神圣罗马帝国就负有统治世俗国家和宗教的双重使命，即有统治包括东正教在内的整个基督教世界的权力。奥托一世通过和教会的结盟，加强了王权，加强了中央集权。当时，在复兴罗马皇帝权力的名义下，奥托一世使教会以新方式服务于王国的统一。作为行政中心的国王礼拜堂以及主要从这个时候产生的帝国主教层，以后形成了覆盖全帝国的一种有序的集中官僚组织。

公元 1273 年，鲁道夫·冯·哈布斯堡被选为皇帝，从此开始了六百余年的哈布斯堡王朝。

16 世纪，形成帝国议会。帝国议会由三个议会组成。第一议会为七选侯。第二议会为诸侯议会，分为僧侣和世俗两个分会。第三议会由帝国自由城市、分莱茵和士瓦本分会组成。帝国议会具政治上决策之权，但需由皇帝决定，并不具有太大约束力。加洛林王朝的诸位皇帝正式称号是罗马人民的皇帝，由教皇加冕赋予，因此这个头衔也可看做一个意大利王公头衔，而且往往与意大利国王平级。而由奥托一世所创建的帝国，皇帝称号虽然也由教皇加冕，但其本质却是德意志民族的国家，只有通过征服意大利才能取得"罗马皇帝"的合法性。

帝国的所谓选帝侯，当选者为罗马人民的国王（实是德意志国王）而非皇帝，因此，并非每一位德意志统治者都可以称为皇帝。只有进军意大利、接受教皇加冕的强者，才可获得皇帝这一殊荣。因此，我们可以看到，虽然号称"神圣罗马帝国"，实际上却是由日耳曼人建立的德意志国家，因此说它是"非"罗马的。

此外，"神圣罗马帝国"也是非"神圣"的。教权与皇权并非一直统一，其中也存在着争斗和分歧。9~10 世纪，教皇和皇帝一般来说都是合作的：教皇帮助皇帝反对德意志世俗贵族；皇帝支援教皇反对与罗马教皇权力相对立的拜占庭势力。1073 年，教皇格列高利七世任职，罗马教皇的权力开始达到顶峰。后来为争夺日耳曼主教的续任权（授任主教和修道院长等高级神职人员的权力）等问题，教皇和皇帝发生激烈冲突，这次教俗之争持续了数十年，1122 年，教俗双方签订的《沃尔

▲罗马帝国国王授权制作的宗教画像。

姆斯协约》总算给这场争执画上了一个句号。最终的结果是，教皇和皇帝都无法维持他们早先的要求。

11世纪后半期到12世纪，教会势力膨胀以后，教会与皇帝的矛盾日增，皇帝和教皇为争夺主教续任权展开了激烈的斗争，造成帝国政治长期动荡。

神圣罗马帝国虽然早已正式形成，但却徒有虚名。为了争夺续任权，为了称霸世界，德意志帝国皇帝曾多次进攻意大利，旷日持久的战争消耗了帝国的实力。在王权衰落后，诸侯崛起，确立了"强者为帝"的制度。

在13世纪后半叶，还出现了德意志历史上的皇帝空位时期。这一时期，帝国出现了许多独立的封建领主，各诸侯、骑士和城市间的纷争和内讧也连绵不断。

1356年，卢森堡王朝的查理四世颁布黄金诏书，确认皇帝须由波希米亚（捷克）国王、普法尔茨伯爵、萨克森公爵、勃兰登堡边地侯、美因茨大主教、特里尔大主教和科隆大主教等"七大选帝侯"选举产生，所以皇帝并非是上帝授权、命中注定的，实际上只是帝国最强大的诸侯而已。这使得"神圣罗马帝国"中央皇权名存实亡，帝国开始走向封建割据，当时在这片土地上分割出了几百个小国或政治集团。这一时期正是欧洲各民族国家相继建立的时代，而德意志帝国却处于内战、分裂和落后的状态之中，未能形成一个统一的民族国家。从15世纪初起至帝国最终瓦解，皇位均由奥地利哈布斯堡家族占据。

但尽管教权与皇权斗争如此，在整个中世纪，帝国和教会在维护封建制度方面，却始终都是紧密合作的。事实证明，国家政权和教会组织结合有效地保证了帝国的一体性，一直到11世纪后半期，这种结合仍然是非常有效的。正是这种明显的宗教特征，使得奥托一世及其继承者们能够确保神圣罗马帝国在欧洲的霸主地位。

神圣罗马帝国表明德意志帝国已经和教会结成了牢固的同盟关系，在这种关系下，一方面树立了帝国皇帝在中世纪欧洲的霸主地位，使帝国成为皇帝和教皇主导欧洲事务的中心舞台。例如，973 年的圣诞节，丹麦、波兰、罗马、波希米亚、匈牙利、保加利亚、拜占庭及伦巴德人，甚至西班牙科尔多瓦的哈里发使节都来到奥托一世的宫廷中。

另一方面，随着帝国势力的扩张，教会的势力也在膨胀，教权和皇权的矛盾也在增加，这种情况后来又是导致德意志长期分裂的主要原因之一。

15 世纪末至 16 世纪初，皇帝马克西米利安一世试图重振帝国，但遭到失败。15 世纪下半叶后，由于勃艮第和意大利脱离帝国，帝国领土主要限于德语地区。到 1474 年，神圣罗马帝国改称德意志民族神圣罗马帝国。由于罗马天主教和德国封建统治者对农民和市民的剥削和压迫日渐加重，在 16 世纪初爆发了宗教改革运动和德意志农民战争。

宗教改革后，帝国实际上分裂为信奉新教的北部、主要信奉天主教的西南部及纯粹信奉天主教的东南部。地方诸侯和皇室中央政权的斗争在"三十年战争"中达到顶点。战争使帝国遭受严重破坏，阻碍了帝国经济的发展，使之政治上分崩离析，成为徒具虚名的政治组合。战后，荷兰和瑞士脱离帝国，勃兰登堡——普鲁士在德意志诸侯中的地位提高，形成了奥地利和普鲁士在帝国中争霸的局面。

1806 年 7 月 12 日，在拿破仑的威逼利诱下，神圣罗马帝国的 16 个成员邦签订了《莱茵邦联条约》，脱离帝国，加入邦联。此举严重削弱了奥地利在德意志地区的领主地位，令奥皇弗朗茨二世大为不快。拿破仑为了吸引更多国家加入邦联，决定终结神圣罗马帝国。于是他对弗朗茨二世发出最后通牒，要求他解散神圣罗马帝国，并且放弃神圣罗马皇帝和德意志国王的称号。在"拳头"面前，弗朗

▲天主教进行改革的会议场景。

茨二世于 1806 年 8 月 6 日放弃神圣罗马帝号，仅保留奥地利帝号，神圣罗马帝国正式结束。

最后普鲁士通过三次王朝战争，又把奥地利从德国的版图上赶了出去。

然而，拿破仑帝国"其兴也勃也，其亡也忽也"，德意志在半个世纪后终于作为独立的政治实体出现在世界舞台上，其发展速度之快让人瞠目。然后，威廉二世一改俾斯麦的"大陆政策"为"世界政策"，以争夺"阳光下的地盘"，于是，第一次世界大战爆发。历史中的"神圣罗马帝国"这一页也就这样被永远地翻过去了。

参考文献：

【1】（英）布赖斯：《神圣罗马帝国》。

【2】（德）格隆德曼：《德意志史》。

【3】（德）迪特尔：《德意志史》。

中世纪并不黑暗

提到中世纪，大多数人会立刻联想到"黑暗"这个词，但事实并非如此。"中世纪"是 15 世纪后期西方的人文主义者首次使用的一个概念，用于表示西欧历史上从 5 世纪罗马文明瓦解到 14 世纪末人文主义者参与的文明生活和知识复兴的时期，表明了当时的科学家和自由主义思想家都希望同"蒙昧的世纪"划清界限。可是事实上罗马帝国在 5 世纪解体后，经过极其困难的阶段后，发展出了一个新的文明。

中世纪的文学作品相当丰富，各种人物和神话激发了当时人们的想象力：罗兰和奥利佛、特里斯丹和伊索达尔、尼贝龙根等冰岛史诗中的人物，关于亚历山大大帝的宏大史诗《玫瑰浪漫史》《伯莎大脚》等不一而足。借用乔叟的话来说："大量的浪漫故事，圣人生平，记述体故事、故事诗、戏剧、历史、传记，都非常重要、非常有趣。"

在中世纪，音乐由于基督教而取得了不寻常的发展。如果没有基督教，就不能想象中世纪的音乐，而今日的欧洲音乐也将呈现为另一种面貌。从旧约全书和新约全书中可知道基督教远自犹太王国时期，就是最重视音乐的宗教，一千多年以来，其一直采取了加强教会音乐的方针，以宗教仪式作为温床孕育了优秀的作曲家。他们把音乐有条理地加以系统化并使之发展成长。当时使音乐得以普及和发展的推动力是教会，制定音乐的体制并对乐谱加以研究的正是那些修道士。而且也正是在教会音乐中，开创了复调音乐的形式并完成了对位法。最初印刷乐谱，是教会为了做弥撒用的。键器起用以至其教授法，没有一件事能够离开教会而产生。至今为止的任何一种音乐若说它是建立在中世纪时代的基础上，也并非过分。从音乐的全部理论到记谱法，以至合唱、合奏，多半都是中世纪的遗产。即使说今天的交响乐和歌剧的内容是世俗的，也不能说与中世纪的教会无关。

中世纪还创造了至今为我们所尊敬的两个体系：大学和艺术课程。早期大学传授被称为"七艺"（文艺学科教育）的学习课程。在当时的学校都设有三艺和四艺，前者指语法学、修辞学和逻辑学，后者包括算术、几何、音乐和天文学，两者合在一块即所谓的"七门自由艺术"，简称"七艺"。13世纪城市大学的诞生标志着西欧文化历史一个新时期的开始。中世纪的大学是欧洲重新获得和了解古代希腊罗马哲学和科学知识的重要媒介。中世纪的大学体制为学者们从事学术活动提供了各方面的保证，成为当时各方面学者活动的舞台。

例如13世纪的牛津大学就是当时欧洲的科学中心，西方近现代的科学在那里开始萌芽。牛津大学的第一任校长罗伯特·格罗斯太斯特（1168~1253年）和他的学生罗吉尔·培根将柏拉图对数学的强调和亚里士多德对实验观察的强调结合起来，奠定了现代科学兴起的基础，他们自己也成为现代科学的先驱。此外，但丁、薄伽丘、哥白尼、伽利略、弗朗西斯·培根、牛顿等人的思想，也都是在大学的土壤上产生的。

▼牛津大学的塔式建筑。

尽管罗马帝国已经崩溃，但是许多牢固的传统还是保留了下来。罗马的法则和教会的法规依然被人们所遵守，日耳曼人的入侵又带来了一种新的习惯法。

中世纪的司法也存在着许多不同，包括语言、法律、政府等。当时的阿哥巴德主教在一封信中说道：

"常常发现一起交谈的五个人中，没有两个人是受同一法律制约的。"

　　中世纪的司法有超现实的成分。神明的裁判和后来的双方决斗以胜负决定判决被认为是万无一失的方法。征服者威廉最先在刑法和民法中设立了决斗的做法。在当时替人决斗是得到承认的职业，贵族们都养着这么一个人，以防打官司的不时之需。而盎格鲁——撒克逊法律中则有一种更务实的做法，它对犯罪的定义是破坏和平，因此可以用罚款来弥补。MURTHER（谋杀）这一词最早是一种罚款的名称，后来才代表某种杀人罪，若犯此罪行，花钱即可赎罪。

　　中世纪主君与家臣的关系并非只是封地的从属关系，它更多的是人与人之间的忠诚，是种有誓约为依据的强烈感情。根据誓约，家臣有义务随主君从军或以其他形式为主人效劳，其根本目的是为了抵抗各个方面对于生命和粮食的威胁。它同时也是一种维系社会的道德力量，是我们所熟悉的亚瑟王故事和传统的基础。中世纪的人由于受到严酷多变的环境的影响常常倾向于冲动、暴烈。当时欧洲大陆上无休无止的战事并不是贪婪的野心所挑起的，因为土地是当时的主要财富形式，是贫寒、不稳定的生活根源，拥有土地多少并不只是骄傲或贪婪的问题。而且在进行战争时，他们总是有合法的权利作依据。征服者威廉在争夺英格兰的王冠时，就提出了三条充足的理由说明王冠应当归他所有。同时战争也有一些文明特征，在中世纪战争是一种有着严格规则的游戏，荣誉的承诺、对手之间的礼貌、被俘虏的骑士在保释前被视为朋友和兄弟（查理五世在对待被他俘虏的弗兰西斯一世时就实践了这一点）。所有这些规则必须遵守，否则就有犯规的嫌疑。

　　"1415年，英国和法国的传令官在一处高地一起观战。当法国人开始逃跑时，亨利五世焦虑地等待着，直至法国的主传令官证实英国人的胜利。这场战斗由他命名，他把它命名为阿金库尔。"

在 11 世纪狂热的十字军东征中，与其说它是为了增进精神德行、赎罪和得到一件圣物作保佑，倒不如说它是为了去冒险、逃避家庭的沉闷、去见识东方的奢侈生活、与穆斯林争夺财产，当然其最主要的动机还是贸易。

在科学技术方面，中世纪也不是毫无建树，它的成果大大超越了罗马和希腊。亚里士多德为托马斯·阿奎那的神学理论提供框架的同时，他的物理学观点正在巴黎大学遭到批判。库萨的尼古拉斯主教在数学、天文学、地理学方面成绩斐然，他不仅在数学上提出了无穷小的概念，绘制了第一张中欧地图，还在天文学上首先提出了宇宙连绵不断的概念。在中世纪即将结束的时候，人们手中掌握着各种工具：各种类型的测量和绘图工具、罗盘、星盘以及水手指路用的海图，火枪和火炮的出现改变了战争和武器的含义。

水磨则是典型的中世纪工具，第一座精密的机械钟诞生于 13 世纪后 1/3 的时间。中世纪的技术人员（通常是教士）掌握了大量的建筑、开矿、制造经验并形成了新的传统。中世纪在农业机具上的一个重要改进是开始在大家畜身上使用类似现代挽具的一整套装置，这样驮载和拉拽用的大家畜得到了更充分的利用。骑用的马有了一整套的马具，包括挽具、马鞍和马蹄铁；拉车的牛、马、骡等则有了肩轭、车杠和蹄铁。

▲毕业于巴黎大学的阿奎那著有《神学大全》，其思想体系最终成为天主教的官方学说。图为反映当时巴黎大学学生们上课情景的绘画。

到 13 世纪时，一种新的重轮犁连同模板和舵投入了实际使用。水力磨房、风力磨房、道路建筑、排水装置等，在 10 世纪也都得到发展。栽培作物的品种也增加了，例如出现了黑麦、燕麦、斯佩耳特小麦以及蛇麻草等。

中世纪的发明还包括机械锯、带有落锤的锻炉、具有固定板和活门的箱、窗用玻璃和玻璃窗、油灯罩、蜡烛和极细的烛蕊、手推车、远视眼用的眼镜、运河上的水闸，火药以及有摆的落地大座钟等。机械的发明使印刷机和火药武器的使用达到了顶点。

一说起中世纪，人们总喜欢在前面加上一个"黑暗的"修饰语，似乎在一些人的心目中，中世纪就是人类历史上一个最黑暗的时期，是一段不堪回首的岁月。中世纪就是宗教迫害、审判异端、火刑架熊熊燃烧的世纪。在今天看来，西欧的中世纪确实在某些方面走向了极端，只不过这是人类历史上一个精神的极端、信仰的极端和宗教的极端而已。

但平心而论，在人类的哪一个历史阶段没有出现过极端呢？如 19 世纪思想体系和盲目乐观的极端，20 世纪暴力和所谓革命的极端，还有可以预料的将会出现在 21 世纪的物欲与生活全面外在化和视觉化的极端。

每一个时代都有其自身的优点和弊端。对每一个时代，我们不能以点代面，以偏概全，而应该进行全面的审察与综量的分析。对照今天的世界，我们完全有理由说，中世纪确实是信仰的世纪，是人们苦修精神之功的世纪。针对大众对中世纪的严重误解，我们觉得完全有必要为中世纪一辩，说不上为它唱赞歌，但至少要指出它那些值得人们去记取和怀念的。是的，从某种意义上说，中世纪是停滞的一千年，沉静的一千年，但同时也是充满了上帝之言、祈祷之声和人心祝福的一千年，是西方人走向内心、修炼趋圣的一千年，是他们为未来那个即将要到来的更加激动人心的时代做充分准备、充分筹划的一千年。用今天的眼光来看，这一千年并没有白白流过，也没有无为而逝，正是这一千年为人类留下了无数弥足珍贵的文物和遗产，为后世带来了巨大的影响。

参考文献：

【1】《康桥中世纪史》。
【2】（美）斯塔夫里阿诺斯：《全球通史》。

编造出来的新大陆 "发现者"

▲哥伦布出发前，西班牙国王和王后以及大臣们前往送行。

哥伦布 "发现" 美洲是众所周知的事情，但哥伦布这个人物，直至现在，在许多方面仍然还是一个谜。已故的美共主席福斯特在他的《美洲政治史纲》中，转引权威的拉美史专家喀尔蒂斯·威尔格斯和罗尔·德加合的话说："我们不能确切知道他是什么时候生的，也不知道他在哪里出世，他的早年生活究竟如何，他的面貌怎样，他能不能读写，他最初登陆美洲究竟在哪里，也不知道他死后葬在何处。" 美国历史学家艾·巴·托马斯在他的《拉丁美洲史》中说："哥伦布其人是一个谜……关于他的生平，几乎没有人能说得确切。"

长期以来，人们普遍认为："发现" 美洲的是克里斯托弗·哥伦布。哥伦布 1451 年生于意大利城市热那亚，他的祖父乔凡尼·哥伦布是一个手工业者，在意大利经营毛纺织业作坊；父亲多米尼科·哥伦布在热那亚开设一家呢绒作坊，哥伦布就诞生在这个作坊里。克里斯托弗·哥伦布从 14 岁起到海上生活，当过海盗，后来在西班牙国王的支援下，与他的弟弟一起开始了从欧洲到美洲的航行。

但这种普遍说法却一直缺少证据支援。围绕着哥伦布的身世这一谜题，世界一些国家的研究人员正展开一项大规模的 DNA 调查。人们期待着借助现代先进的基因检测技术，获得有关哥伦布身世的新发现。

对于哥伦布的出生年份，有学者认为应在 1436~1451 年之间。哥伦布自己在 1498 年 2 月 22 日写的遗嘱中写道："我出生在热那亚。"在这份遗嘱中提到了一名热那亚商人，同时这名商人的名字也在 1479 年的一起诉讼案件中出现过。在这起诉讼案件中，哥伦布被传唤为其作证，在证人宣誓证词和自己的身份真实的过程中，哥伦布宣称自己是热那亚人，居住在葡萄牙的里斯本。一些历史学家发现哥伦布可能不会写意大利文，而他的私人信件中使用的都是西班牙文。"西班牙说"还认为，哥伦布应该是西班牙加泰罗尼亚人，而且是贵族之家。他在去世时被称为"哥伦"，这是加泰罗尼亚语。哥伦布的航海日记都是用拉丁语写的，而拉丁语是受过"高等教育"的人才会使用的文字。

还有历史学家认为，哥伦布是躲避西班牙宗教迫害的犹太人，他因此不得不隐瞒身份。在当年的西班牙，即使改变了宗教信仰的犹太人也要被驱逐出西班牙。

哥伦布身世的另一个假设是希腊东部的希俄斯岛，该岛当时在热那亚控制之下。而且他还曾说自己是"红土地的哥伦布"，希俄斯岛就是以它南部的红土出名，现在在这里还有很多居民都姓哥伦布。

葡萄牙的历史学家则认为哥伦布是因为出生地葡萄牙的 Alentego 有一个城镇名为古巴，后来才命名了美洲的古巴。还有更奇怪的说法是哥伦布原是一名法国海盗，但是后来他试图掩盖自己这一身份。

不过，大多数学者仍然都认为，哥伦布是意大利热那亚人。认为他的祖先早年定居在热那亚，后来哥伦布又在葡萄牙和西班牙学习航海知识，并长期在那里生活。当时，整个欧洲的民族迁徙一度十分活跃，种族的混合也非常频繁。意大利在当时的国家地位十分重要，是第一个资产阶级民主国家，是近代欧洲的先驱和当时世界贸易的中心，其他国家深受意大利风尚的影响。意大利航海业发达，很早就发现了西非沿岸，并到达了附近的一些群岛，后来的西班牙舰队只是在意大利基础上的"重新发现"。

意大利的科学技术当时在西方走在前列，后来西班牙和葡萄牙在海上崛起，许多成熟的技术和知识乃至人才，都大量吸取了来自意大利的精华，形成了"你中有我我中有你""你我不分"的历史结果。这可能也是哥伦布的身世这么复杂无序的重要原因。但学者可以肯定的是，即便哥伦布不是意大利人，也有意大利背景，要推翻这个背景并不容易。

但是，委内瑞拉著名的历史学家埃尔马诺·内克塔里奥·马利亚却提出了另一说。它认为有两个"哥伦布"。他在 1964 年任委内瑞拉驻西班牙大使馆文化参赞期间，查阅了西班牙丰富的历史档案，进行历史研究。1978 年 4 月 19 日他在马德里"西班牙美洲合作中心"发表了题为《美洲发现者哥伦布是西班牙犹太人》的演讲，引起了人们极大兴趣和关注。内克塔里奥根据自己多年的研究，提出哥伦布不是意大利人而是西班牙的犹太人。他认为，"发现"美洲的是克里斯托瓦尔·哥伦布，西班牙马喀牙

▲哥伦布与船员在美洲的圣萨尔多岛登陆的情景。

卡岛人，生"鸽子"的意思，这是西班牙巴利阿里群岛上很古老的一个姓，取自犹太人家庭的祖姓。这个哥伦布不懂意大利语，只讲西班牙语。长期以来，人们一直把克里斯托弗·哥伦布同克里斯托瓦尔·哥伦布搞混了。克里斯托弗·哥伦布的确是意大利热那亚人，生于 1451 年，在地中海从事商业航行。但是，"发现"美洲大陆的不是他，而是西班牙的克里斯托瓦尔·哥伦布。

据说，第一个踏上美洲大陆的西班牙人还不是克里斯

托瓦尔·哥伦布,而是另一个西班牙人阿隆索·桑切斯·
德韦瓦尔。他大约在 1481 年就登上了美洲大陆,返航时
曾在克里斯托瓦尔·哥伦布家中停留,后来在哥伦布家病
死。他在去世前,把全部航海资料交给哥伦布。当时哥伦
布家住桑托港。10 年后,克里斯托瓦尔·哥伦布才开始
第一次航行,成为人们公认的发现新大陆的人。

　　长期以来,由于人们搞不清究竟是哪一个哥伦布"发
现"的美洲,所以,在一些介绍哥伦布的著作中出现了一
个有趣的现象,有些哥伦布的肖像是一个胖子,有些肖像
却是一个瘦子。19 世纪末以前的智利邮票甚至把哥伦布
画成一个留大胡子的人。由此看来,到底是哪个哥伦布
"发现"美洲确实值得推敲考究。

　　除此之外,在谁是美洲发现者这个问题上还有别的疑
窦:真的是哥伦布"发现"了美洲吗? 有些学者认为事实
并非像人们所说的那样,他们认为有别的人先于哥伦布到
达美洲。1976 年,美国拉特格斯大学塞尔蒂马语言学教授
伊万·塞尔蒂玛在《他们在哥伦布之前到来》一书中,比
较系统地研究并肯定了非洲黑人在哥伦布之前到过美洲这
一论断。根据西班牙史料记载,1513 年西班牙人在巴拿马
地峡发现一处印第安人住地有很多非洲战俘。虽然这些非
洲人是以什么身份又是怎样来到美洲的,我们不得而知,
但有一点是可以肯定的,即他们先于西班牙人到达美洲。

　　1975 年 2 月,美国斯密森研究所考古发掘队在美国
维尔京群岛发现两具尼格罗人骨骼,地层年代在公元 1250
年左右,这则资料表明至少在公元 1250 年已有非洲人生
活在美洲地区。此外,从洋流、风力、人力等技术方面也
证实了当时有通过大西洋漂向美洲的可能性。

　　1969 年,挪威探险家海尔达尔按照古埃及王墓壁画
上的芦苇船样式,制造了取名为"太阳神一号"的木筏,
从北非摩洛哥的萨菲港出发,横渡大西洋,到达西印度群
岛的巴巴多斯。

　　北欧人在哥伦布以前到过美洲,这一观点在学术界也

有一定影响。根据考古资料和历史传说，北欧人9世纪时在冰岛、10世纪时在格陵兰殖民，公元1000年前后到达北美大陆寻找木材和捕鳕鱼。相传公元986年赫尔霍弗逊从冰岛航行前往格陵兰，被风吹向南方，发现几处新地方。1001年，他返回格陵兰，卖给埃里克森一只船。埃里克森乘船到了这几个新地方，分别命名为赫鲁兰（意为扁石之地）、马克（意为森林之地）、文兰（意为葡萄之地）。后来冰岛人卡尔西弗里船长从格陵兰向南航行，据说到了巴芬岛、哈得逊海峡、圣劳伦斯湾、拉布拉多半岛等地，并试图建立殖民地。

▲反映哥伦布在航行途中机智地制止了船员暴乱的绘画。

据传说，公元1117年埃里克主教曾航行到文兰，并在此地住过一段时期。1960年，挪威探险家英格斯塔德在纽芬兰北部海岸发现一处遗址，经碳14测定，大约是公元7世纪至11世纪的遗物，估计是古代北欧人的居住地。1965年，美国耶鲁大学宣称得到一张由15世纪中叶瑞士僧人绘制的地图，该图左上角北大西洋中绘有一些岛屿，有"巴西""文兰岛"等地名。而"中国人最先到达美洲"这一观点最初由法国汉学家德·吉涅提出，迄今已有两百多年，尚无定论。近年的一些考古发现使得这一观点又一次引起人们的关注。1975年美国潜水员在加州洛杉矶附近人工近海底打捞起9件人工石器，美国的两位考古学家经过研究后认为，这是中国古代海船遗留下来的石锚和附具，根据石锚表层的锰矿外衣推断，它们沉入海底已有两三千年之久。

一些欧美学者经过考证认为，大约在3000年以前，即中国殷商末年，中国人就已达到了美洲。在今天墨西哥拉文塔地区发现许多具有浓厚商代文化特征的遗物和遗产。从拉文塔土墩中挖出的石雕，以及至今仍保存在危地马拉博物馆的奥尔梅克赤陶头像，都是中国人的脸型。他们还认为，著名的奥尔梅克文明的兴起，与殷商的影响有关。

史书记载，武王伐纣前，纣王曾把大军驻扎在"人方国"（在今山东省），后来周公旦攻占"人方国"，当地殷军战败纷纷逃亡海外。殷商时代崇拜虎神，这种文化特征通过奥尔梅文明还传播到了秘鲁，形成了有名的查比因文明，在今天秘鲁安第斯山上的神殿里还矗立着一座高大的、狞笑的半人半虎石像。

20世纪60年代在中国江南两处原始遗址中出土了花生种子，经碳14测定年代都在距今4000年以上。一些学者据此并结合越人造筏航海、宗教信仰、战争和迁徙等情况分析认为，石器时代的中国东南地区古部落，由于在战争中失败或太阳崇拜等原因，曾东渡太平洋，到达南美洲大陆，并将印第安人培植的花生种子带回了故地。但对于这两种因"石锚"和"花生"而引起的新见解，学术界有不同意见，仍处在争论中。如有人认为石锚的质料是灰岩，除台湾外，中国东部不产这种石料，因此它并非来自中国内地。还有人说它是18世纪末期在北美近海捕鱼的美洲华人的遗物。

除了以上三种有代表性的观点之外，还有其他一些说法。几个世纪以来，许多不同国家、不同职业的人们都为它吸引，付出过时间、精力、钱财甚至生命，但都未能解答这个复杂的问题。至今，它仍是个"谜"。

尽管谁是第一个美洲发现者争论复杂，但都无法掩盖哥伦布发现美洲的重要性。没有人可以取代哥伦布。哥伦布的发现是资本主义时代的一个重要标志，他的远航开辟了大西洋贸易。此前，资本主义只是以西欧为中心的一个狭小区域；之后，哥伦布开辟的大西洋时代，第一次超越

▲船舱里的哥伦布。

了西欧和欧洲的范围，到达了美洲。也由于大西洋贸易经济的诞生，最终发展形成了世界资本主义体系。

直至今天，这个资本主义世界体系的大框架基本没

变。一位学者曾这样说道："大西洋体系是真正意义上的世界范围的大资本主义体系。它为持续发展的资本主义提供了动力和开端。因此，怎么评价哥伦布的开拓意义和贡献都不为过。"

参考文献：

【1】（美）塞·埃·莫里森：《哥伦布传（上下卷）》。

【2】（美）伊万·塞尔蒂玛：《他们在哥伦布之前到来》。

【3】（美）艾·巴·托马斯：《拉丁美洲史》。

【4】李隆庆：《哥伦布全传》。

"太监" 不是中国专利

说起"阉人"，我们往往想到的就是电视剧的宫廷戏中操着一口娘娘腔、阴柔之气十足、甚至涂脂抹粉的"太监"。中国的太监时间悠久，据专家考证，中国早在殷商就有"寺人"，这在甲骨文中已有相关的记载。

明末清初，唐甄在《潜书》中这样描绘太监："望之不似人身，相之不似人面，听之不似人声，察之不近人情。"为什么这样说呢？唐甄解释道：他们长得臃肿、弯曲，好似长了瘿结，鼻子里呼呼作响，如同牛和猪一样，因此不像人的身体；他们长着男人的颊骨却不是男人，没有胡须却不是女人，虽然面如美玉却没有一点生气，因此不像人的面容；他们的声音好像儿童一样稚细却不清脆，好像女人一样尖细却不柔媚，你说它嘶哑但又能成声，你说它如猩叫但又能成人语，因此不像人的声音；他们可以很爱人，也能下毒手害人，当他们怜悯你时流涕而语，而当他们憎恶你时，则斩杀如草，因此不像人的感情。

人们一向认为"阉人"就是中国的"特产"，是中国封建时代对人性的一种摧残和压抑。但这是人们一直以来对历史的一种误解，其实"阉人"并非中国独有，在西欧，也有这么一群被阉割的人，不过，他们的名字叫"阉伶"。

▲明代最有权威的太监魏忠贤，他的地位是国外那些"阉伶"难以想象的。

"阉伶"是什么意思？顾名思义，就是"睾丸被割掉的歌手"。因为睾丸影响到男性声带的成长，所以音乐家

培养了一批男童，大约 6 岁左右，就将其阉割，使阉童的声带保持在最细最清脆的状态。而这种风潮一直延续到 19 世纪初。18 世纪初期的时候，歌剧界的表演者有 70%是阉伶。

当时只是意大利每一年就有四千多个男童被阉割，盛行的程度已经让人以为"音乐家等于阉人"。阉伶究竟起源于何时，历史并未给予确切的答案，但音乐学家们都认为，阉割之风的兴起与罗马天主教的教规大有关系。因圣保罗的训示妇女在教堂不能歌唱，才有了男童女声——阉伶的出现，但如何把接受阉伶与《圣经》中的训诫调和在一起，对于教内而言又是一件很微妙的事情。

《旧约》中明禁礼拜活动有受伤的或是被阉割过的人参加，但教会仍然把阉人歌手纳入合唱团，这一需求也保证了阉人歌手的供应。这种做法看起来自相矛盾，但教会找到了为此辩护的人：本尼狄克派的著名学者 Robert Sayrus 就曾这样写道："嗓音是比性能力更为珍贵的一种才能，因为人类正是凭借语言与理智才有别于动物。因此，在必需时为改进嗓音而抑制性能力决不是渎神的做法。"德国一位学者写道："年轻的阉人歌手嗓音清脆、动听、无与伦比，任何女性都不可能具有如此清脆、有力而又甜美的歌喉。"

18 世纪英国著名的音乐史学家查尔斯·帕尼曾这样描述 1734 年法拉内利在伦敦演唱时的情景："他把前面的曲调处理得非常精细，乐音一点一点地逐渐增强，慢慢升到高音，尔后以同样方式缓缓减弱，下滑至低音，令人惊奇不已。歌声一停，立时掌声四起，持续五分钟之久。掌声平息后，他继续唱下去，唱得非常轻快，悦耳动听。其节奏之轻快，使那时的小提琴很难跟上。"就连对阉伶一向持有偏见的法国著名剧作家伏尔泰也承认："他们（指阉伶）的歌喉之美妙，比女性更胜一筹。"而 18 世纪的法拉内利无疑是"阉伶"中的佼佼者，被后人称做"绝代妖姬"。

如今，来自意大利和英国的科学家成功地挖掘出了他的尸骨，希望能够破解阉伶的歌唱之谜。

法拉内利原名卡·布罗斯基，1705 年 1 月 24 日生于意大利普利亚区的那不勒斯。他自幼随父兄学习音乐，和卡法瑞利师出同门，都是波波拉的得意门生。法拉内利有着传奇般的歌唱业绩。15 岁起，他开始在那不勒斯登台演唱，展示出特殊的歌唱才能。至 1722 年 17 岁时，法拉内利在罗马以一曲超高难度的咏叹调演唱令那个时代的音乐家和观众为之倾倒。

这段传奇故事被 18 世纪的英国音乐史学家查尔斯·帕尼详细地记录下来。根据记录，法拉内利的嗓子可以涵盖三个半八度，在一次呼吸中变换 250 种音调，持续超过一分钟之久。他惊人的唱技时常使乐队忘记演奏，女性观众则成批成批地晕倒。在以后的近二十年内，法拉内利的歌技逐步达到炉火纯青的地步，成为无可争议的欧洲一流歌唱家。

比如咏叹调《战士在武装的阵地》一曲，包括十度音程的跳进等复杂技巧，他却可以轻松地唱下来，被人称之为"喉咙协奏曲"。这些曲目除他外，当时几乎无人敢问津。1737 年，法拉内利的事业如日中天，这位奇才理所当然地吸引了各国皇室的目光，许多王室更是不惜花重金聘他担任御用乐师。当时的西班牙国王菲利浦五世患有怪癖，情绪失控，常常莫名其妙地郁闷。法拉内利前往西班牙宫廷供职，为国王唱歌解忧治病，没想到这一唱就是 10 年。1759 年，他离开宫廷，开始了漫长的退休生活，默默无闻直至去世，终年 77 岁。

2006 年 7 月 12 日，法拉内利的尸骨在博洛尼亚被科学家成功挖掘出来。据悉，法拉内利的尸体起初于 1782 年葬在圣芳济修道院的圣十字学院内，1810 年由于墓地遭到破坏，后人将他的墓地迁移至博洛尼亚。但一直以来人们对墓地具体所在地并不清楚，直到前不久考古人员才发现了墓穴，引发了新的研究热。此次行动是由佛罗伦萨历史学家艾伯托·布鲁斯基主持并提供赞助。研究人员表示，他们会尽力找寻所有可能的资讯，弄清男子阉割后在生理上与歌唱之间的内在联系，找出造就法拉内利登峰造极歌技的真正原因，从而破解已经绝了两个世纪的"阉伶"之谜。

目前，法拉内利的尸骨已被小心地保护起来。英国皇家音乐学院兼亨德尔博物馆阉伶展览负责人尼古拉斯·克莱普顿参与了挖掘行动。接受记者采访时，克莱普顿表示："这是我们所知道的阉伶的唯一遗骨。从法拉内利的遗骨看来，他头骨较小，但身材尤其修长，比那个时代的阉伶更加挺拔！在稍后的研究中，我们准备采用生物分子扫描来收集资料，破解他身材挺拔之谜。"

从医学的角度来说，胎体在子宫内仅 34 天，就会形成喉部的最初雏形。婴儿出生时声带总长为 6~8 毫米，膜片和软骨组织均为 3~4 毫米长。在 6 岁前，声带生长很快，此后逐渐减慢，长至青春期，男女声带长度基本相等，约 12~15 毫米，但在青春期内，女孩的声带只有微略增长，近成年时长度为 13~18 毫米，而男孩声带的增长却十分可观，到成年后长度一般可达 18~23 毫米。但阉童的声带发音则完全不同于一般的男童。科学告诉人们，男孩声带长度的增加，离不开睾丸间质细胞内的雄激素。而阉童却缺乏有助于声带长度增加的雄激素，因此声带还是青春期开始时的长度，膜片长度只有 7~8 毫米，不仅短于正常发音的男子，而且可能比一般成年妇女的还短。

由此我们不难理解为什么阉伶具有比女性歌手更甜美的嗓音。有关阉割的手术过程，我们今天只能从法国律师查尔斯·安基隆的《阉人论》一书中找到一些文学性的描述，而无法知道其准确性如何。但有一点是显而易见的，即阉割既非切断通向睾丸的血管，也不是割去睾丸本身，而是在动手术前，先让男童进行温水浴以便软化睾丸，尔后紧按住他的颈静脉，直至他失去知觉，这时才开始动手术。

男孩早期阉割以及由于睾丸间质细胞中雄激素的缺

乏，不仅阻碍声带的生长，而且导致许多严重的心理生理异常状态，这一点往往为人们所忽视。男孩在发育前阉割，会引起原发性性腺机能减退，进入成年后就会出现许多发育异常现象，例如：前列腺发育不全，阴茎特别小；没有胡须，腋毛和四肢汗毛的分布缺乏男性特征；阴毛分布呈女性特征；皮下脂肪过多（臀部和胸部脂肪尤多）；有些阉人歌手的乳房十分丰满，酷似女子；有的阉人的脂肪堆积于眼皮侧面，造成面部变形，看上去虚肿或起皱。

　　早期阉割造成的另一种生理异常现象是手臂和腿与身躯相比，显得特别的长。正常的男子在青春期，由于雄激素增加使长骨生长受到阻滞，因此手臂与腿部一般停止生长，但被阉割了的男子只有少量雄激素，四肢长骨依然生长。阉伶不仅因异常的身高而被嘲弄，而且也因过分肥胖、如同阉鸡一般而受人耻笑。他们的脂肪往往堆积于臀部、大腿和胸部。阉人歌手又大又肥的臀部、手臂、乳房和颈脖如同女人一般，十分丰满。当你在某个集会上碰见他们，听到他们的讲话时，会感到这些巨人发出的竟是小孩子般的声音。有些阉人歌手貌似女人，且有同性恋行为。

　　1762年，以好色闻名的意大利冒险家卡萨诺瓦居住罗马，他曾描述道："我们来到剧院，那里一位担任主角的阉伶非常引人注目。他是红衣主教博格士宠爱的娈童，每天与主教大人共进晚餐。这位阉伶嗓音纯美，但吸引观众的主要是他的美貌。在舞台上，他身穿女服，若天仙一般，令人心醉神迷，他的胸部女人般美妙，简直是迷人的魔女。无论你对他的性别有多清楚，只要看一眼他的酥胸，便会欲火中烧，发疯似的痴情于他……在他身上有一种能令感官满足的魅力。他那黝黑、温柔的眼眸，羞羞答答的神态，令人销魂、痴迷。"

　　一般说来，阉人由于缺乏雄激素，阴茎发育异常，不能进行正常的异性性交，然而有关阉伶搞异性恋的风流韵事也有传闻。1679年，阉人乔万尼·弗朗斯科·格罗西在路上被谋杀，原因是他与女伯爵爱兰娜·福妮乱搞关系。据传说，许多著名的阉伶也常常与漂亮女子打得火热。但是阉割对于大多数阉伶来说是烦恼。

阉伶弗利浦·贝拉切在他的自传《世界的果实》中，描述了他爱上一位名叫安娜的俏丽姑娘的故事，同时写出了他意识到由于无性欲而不得不"放弃"的痛苦。这是有史以来唯一的一本阉人自传。在他的遗嘱中，又提及性欲缺乏是痛苦之源。

步入 19 世纪，随着巴洛克让位于古典主义和音乐思想的更兴，男声又重新掌权，阉伶歌手演唱的部分，大都由女歌手演唱，即使是男歌手演唱这些高难度部分，他们也大都用假音。男高音与男低音又让人朝着另一个方向疯狂，迫于现实的压力最后一部阉伶歌剧于 1830 年落幕。

20 世纪 20 年代，西斯廷礼拜堂最后的阉伶歌手亚历山德罗·莫雷斯奇去世。尽管莫雷斯奇在 1902~1904 年录制了多张唱片，成为唯一留下唱片的阉伶歌手，但他的声音已与巴洛克时期的歌唱家们有太多不同，阉伶歌手最终成为纸上传奇。

"阉人"逆自然而行，却只为了让伶人的声音更动听，这的确是对人性的一种极大摧残。历史中，不但中国有这种黑暗肮脏的现象，在人们想象中"绅士文明"的西欧也一样存在着这样的事实。我们在看待历史问题的时候，不能一味觉得"外国的月亮比中国圆"，妄自菲薄；而要秉着不偏不倚的态度，客观公正，这样才能真正领略到历史的精彩之处。

参考文献：

【1】唐甄：《潜书》。
【2】（法）查尔斯·安基隆：《阉人论》。

日本虚伪的 "礼貌"

日本不得不说是个奇迹般的国家，它从偏居世界一隅积贫积弱的无名小岛国，一跃变革为亚洲各国争相效仿的对象；在从二战后 "瓦砾似海" 的一片废墟上，建成了资本主义第二强国。日本不仅经济上的成就令人咋舌，日本人的礼貌也为世界各国称道。不愠不火的态度、谦谦君子的风度、无论对错都微笑着鞠躬致歉似乎已经成为日本人的标志。

但其实礼仪之邦是对日本错误的解读，日本从来就不是 "懂礼" 之国，日本人本性中也是不崇尚 "礼" 的。古代日本是一个封闭的岛国，经济文化的发展相当迟缓，近乎于与世隔绝，直到 9 世纪，日本才开始正式的接触、学习语言、艺术、宗教、政治制度，才开始正式从原始部落过渡到封建社会。

▼日本艺妓雕像。

大化革新的风潮虽然引进了最先进的唐文化，将 "礼仪" 带入日本，但在这片贫瘠的文化土壤下却无法正常发育。日本人一方面畸形地奴性地模仿着中国文化，一方面希望也能创造出自己的文化，以为这样就能摆脱本性中的野蛮，但结果是形成了一种没有经典的 "神道"。如同日本人类学家食田一郎所说，神道的特性就是 "频繁地改变容貌" 如一个不断 "变换服装的人偶"。其因为教义的频繁变动，因而无法形成一个稳定的内在价值体系，势必无法承担起传承一国民族文化精神的使命。所以在一定程度上，日本是一个没有自身文化传统精神的国家。

礼在很多时候只是作为不断变换的政治需求中一颗愚民的棋子而出现，呼之即来，挥之即去，没有人对它的内涵和外延做一个准确的界定或者对它的核心精神做出阐述。因而，"礼"的精神自始至终没有扎根于日本文化，没有扎根于日本人的精神信仰中。

再来看日本人的性格。由于东瀛岛国特有的地理风土条件使得日本人形成了一种独特的"海岛性台风性格"：地处寒热带交界处，有强烈的日光照射和丰沛的雨水，但不像南亚一带一年四季处在热带阳光雨林的淫威之下，单调而无变化；它有北国凛冽的寒风和冰雪，但又不像北欧那样一年到头同样的寒冷，使人感觉迟钝。正是这种地理条件，培养了日本人特有的热寒带二重性格，既热烈又沉静，既忍从又反抗，热烈中包含着沉静，忍从中包含着反抗。

日本民族的文化特征也被归纳为"耻感文化"，也就是说日本人以耻辱感为原动力。由此可见，日本人的隐忍不是源于内心深处的宽厚，礼貌也不是基于本性的慈悲，而是羞耻与恐惧：对于自己自然资源匮乏的恐惧，对可能灭亡的恐惧，对大国的羡慕，对力量的垂涎。日本人常常会无端认为将有灭顶之灾，它所表现出的高度礼仪文化，恰恰是羞耻感与恐惧感混合下被迫的忍耐。忍耐，意味着能量的积蓄，积蓄达到一定程度，自然要求释放，这就是为什么在日本会有如此多突发性暴力事件的原因。

礼只是在这个忍耐到爆发的过程中一个小小的缓冲剂而已，它从来不是日本人的真实本性。没有文化积淀的支撑，本性中又缺乏礼的成分，日本人却能长久地保持一个"礼貌"形象，不得不说又是一个奇迹。个中原因，仔细寻来，原来在其背后有一个强大的决定性的推动力源源不断地提供燃料，从而推动其存在发展——对利益的不竭追求。

　　从历史上看，日本是个利益至上的社会，在历朝历代这种利益性都普遍地存在着，尤其体现在对外关系政策上。众所周知，在封建时代，尤其是在明治维新之前，日本一直是处于积贫积弱的状态，对待当时的东方霸主中国一直是毕恭毕敬、礼仪周全、谦逊恭维。每年都会派遣使节到中国拜谒天子。而在对于近邻朝鲜的态度上却大相径庭，不仅时常在近海地区攻击朝鲜船只，更多次骚扰朝鲜边境。在对待东南亚国家的姿态上又有显著不同。归根到底，它的礼貌只是在有利可以用时才显现出的，是昂贵的礼貌。

　　赤裸裸的金钱关系、利益追逐成为日本人隐藏在"礼"之后的强大动力，礼貌不过是达成目的的一块垫脚石。除了利益因素，"礼貌"的传承还要归功于日本独特的语言——日语的模糊性。

　　日语是一种相当暧昧的语言，讲求表达的委婉，一件简单的事情往往要绕很大一个圈子。比如，一个人不想接受对方的东西，他不会直接拒绝，而是说一堆这件东西的好话，然后说自己的不足，最后说，自己资历不够，承受不起此贵重礼物，应当留给更有能力的人等。这样委婉的结果常常被认为是礼貌周到，善于为他人着想。在这种复杂的语言体系下，日本人又构建出一套与之相适应的社会习惯和文化。

　　如果不是土生土长的日本人，大概很难理解这些特定的语句和行为确切的含义，从而可能会误以为是礼貌的体现。比如在日本商店购物，如果耽误了很久而没有找到适合的物品，售货员会很有礼貌地说："很对不起，没有能够挑到适合您的物品，真是抱歉，耽误您的时间了，希望您下次再光临。"

　　如果是外国人，听起来或许感觉非常的贴心，认为自己受到了礼貌的对待。但日本本国人听到这些话反而会十分愧疚地道歉："实在对不起，是我耽误您的时间了。"因

▲日本古代女子形象。

为售货员的真实意思并不是在致歉，而是在责怪顾客耽误自己的时间，只是表达上绕了一个圈子，正话反着说。所以，千万不要因为在日本犯了错误没有被责怪、反而被别人道歉而沾沾自喜，因为对方只是在变相地责怪你。如此奇怪的表述方式和文化习惯估计也只有日本一家了，但是它却真实地存在着，并且影响、塑造着一代又一代日本人的心理、思维与行为。然而仅仅依靠语言的习惯构筑的礼貌是脆弱的，语言能够建筑起一套依托它并与之相适应的社会习惯体系，使得社会在表象上和谐而充满礼貌，但是却无法弥补内在精神的缺失。它能够让日本人轻声细语地待人，却不能让他们心中充满真正的怜悯。这也就是为什么我们能够经常地看到日本人礼貌的语言却很难看到他们实在的行动。

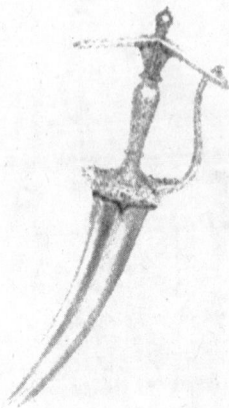

他们从小就被灌输必须"礼貌待人"。表面上看"礼貌待人"是没有任何问题的，问题是如何、怎样具体"操作"？其具体内容是什么？首先是不能失了"身份"，无论是面对"贵族"还是"平民"，你都不能失了起码是个人的"身份"。不能说你是"贵族"不理睬遇到的"平民"就是保存了"身份"，那是错误的，那反而失去了自己的"礼"，此层次的"礼"还算是正面的；然后要尽量保留自己真实的情况，不要轻易表露，因为不知道对方希望自己是怎样的。

其二，轻易表露也会给对方认为"无礼""以势压人"，所以尽量地保留就是"礼"。这层次的"礼"开始有点"隐藏"的味道了。

最后是尽量了解对方，这种了解又不能是"盘问"式的，而必须"绕着弯儿"了解，同时让对方多表达"意见"。这种"礼"就已经变成"刺探"行为了。

真正的礼貌应当是对他人情感的同情性关怀的外在表现，它的动机应当是发自仁爱和谦逊，凭着对他人的温柔感情而律动，因而常常是同情的优美表现。

▲反映早期日本浪人善斗的图画。

礼对人的要求是"与哭泣者同哭泣，与喜悦者同喜悦"，它不仅是一种姿势或习惯，更是一种由心而生的对他人细腻而深沉的情感。"用金钱买来的礼貌不是礼貌，用利益衡量的礼貌不是尊重"。真正的礼与地位无关，与金钱无关，与利益无关。只有表面的姿态而无内在的感情，这样的礼是可悲的，而将这样的"礼"视为精神支撑的人更是可悲的。

日本是一个值得任何国家学习和反省的角色，而事实上包括中国在内的很多国家都在借鉴着日本成功的经验。但我们不应因口之言而蔽日，对肤浅表象的盲目崇拜只会激化固有的矛盾，应当抽丝剥茧，通过纷繁的现象认识到本质所在。揭开日本礼貌的神秘面纱，对于日本礼貌本质的探寻和勘误，是为了更好地理解真正的礼，将礼的精神发扬光大。

参考文献：

【1】本尼迪克特：《菊与刀》。
【2】克里斯托弗：《武士道精神》。
【3】李兆中：《暧昧的日本人》。
【4】马骥等编著：《丑陋的日本人》。

苏联并不想修建柏林墙

西柏林是二战时期美、英、法三国联军占领区，东柏林则是苏联红军的占领区。由于整个柏林城地处东德境内，所以，柏林墙是社会主义东德境内环绕西柏林城而设的一堵围墙。墙的周边并不是"自由"的世界，而墙的里面则是通过地面和空中交通与东德以外的"西方自由世界"相连接的、自由的西柏林。

柏林墙一直被认为是苏联政府主动修建起来的冷战防线。然而，德、美、英历史学家通过研究东西德统一后大量解密的政府文件得出一个惊人的结论：柏林墙是美国情报部门为了防止爆发核战争而推波助澜，促使东德政府在告知苏联政府之前先斩后奏修建起来的。

1961 年初，潜伏在东德的美国间谍发回了让中情局总部和美国决策层越来越感到不安的情报：由于东德经济状况持续恶化，加上西方媒体过火地煽动，越来越多的东德公民开始通过各种途径逃入西德，试图到西方媒体宣传中"遍地黄金"的西德混一口饭吃。如果再这样下去的话，那么到 1962 年冬恐怕有 1/3 的东德公民将涌入西德。

虽说中情局间谍提供的这个数字有夸张的成分，但随着逃入西德的东德难民的急剧增加，西德政府实在无法视若无睹，肯尼迪政府也开始暗暗担心。西德政府关心的还只是急剧增加的难民将大大加重政府的负担和经济压力，

▲ 两个柏林人正好奇地从新竖起的柏林墙的缝隙里窥视。

肯尼迪政府担心的却是更可怕的一种后果：随着东德公民逃亡人数的急剧增加和各种流言传闻的散播，东德境内极可能发生骚乱，甚至可能会发生"起义"。一旦这种情况发生，那么将导致东西方平衡被彻底打破，恼羞成怒的苏联集团极可能会孤注一掷地与西方开战，甚至可能发生核战争。

肯尼迪总统决定把这个球踢给"阴谋制造高手"中央情报局。中央情报局果然不负肯尼迪总统的"厚望"，决定将阻止东德公民逃入西德的任务交由东德政府来完成。这一决定定下来之后，中情局立即发动潜伏在东德政府和东德民间的所有特工，让他们散布如果东德公民再继续逃下去，那么将关系到东德的生死存亡。此举果然触痛了东德国家领导人昂纳克的心。东德领导人在举行秘密商议后认为，只有采取强制办法才能阻止公民逃往西德，那么具体的办法就是在东西德之间筑起一堵墙。而且这一决定还不能事先告诉苏联，因为东德领导人知道，苏联最高领导人赫鲁晓夫根本不想与西方发生大规模的冲突，如果把这一计划事先报告他，肯定不会得到准许。东德领导人决定先斩后奏。

美国人的目的得逞了：1961 年 8 月 13 日，星期天，凌晨两点，全副武装的东德边防军和武装警察在东西柏林之间拉起了一道锋利的铁丝网，架起了反坦克障碍，把柏林城活生生地分隔成东西两半。东德边防军的坦克占据了各交通要道，东西柏林之间的公共汽车和地铁全部中断，东西柏林民众再也不允许相互往来，6 万名奔忙于东西柏林之间的民众要么丢了工作，要么回不了自己的家园。中情局最高层连夜向肯尼迪总统汇报了柏林墙的修建进展情况和苏联政府的反应，同时将中情局战略情报专家对柏林墙出现后对东西方冷战格局的影响以及对美国的好处一一分析：关于柏林墙本身，据可靠情报长达 107 公里，虽说第一道墙实际上是铁丝网，但最后的柏林墙是高达 4 米的混凝土障碍，中间是一片开阔的死亡区，边防军可以任意射杀任何闯入死亡区的人。

整道柏林墙将柏林市192条大街一分为二。不过，这丝毫不影响西方集团的利益，因为东德政府内部已经商定：西方军队仍可驻扎在西柏林，西方力量可以进入西柏林，西柏林公民可以自行决定西柏林的前途。

▲三个西柏林人站在高台上眺望柏林墙的另一面。

关于苏联最高领导人对柏林墙的反应，据美国搜集的情报是：苏联最高领导人赫鲁晓夫听到东德开始修筑柏林墙的报告时大吃一惊。他担心此举会触怒西方，引起整个西方对苏联实施经济制裁，害怕与肯尼迪的冲突进一步加剧，甚至担心会引起与西方的战争。

不过，赫鲁晓夫知道他已经被逼得没有任何的退路了，所以只能硬着头皮出面，让全世界都知道这道墙是它苏联政府修起来的。赫鲁晓夫随后发表讲话说："柏林墙是阻止西方帝国主义侵略的篱笆，德国工人阶级修起这堵墙后，恶狼就再也别想闯进德意志民主共和国了。"其实，赫鲁晓夫说这话的时候十分不情愿。至于柏林墙对美国乃至整个西方阵营的好处实在是太大太及时了，它的出现恰值东西方处于冷战极可能变成热战的最敏感时期，因为苏联政府在1961年时已经开始逼迫美国、法国和英国放弃西柏林，但由于美、英、法视西柏林为在东德境内的西方前哨，所以绝不可能答应苏联政府的要求。

正因为如此，苏联与西方进入了一触即发，甚至可能引发核大战的时刻，而柏林墙的出现倒是一下子就打破了这种极度危险的僵局，逼得苏联不得不接受冷战欧洲的格局。

听了中情局的这一分析后，肯尼迪总统"如释重负"，因为这意味着美国从此还可以摆脱所谓"把东德人民从苏联人手里解放出来"的政策了。中情局高层向肯尼迪政府建议说，第一步的目标已经达到，应进一步行事：让肯尼迪总统带头领着那些西方国家强烈谴责"一夜"之间冒出来的柏林墙，这样的话既可以掩盖自己的阴谋，又可以大贬特贬以苏联为首的东方集团的不人道及好战，从而达到"一箭双雕，一石二鸟"的目的。

肯尼迪总统按中情局的安排发表措辞非常强烈的讲话，并且在讲话中首次用"铁幕"这个词来指柏林墙，声称柏林墙是共产党为阻止西方民主而修起来的"铁幕"。许多人在 8 月 13 日那天，在自家阳台上看着东德边防军和武装警察拉着铁丝网来回奔忙，把菜地、花园和街道劈成两半的西德居民十分疑惑，西德边防警察和美国、英国大兵都躲到哪里去了。

西德《比尔德日报》头版头条用巨大的标题抱怨道：《西方啥也没干》。东德民众也对从此两边分割感到非常愤怒。德国和柏林民众对柏林墙表现出来的这种民族情绪倒是让中情局和肯尼迪总统有点意外。对此，肯尼迪赶紧指示中情局想方设法平息西德和西柏林民众的民族情绪，千万要保住柏林墙。中情局高级特使奉命前往西德，逼使西德政府出面淡化柏林墙引发的民族情绪，禁止媒体煽动对柏林墙的反抗。同时，中情局还奉命严密监视东德民众的动向，千万不能让东德民众起来攻击柏林墙。实际上，美国政府这些做法使它成了柏林墙的保护神。

对于《柏林墙两边的故事》中提出的这一最新历史观点，许多重量级的历史学家和学者现在也从初听说时的怀疑开始走向赞同。德国波茨坦大学著名的历史学教授伯纳德·斯托夫尔在 1999 年 6 月中旬柏林召开的柏林墙专题研究研讨会上发言时表示："东西德统一后解密的东德绝密资料，特别是去年、今年德国政府解密的大批政府秘密文件都能证明：不论是美国间谍情报机构，还是肯尼迪总统本人对柏林墙在一夜之间的出现都没有丝毫感到意外，只是对柏林墙立起来的日子是哪一天不清楚罢了。"

许多参加这一为期 3 天的柏林墙专题研讨会的美英学者和历史学家也持同样的观点。这些与会的专家学者把柏林墙倒下 10 年间的研究成果归纳到一起，特别是在研究了前苏联集团和西方国家新近解密的文件之后都一致认为，柏林墙不是苏联人单独修建起来的，更不是赫鲁晓夫拍脑袋之举，而是东西方综合因素起作用的结果。

有一点可以肯定的是：肯尼迪政府不但早就知道东德要修柏林墙，而且在暗地里是举双手赞成，甚至推波助澜。

美国乔治——华盛顿大学历史学教授霍普·哈里逊认为，苏联政府和苏联领导人赫鲁晓夫完全是被逼上修柏林墙之路的；柏林联盟纪念馆馆长赫尔穆特·特洛特诺认为，柏林墙建起来之后，肯尼迪政府可不像公开表现的那样恨不得派坦克摧毁它，恰恰相反的是死保柏林墙。他唯一关心的是，柏林墙建起来后，西方只要还能保住西柏林就行，至于德国民族国土分裂的事实就不关美国人的事了。

历史的进程到了 1989 年下半年，东德已经是强弩之末。由于东德政府自 20 世纪 70 年以后所实行的指令性经济、农业全面集体化、强力发展重工业、严厉打击国内反对声音的经济、政治政策，导致经济发展几乎停滞，210 亿美元的外债债台高筑、东德马克内债累累、环境污染严重、人民生活贫穷压抑，严重的不满情绪早已深深埋伏在社会民心之中。

▼1989 年 11 月，柏林墙终于被拆毁，人们站在被拆毁的柏林墙上庆祝。

1989 年 11 月 9 日，新东德政府开始计划放松对东德人民的旅游限制，但由于当时东德的中央政治局委员君特·沙博夫斯基对上级命令的误解，错误地宣布柏林墙即将开放，导致数以万计的市民走上街头。

面对这面耸立了 28 年，阻绝两德人民，制造了无数悲欢离合、生死悲歌、惨重牺牲的血墙，人们无法判断的是，当制造它的独裁政府部门和官员辞职的辞职、改选的改选时,柏林墙辞职了吗？它是否仍然戒备森严？没有任何官方的媒体报道这些与人们生息密切相关的消息。柏林墙依然无声地矗立着,它两面成千上万被阻隔的人们遥遥相对，心中纵有万马奔腾，脚却不敢越雷池一步。直到1988年柏林墙解禁了，它已经就是一堵墙而已了时，两德人们相互拥入对方，成千上万的人们彻夜不眠地享受着亲友重逢的喜悦。两德人民拥满柏林墙墙上墙下墙东墙西，人们举杯相庆，奏乐狂欢，欢乐的自发的庆典持续数日，节日的气氛经久不消。无论如何，1989年11月拆除后，柏林墙的故事已经结束了。而且，是喜剧性的结束。人间的故事，如柏林墙这般悲惨的并不少，能够最终这样收场的，却寥寥可数。

德国人毕竟是幸运的，柏林墙见证了德国人的痛苦，全世界分享了他们的痛苦。他们被关注着。然而，我们此刻却应该牢记世界大战给我们全人类带来的灾难和痛苦，珍视这来之不易的和平。

参考文献:

【1】（美）乔治·贝利：《柏林墙下的较量》。
【2】（德）伊丽莎白·庞德：《冲破柏林墙——德国统一之路》。
【3】梁维平：《苦难与荣耀——20世纪文明的历史见证》。